U0113734

图书在版编目（CIP）数据

先秦学术史 / 傅斯年著 . -- 北京：中国文史出版
社，2018.3
（文史存典系列丛书 . 史学卷）
ISBN 978-7-5205-0183-5

Ⅰ . ①先… Ⅱ . ①傅… Ⅲ . ①先秦哲学—研究 Ⅳ .
① B220.5

中国版本图书馆 CIP 数据核字 (2018) 第 053677 号

出 品 人：刘未鸣		责任编辑：窦忠如　刘华夏	
策 划 人：窦忠如		责任校对：程铁柱	
装帧设计：润一文化		实习编辑：孟凡龙　王　丰	

出版发行　**中国文史出版社**
社　　址：北京市西城区太平桥大街 23 号　邮编：100811
电　　话：010—66173572　66168268　66192736（发行部）
传　　真：010—66192703
印　　装：廊坊市海涛印刷有限公司
经　　销：全国新华书店
开　　本：720 毫米 ×889 毫米　1/16
印　　张：17
字　　数：219 千字
版　　次：2018 年 7 月北京第 1 版
印　　次：2018 年 7 月第 1 次印刷
定　　价：75.00 元

《文史存典系列丛书》学术顾问委员会

（按照姓氏笔画排序）

冯其庸　　冯骥才　　刘庆柱　　许嘉璐

杨乃济　　吴良镛　　陈建功　　李学勤

李敬泽　　罗　杨　　郑欣淼　　耿宝昌

舒　乙　　谢辰生　　傅熹年　　樊锦诗

出版说明

中华民族历史悠久，文化源远流长，各个领域都熠熠闪光，文史著述灿若星辰。遗憾的是，"五四"以降，中华传统文化被弃之如敝屣，西风一度压倒东风。"求木之长者，必固其根本；欲流之远者，必浚其泉源。"中华优秀传统文化是中华民族的精神命脉，也是我们在激荡的世界文化中站稳脚跟的坚实根基。因此，国人需要文化自觉的意识与文化自尊的态度，更需要文化精神的自强与文化自信的彰显。有鉴于此，我社以第五编辑室为班底，在社领导的统筹安排下，在兄弟编辑室的通力合作下，在文化大家与学术巨擘的倾力襄助下，耗时十三个月，在浩如烟海的近代经典文史著述中，将这些文史大家的代表作、经典等遴选结集出版，取名《文史存典系列丛书》（拟10卷），每卷成立编委会，特邀该领域具有标志性、旗帜性的学术文化名家为主编。

"横空盘硬语，妥帖力排奡。"经典不是抽象的符号，而是一篇一篇具体的文章，有筋骨、有道德、有温度，更有学术传承的崇高价值。此次推出第一辑五卷，包括文物卷、考古卷、文化卷、建筑卷、史学卷。文物卷特请谢辰生先生为主编，透过王国维、傅增湘、朱家溍等诸位先生的笔端，撷取时光中的吉光片羽，欣赏人类宝贵的历史文化遗产；考古卷特请刘庆柱先生为主编，选取梁思永、董作宾、曾昭燏先生等诸位考古学家的作品，将历史与当下凝在笔端，化作一条纽带，让我们可以触摸时空的温度；文化卷特请冯骥才先生为主编，胡适、陈梦家、林语堂等诸位先生的笔锋所指之处，让内心深处发出自我叩问，于夜阑人静处回响；建筑卷特请吴良镛先生为主编，选取梁思成、林徽因、刘敦桢等诸位哲匠的作品，遍览亭台、楼榭、古城墙，感叹传统建筑工艺的"尺蠖规矩"；史学卷特请李学勤先生为主编，跟随梁启超、陈寅恪、傅斯年等诸位史学大家的笔尖游走在历史的长河中，来一番对悠悠岁月的探源。

　　需要说明的是，限于我们编辑的学识，加之时间紧促等缘故，遴选的文章未必尽如人意，编选体例未必尽符规律，编校质量未必毫无差错，但是谨慎、认真、细致与用心是我们编辑恪守的宗旨，故此敬请方家不吝指谬。

中国文史出版社

2018年4月16日

目 录

战国子家叙论

一 论哲学乃语言之副产品 西洋哲学即印度日耳曼语言之副产品 汉语实非哲学的语言 战国诸子亦非哲学家

世界上古往今来最以哲学著名者有三个民族：一、印度之亚利安人；二、希腊；三、德意志。这三个民族有一个共同点，就是在他的文化忽然极高的时候，他的语言还不失印度日耳曼系语言之早年的烦琐形质。思想既以文化提高了，而语言之原形犹在，语言又是和思想分不开的，于是乎繁丰的抽象思想，不知不觉的受他的语言之支配，而一经自己感觉到这一层，遂为若干特殊语言的形质作玄学的解释了。以前有人以为亚利安人是开辟印度文明的，希腊人是开辟地中海北岸文明的，这完全是大错而特错。亚利安人走到印度时，他的文化，比土著半黑色的人低，他吸收了土著的文明而更增高若干级。希腊人在欧洲东南也是这样，即地中海北岸赛米提各族人留居地也比希腊文明古得多多，野蛮人一旦进于文化，思想扩张了，而语言犹昔，于是乎凭藉他们语言的特别质而出之思想当做妙道玄理了。今试读汉语翻译之佛典，自求会悟，有些语句简直莫名其妙，然而一旦做些梵文的工夫，可以化艰深为平易，化牵强为自然，岂不是那样的思想很受那样的语言支配吗？希腊语言之支配哲学，前人已多论列，现在姑举一例：亚里士多德所谓十个范畴者，后人对之有无穷的疏论，然这都是希腊语法上的问题，希腊语正供给我们这么些观念，离希腊语而谈范畴，则范畴断不能是这样子了。其余如柏拉图的辩论，亚里斯多德的分析，所谓哲学，都是一往弥深的希腊话。且少谈古代的例，但论近代。德意志民族中出来最有声闻的哲人是康德，此君最有声闻的书是《纯理评论》。这部书所谈的不是一往弥深的德国话吗？这部书有法子翻译吗？英文中译本有二：一、出马克斯谬勒手，他是大语言学家；二、出麦克尔江，那是很信实的翻译。然而他们的翻译都有时而穷，遇到好些名词须以不译了之。而专治康德学者，还要谆谆劝人翻译不可用，只有原文才信实；异国杂学的注释不可取，只有本国语言之标准义疏始可信。哲学应是逻辑的思想，逻辑的思想应是不局促于某一种语言的，应是和算学一样的容易翻译，或者说不待翻译，然而适得其反，完全不能翻译。则这些哲学受他们所由产生之语言之支配，又有什么疑惑呢？即如Ding an Sich一词，汉语固不能译他，即英文译了亦不像；然在德文中，则an Sich本是常语，故此名词初不奇怪。又如最通常的动词，如Sein及Werden这一类的希腊字曾经在哲学上作了多少祟，习玄论者所共见。又如戴卡氏之妙语"Cogito ergo Sum"，翻译成英语已不像话，翻成汉语更做不到。算学思想，则虽以中华与欧洲语言之大异，而能涣然转译；哲学思想，则虽以英德语言之不过方言差别，而不能翻译。则哲学之为语言的副产物，似乎不待繁证即可明白了。印度日耳曼族语之特别形质，例如主受之分，因致之别，过去及未来，已完及不满，质之与量，体之与抽，以及各种把动词变作名词的方式，不特略习梵文或希腊文方知道，便是略习德语也就感觉到这麻烦。这些麻烦便是看来"仿佛很严重"的哲学分析之母。

汉语在逻辑的意义上，是世界上最进化的语言（参看叶斯波森著各书），失掉了一切语法上的烦难，而以句叙（Syntax）求接近逻辑的要求。并且是一个实事求是的语言，不富于抽象的名词，而抽象的观念，凡有实在可指者，也能设法表达出来。文法上既没有那么多的无意识，名词上又没有那么多的玄虚，则哲学断难在这个凭借发生，是很自然的了。

"斐洛苏非"，译言爱智之义，试以西洋所谓爱智之学中包有各问题与战国秦汉诸子比，乃至下及魏晋名家宋明理学比，像苏格拉底那样的爱智论，诸子以及宋明理学是有的；像柏拉图所举的问题，中土至多不过有一部分，或不及半；像亚里斯多德那样竟全没有；像近代的学院哲学自戴卡以至康德各宗门，一个动词分析到微茫，一个名词之语尾变化牵成溥论（如Cangality观念之受Instrumental或Ablative字位观念而生者），在中土更毫无影响了。拿诸子名家理学各题目与希腊和西洋近代哲学各题目比，不相干者如彼之多，相干者如此之少，则知汉土思想中原无严意的斐洛苏非一科，"中国哲学"一个名词本是日本人的贱制品，明季译拉丁文之高贤不曾有此，后来直到严几道、马相伯先生兄弟亦不曾有此，我们为求认识世事之真，能不排斥这个日本贱货吗？

那末，周秦汉诸子是些什么？答曰：他们是些方术家。自《庄子·天下篇》至《淮南鸿烈》，枚乘《七发》皆如此称，这是他们自己称自己的名词，犹之乎西洋之爱智者自己称自己为斐洛苏非。这是括称，若分言，则战国子家约有三类人：

（一）宗教家及独行之士；

（二）政治论者；

（三）"清客"式之辩士。

例如墨家大体上属于第一类的，儒者是介于一二之间的，管、晏、申、韩、商、老是属于第二类的，其他如惠施、庄周、邹衍、慎到、公孙龙等是侯王、朝廷、公子、卿大夫家所蓄养之清客，作为辩谈以悦其"府主"的。这正合于十七八世纪西欧洲的样子，一切著文之人，靠朝廷风尚，贵族栽培的，也又有些大放其理想之论于民间的。这些物事，在西洋皆不能算作严格意义下之哲学，为什么我们反去借来一个不相干的名词，加在些不相干的古代中国人们身上呀？

二　论战国诸子除墨子外皆出于职业

《七略》汉志有九流十家皆出于士官之说。其说曰：儒家者流盖出于司徒之官，道家者流盖出于史官，阴阳家者流盖出于羲和之官，法家者流盖出于理官，名家者流盖出于礼官，墨家者流盖出于清庙之守，纵横家者流盖出于行人之官，杂家者流盖出于议官，农家者流盖出于农稷之官，小说家者流盖出于稗官。胡适之先生驳之，说见所著《中国古代哲学史·附录》。其论甚公直，而或者不尽揣得其情。谓之公直者，出于王官之说实不可通，谓之不尽揣得其情者，盖诸子之出实有一个物质的凭借，以为此物质的凭借即是王官者误，若忽略此凭借，亦不能贯彻也。百家之说皆由于才智之士在一个特殊的地域当一个特殊的时代凭借一种特殊的职业而生。现在先列为一表，然后择要疏之。

家　名	地　域	时　代	职　业	附　记
孔　丘	鲁其说或有源于宋者	春秋末	教人	
卜　商	由鲁至魏	春秋战国间	教人	
曾　参	鲁	春秋战国间	教人	
言　偃	吴	春秋战国间	教人	
孔　伋	由鲁至宋	春秋战国间	教人亦曾在宦	
颛孙师	陈	春秋战国间	教人	
漆雕开	今本《家语》云蔡人	春秋战国间		近于侠
孟　轲	邹鲁游于齐梁	战国中期	教人亦为诸侯客	近于游谈
荀　卿	赵	战国末期	教人	
				以上儒宗
墨　翟	宋或由鲁反动而出	春秋战国间	以墨子书中情形断之，则亦业教人之业者。	
禽滑厘	曾学于魏仕于宋	战国初期		
孟　胜	仕于荆	战国初期	墨者巨子，为阳城君守而死。	
田　襄	宋	战国初期	墨者巨子	
腹䵍	居秦	战国中期	墨者巨子	
田　俅	齐	战国中期		
相里勤	南　方			

续表

家 名	地 域	时 代	职 业	附 记
相夫氏	南 方			
邓陵子	南 方			
苦 获	南 方			
己 齿	南 方			
				以上墨宗
宋 钘	或是宋人，然作为华山之冠，必游于秦矣。	战国中期	游说止兵	
尹 文				以上近墨者
史 鰌	卫	春秋末	太 史	
陈 仲	齐	战国中期	独行之士	
许 行	楚	战国中期	独行之士	
				以上独行之士
管 仲	齐	管仲春秋中季人，然托之著书者，至早在战国初。	齐 相	
晏 婴	齐	晏婴春秋末人，然托之者，至早在战国初。	齐 相	
老耼即太史儋	周	战国初	太 史	
关 喜或太史儋同时人	周	战国初	关 尹	
商 鞅	卫韩秦	战国初然托之著书，至早在战国中。	秦 相	

续表

家　名	地　域	时　代	职　业	附　记
申不害	韩	战国初	韩　相	
韩　非	韩	战国末	韩国贵族	
				以上政论
苏　秦	周人而仕六国	战国中期	六国相	苏秦、张仪书皆为纵横学者所托。
张仪	魏人而仕秦	战国中	秦　相	
				以上纵横之士
魏　牟	魏	战国中	魏　卿	
庄　周	宋	战国中	诸侯，客或亦独行之士。	
惠　施	仕魏	战国中	魏　卿	
公孙龙	赵	战国中	诸侯客	
邓　析	郑	春秋末		
彭　蒙	齐			
邹　忌	齐	战国初	齐　卿	
邹　衍	齐	战国中	诸侯客	
淳于髡	齐	战国中	齐稷下客	
慎　到	赵	战国中	齐稷下客	
田　骈	齐	战国中	齐稷下客	

续表

家　名	地　域	时　代	职　业	附　记
接　子	齐	战国中	齐稷下客	
环　渊	楚	战国中	齐稷下客	
				以上以言说佟谈于诸侯朝廷，若后世所谓"清客"者。

附记　一、列子虽存书，然伪作，其人不可考，故不录入。

二、一切为东汉后人所伪托之子家不录入。

三、《吕氏春秋》之众多作者皆不可考，且是类书之体，非一家之言，故不列入。就上表看，虽不全不尽，然地方、时代、职业三事之与流派有相关系处，已颇明显，现在更分论之。

一、所谓儒者乃起于鲁流行于各地之"教书匠"。儒者以孔子为准，而孔子之为"教书匠"在《论语》中甚明显。

子曰：学而时习之，不亦悦乎？

子曰：弟子，入则孝，出则悌，谨而信，泛爱众，而亲仁。行有余力，则以学文。

子谓子夏曰：女为君子儒，无为小人儒。

子曰：默而识之，学而不厌，诲人不倦，何有于我哉？

子曰：德之不修，学之不讲，闻义不能徙，不善不能改，是吾忧也。

子曰：志于道，据于德，依于仁，游于艺。

子曰：自行束脩以上，吾未尝无诲焉。

子曰：不愤不启，不悱不发，举一隅不以三隅反，则不复也。

子曰：兴于《诗》，立于礼，成于乐。

子疾病，子路使门人为臣。病间，曰：久矣哉，由之行诈也！无臣而为有臣，吾谁欺？欺天乎？

子曰：小子何莫学夫《诗》？《诗》，可以兴，可以观，可以群，可以怨；迩之事父，远之事君，多识于鸟兽草木之名。

子路使子羔为费宰，子曰：贼夫人之子！子路曰：有民人焉，有社稷焉，何必读书，然后为学？子曰：是故恶夫佞者。

上文不过举几个例，其实一部《论语》三分之二是教学生如何治学，如何修身，如何从政的。孔子诚然不是一个启蒙先生，但他既不是大夫，又不是众民，于门受徒，东西南北，总要有一个生业。不为匏瓜，则只有学生的束脩；季孟、齐景、卫灵之"秋风"，是他可资以免于"系而不食"者。不特孔子如此，即他的门弟子，除去那些做了官的以外，也有很多这样。《史记·儒林传叙》："自孔子卒后，七十子之徒，散游诸侯，大者为师傅卿相，小者友教士大夫，或隐而不见。故子路居卫，子张居陈，澹台子羽居楚，子夏居西河，子贡终于齐。如田子方段干木吴起禽滑厘之属，皆受业于子夏之伦，为王者师。"这样进则仕，退则教的生活，既是儒者职业之所托，又是孔子成大名之所由。盖一群门弟子到处教人，即无异于到处宣传。儒者之仕宦实不达，在魏文侯以外没有听说大得意过，然而教书的成绩却极大。《诗》、《书》、《礼》、《乐》、《春秋》本非儒者之专有物，而以他们到处教人的缘故，弄成孔子删述六经啦。

二、墨为儒者之反动，其一部分之职业与儒者同，其另一部分则各有其职业。按：墨为儒者之反动一说，待后详论之。墨与儒者同类而异宗，也在那里上说世主，下授门徒。但墨家是比儒者更有组织的，而又能吸收士大夫以下之平民。既是一种宗教的组织，则应有以墨为业者，而一般信徒各从其业。故儒、纵横、刑、名、兵、法皆以职业名，墨家独以人名。

三、纵横刑法皆是一种职业，正所谓不辩自明者。

四、史官之职，可成就些多识前言往行，深明世故精微之人。一因当时高文典册多在官府，业史官者可以看到；二因他们为朝廷作记录，很可了澈些世事。所以把世故人情看得最深刻的老聃出于史官，本是一件自然的事。

五、若一切不同的政论者，大多数是学治者之言，因其国别而异趋向。在上列的表内管、晏、关、老、申、商、韩非之列中，管、晏、商君都不会自己做书的，即申不害也未必能自己著书，这都是其国后学从事于学政治者所托的。至于刑名之学，出于三晋周郑官术，更是一种职业的学问，尤不待说了。

六、所有一切名家辩士，虽然有些曾做到了卿相的，但大都是些诸侯所养的宾客，看重了便是大宾，看轻了便同于"优倡所蓄"。这是一群大闲人，专以口辩博生活的。有这样的职业，才成就这些辩士的创作；魏齐之廷，此风尤盛。

综括前论，无论有组织的儒墨显学，或一切自成一家的方术论者，其思想之趋向多由其职业之支配。其成家之号，除墨者之称外，如纵横名法等等，皆与其职业有不少关联。今略变汉志出于王官之语，或即觉其可通。若九流之分，本西汉中年现象，不可以论战国子家，是可以不待说而明白的。

流　别	《七略》所释	今　释
儒家者流	出于司徒之官	出于"教书匠"。
道家者流	出于史官	有出于史官者，有全不相干者。"汉世"道家本不是单元。按道家一词，入汉始闻。

流　别	《七略》所释	今　释
阴阳家者流	出于羲和之官	出于业文史星历卜祝者。
法家者流	出于理官	法家非单元，出于齐晋秦等地之学政习法典刑者。
名家者流	出于礼官	出于诸侯朝廷中供人欣赏之辩士。
墨家者流	出于清庙之守	出于向儒者之反动，是宗教的组织。
纵横家者流	出于行人之官	出于游说形势者。
杂家者流	出于议官	"杂"固不成家，然汉世淮南东方却成此一格，其源出于诸侯朝廷广置方术殊别之士，采者不专主一家，遂成杂家矣。
小说家者流	出于稗官	出于以说故事为职业之诸侯客。以上所谓"名""杂""小说"三事，简直言之，皆出于所谓"清客"。

故《七略》、《汉志》此说，其辞虽非，其意则似无谓而有谓。

三　论止有儒墨为有组织之宗派，其余虽多同声相应、同气相求者，然大体是自成一家之言

诸子百家中，墨之组织为最严整，有巨子以传道统，如加特力法皇达喇喇嘛然。又制为一切墨者之法而自奉之，且有死刑。（《吕氏春秋·去私篇》腹䵍为墨者巨子，居秦，其子杀人。秦惠王曰："先生之年长矣，非有他子也。寡人已令吏弗诛矣，先生之以听寡人也。"腹䵍对曰："墨者之法，杀人者死，伤人者刑，此所以禁杀伤人也。"云云）此断非个人为单位之思想家，实是一种宗教的组织自成一种民间的建置，如所谓"早年基督教"者是。所以墨家的宗旨，一条一条固

定的，是一个系统的宗教思想（尚贤、尚同、兼爱，非攻、节用、节葬、天志、明鬼、非乐）。又建设一个模范的神道（三过家门而不入之禹），作为一切墨家的制度。虽然后来的墨者分为三（或不止三），而南方之墨者相谓别墨，到底不至于如儒墨以外之方术家，人人自成一家。孟子谓杨墨之言盈天下，墨为有组织之宗教，杨乃一个人的思想家，此言应云，如杨朱一流人者盈天下，而墨翟之徒亦盈天下。盖天下之自私自利者极多，而为人者少，故杨朱不必作宣传，而天下滔滔皆杨朱；墨宗则非宣传不可。所以墨子之为显学，历称于孟、庄、荀、卫、吕、刘、司马父子，《七略》、《汉志》，而杨朱则只孟子攻之，《天下篇》所不记，《非十二子》所不及，《五蠹》《显学》所不括，《吕览》、《淮南》所不称，六家、九流所不列。这正因为"纵情性、安恣睢、禽兽行"之它嚣魏牟固杨朱也。庄子之人生观，亦杨朱也。所以儒墨俱为传统之学，而杨朱虽号为言盈天下，其人犹在若有若无之间。至于其他儒墨以外各家，大别可分为四类。

一、独行之士　此固人自为说，不成有组织的社会者，如陈仲、史鳅等。

二、个体的思想家　此如太史儋之著五千言，并非有组织的学派（但黄老之学至汉初年变为有组织之学派）。

三、各地治"治术"一种科学者　此如出于齐之管仲晏子书，出于三晋之李悝书，出于秦之商子书，出于韩之申子书及自己著书之韩公子非。这都是当年谈论政治的"科学"。

四、诸侯朝廷之"清客"论　所谓一切辩士，有些辩了并不要实行的，有些所辩并与行事毫不相干的（如"白马非马"），有些全是文士。这都是供诸侯王之精神上之娱乐者。梁孝王朝武帝朝犹保存这个战国风气。

四 论春秋战国之际为什么诸家并兴

在回答这个问题之前，我们先要问诸子并兴是不是起于春秋战国之际？近代经学家对于中国古代文化的观念大别有两类：一类以为孔子有绝大的创作力，以前朴陋得很。江永、孔广森和好些今文学家都颇这样讲；而极端例是康有为，几乎以为孔子以前的东西都是孔子想像的话，诸子之说，皆创于晚周。一类以为至少西周的文化已经极高，孔子不过述而不作，周公原是大圣，诸子之说皆有很长的渊源，戴震等乾嘉间大师每如此想，而在后来代表这一说之极端者为章炳麟。假如我们不是在那里争今古文的门户，理当感觉到事情不能如此简单。九流出于王官，晚周文明只等于周公制作之散失之一说，虽绝对不可通；然若西周春秋时代文化不高，孔老战国诸子更无从凭借以生其思想。我们现在关于西周的事知道的太不多了，直接的材料只有若干金文，间接的材料只有《诗》、《书》两部和些不相干的零碎，所以若想断定西周时的文化有几多高，在物质的方面还可盼望后来的考古学有大成功，在社会人文方面恐怕竟要绝望于天地之间了。但西周晚年以及春秋全世，若不是有很高的人文，很细的社会组织，很奢侈的朝廷，很繁丰的训典，则直接春秋时代而生之诸子学说，如《论语》中之"人情"，《老子》中之"世故"，墨子之向衰败的文化奋抗，庄子之把人间世看做无可奈何，皆都若无所附丽。在春秋战国间书中，无论是述说朝士典言的《国语》（《左传》在内），或是记载个人思想的《论语》，或是把深刻的观察合着沉郁的感情的《老子》五千言，都只能生在一个长久发达的文化之后，周密繁丰的人文之中。且以希腊为喻，希腊固是一个新民族，在他的盛时一切思想家并起，仿佛像是前无古人者。然近代东方学发达之后，希腊人文承受于东方及埃及之事件愈现愈多，其非无因而光大，在现在已全无可疑。东周时中国之四邻无可向之借文化者，则其先必有长期的背景，以酝酿这个东周的人文，更不能否认。只是我们现在所见的材料，不够供给我们知道这个背景的详细的就是了。然而以不知为不有，是谈史学者极大的罪恶。

《论语》有"述而不作"的话，《庄子》称述各家皆冠以"古之道述有在于是者"。这些话虽不可固信，然西周春秋总有些能为善言嘉训，如史佚、周任，历为后人所称道者。

既把前一题疏答了，我们试猜春秋战国间何以诸子并起之原因。既已书缺简脱，则一切想像，无非求其为合理之设定而已。

一、春秋战国间书写的工具大有进步。在春秋时，只政府有力作文书者，到战国初年，民间学者也可著书了。西周至东周初年文籍现在可见者，皆是官书。《周书》、《雅》、《颂》不必说，即如《国风》及《小雅》若干篇，性质全是民间者，其著于简篇当在春秋之世。《国语》乃由各国材料拼合而成于魏文侯朝，仍是官家培植之著作，私人无此力量。《论语》虽全是私家记录，但所记不过一事之细，一论之目，稍经展转，即不可明了。礼之宁俭，丧宁戚，或至以为非君子之言，必当时著书还甚受物质的限制，否则著书不应简括到专生误会的地步。然而一到战国中期，一切丰长的文辞都出来了，孟子的长篇大论，邹衍的终始五德，庄子的危言日出，惠施的方术五车，若不是当时学者的富力变大，即是当时的书具变廉，或者兼之。这一层是战国子家记言著书之必要的物质凭借。

二、封建时代的统一固然不能统一得像郡县时代的统一，然若王朝能成文化的中心，礼俗不失其支配的势力，总能有一个正统的支配力，总不至于异说纷纭。周之本土既丧于戎，周之南国又亡于楚，一入春秋，周室只是亡国。所谓"尊天子"者，只是诸侯并争不得其解决之遁词，外族交逼不得不团结之口号。宋以亡国之余，在齐桓晋文间竟恢复其民族主义（见《商颂》）；若《鲁颂》之鲁，也是俨然以正统自居的。二等的国家已这样，若在齐楚之富，秦晋之强，其"内其国而外诸夏"，更不消说。政治无主，传统不能支配，加上世变之纷繁，其必至于磨擦出好些思想来，本是自然的。思想本是由于精神的不安定而生，"天下恶乎定？曰，定于一"；思想恶乎生？曰，生于不一。

三、春秋之世，保持传统文化的中原国家大乱特乱，四边几个得势的国家却能大启土宇。齐尽东海，晋灭诸狄，燕有辽东，以鲁之不强也还在那里开淮泗；至于秦楚吴越之本是外国，不过受了中国文化，更不必说了。这个大开拓，大兼并的结果，第一，增加了全民的富力，蕃殖了全民的生产。第二，社会中的情形无论在经济上或文化上都出来了好些新方面，更使得各国自新其新，各人自是其是。第三，春秋时代部落之独立，经过这样大的扩充及大兼并不能保持了，渐由一切互谓蛮夷互谓戎狄的，混合成一个难得分别"此疆尔界"的文化，绝富于前代者。这自然是出产各种思想的肥土田。

四、因上一项所叙之扩充而国家社会的组织有变迁。部落式的封建国家进而为军戎大国，则刑名之论当然产生。国家益大，诸侯益侈，好文好辩之侯王，如枚乘《七发》中对越之太子，自可"开第康庄，修大夫之列"，以养那些食饱饭、没事干，专御人以口给的。于是惠施公孙龙一派人可得养身而托命。且社会既大变，因社会之大变而生之深刻观察可得丰衍，如《老子》。随社会之大变而造之系统伦理，乃得流行，如墨家。大变大紊乱时，出产大思想大创作，因为平时看得不远，乱时刺得真深。

综括上四项：第一，著书之物质的凭借增高了，古来文书仕官，学不下庶人，到战国不然了；第二，传统的宗主丧失了；第三，因扩充及混合，使得社会文化的方面多了；第四，因社会组织的改变，新思想的要求乃不可止了。历传的文献只足为资，不能复为师，社会的文华既可以为用，复可以为戒。纷纭扰乱，而生磨擦之力；方面复繁，而促深澈之观。方土之初交通，民族之初混合，人民经济之初向另一面拓张，国家社会根本组织之初变动，皆形成一种新的压力，这压力便是逼出战国诸子来的。

五　论儒为诸子之前驱，亦为诸子之后殿

按，儒为诸子中之最前者，孔子时代尚未至于百家并鸣，可于《论语》、《左传》、《国语》各书得之。虽《论语》所记的偏于方域，《国语》所记的不及思想，但在孔丘的时代果然诸子已大盛者，孔丘当不至于无所论列。孔丘以前之儒，我们固完全不曾听说是些什么东西；而墨起于孔后，更不成一个问题。其余诸子之名中，管、晏两人之名在前，但著书皆是战国时人所托，前人论之已多。著书五千言之老子乃太史儋，汪容甫、毕秋帆两人论之已长；此外皆战国人。则儒家之兴，实为诸子之前驱，是一件显然的事实。孔子为何如人，现在因为关于孔子的真材料太少了，全不能论定。但《论语》所记他仍是春秋时人的风气，思想全是些对世间务的思想，全不是战国诸子的放言高论。即以孟、荀和他比，孟子之道统观、论性说，荀子之治本论、正儒说，都已是系统的思想；而孔丘乃是"毋意"，"毋必"，"毋固"，"毋我"的"学愿"。所以孔丘虽以其"教"教出好些学生来，散布到四方，各自去教，而开诸子的风气，自己仍是一个春秋时代的殿军而已。

儒者最先出，历对大敌三：一、墨家，二、黄老，三、阴阳。儒墨之战在战国极剧烈，这层可于孟、墨、韩、吕诸子中看出。儒家黄老之战在汉初年极剧烈，这层《史记》有记载。汉代儒家的齐学本是杂阴阳的，汉武帝时代的儒学已是大部分糅合阴阳，如董仲舒；以后纬书出来，符命图谶出来，更向阴阳同化。所以从武帝到光武虽然号称儒学正

统，不过是一个名目，骨子里头是阴阳家已篡了儒家的正统。直到东汉，儒学才渐渐向阴阳求解放。

儒墨之战儒道之战，儒均战胜。儒与阴阳之战（此是相化非争斗之战），儒虽几乎为阴阳所吞，最后仍能超脱出来。战国一切子家一律衰息之后，儒者独为正统，这全不是偶然，实是自然选择之结果。儒家的思想及制度中，保存部落时代的宗法社会性最多，中国的社会虽在战国大大的动荡了一下子，但始终没有完全进化到军国，宗法制度仍旧是支配社会伦理的。所以黄老之道，申韩之术，可为治之用，不可为社会伦理所从出。这是最重要的一层理由。战国时代因世家之废而尚贤之说长，诸子之言兴，然代起者仍是士人一个阶级，并不是真正的平民。儒者之术恰是适应这个阶级之身份，虚荣心，及一切性品的。所以墨家到底不能挟民众之力以胜儒，而儒者却可挟王侯之力以胜墨，这也是一层理由。天下有许多东西，因不才而可绵延性命。战国之穷年大战，诸侯亡秦，楚汉战争，都是专去淘汰民族中最精良最勇敢最才智的分子的。所以中国人经三百年的大战而后，已经"挫其锐，解其纷，和其光，同其尘"了。淘汰剩下的平凡庸众最多，于是儒家比上不足，比下有余的稳当道路成王道了。儒家之独成"适者的生存"，和战国之究竟不能全量的变古，实在是一件事。假如楚于城濮之战，灭中原而开四代（夏、商、周、楚）；匈奴于景武之际，吞区夏而建新族，黄河流域的人文历史应该更有趣些，儒家也就不会成正统了。又假如战国之世，中国文化到了楚吴百越而更广大，新民族负荷了旧文化而更进一步，儒者也就不会更延绵了。新族不兴，旧宪不灭，宗法不亡，儒家长在。中国的历史，长则长矣；人民，众则众矣。致此之由，中庸之道不无小补，然而果能光荣快乐乎哉？

六　论战国诸子之地方性

凡一个文明国家统一久了以后，要渐渐的变成只剩了一个最高的文化中心点，不管这个国家多么大。若是一个大国家中最高的文化中心点不止一个时，便要有一个特别的原因，也许是由于政治的中心点和经济的中心点不在一处，例如明清两代之吴会；也许是由于原旧国家的关系，例如罗马帝国之有亚历山大城，胡元帝国之有杭州。但就通例说，统一的大国只应有一个最高的文化中心点的。所以虽以西汉关东之富，吴梁灭后，竟不复闻类于吴苑梁朝者。虽以唐代长江流域之文华，隋炀一度之后，不闻风流文物更炽于汉皋吴会。统一大国虽有极多便宜，然也有这个大不便宜。五季十国之乱，真是中国历史上最不幸的一个时期了，不过也只有在五季十国那个局面中，南唐西蜀乃至闽地之微，都要和僭乱的中朝争文明的正统。这还就单元的国家说，若在民族的成分颇不相同的一个广漠文明区域之内，长期的统一之后，每至消磨了各地方的特性，而减少了全部文明之富度，限制了各地各从其性之特殊发展。若当将混而未融之时，已通而犹有大别之间，应该特别发挥出些异样的文华来。近代欧洲正是这么一个例，或者春秋战国中也是这样子具体而微罢？

战国诸子之有地方性，《论语》、《孟子》、《庄子》均给我们一点半点的记载，若《淮南·要略》所论乃独详。近人有以南北混分诸子者，其说极不可通。盖春秋时所谓"南"者，在文化史的意义上与楚全不相同（详拙论《南国》），而中原诸国与其以南北分，毋宁以东西分，虽不中，犹差近。在永嘉丧乱之前，中国固只有东西之争，无南北之争（晋楚之争而不决为一例外）。所以现在论到诸子之地方性，但以国别为限不以南北西东等泛词为别。

齐^{燕附}　战国时人一个成见，或者这个成见正是很对，即是谈到荒诞不经之人，每说他是齐人。《孟子》："此齐东野人之语也。"《庄子》："齐谐者，志怪者也。"《史记》所记邹衍等，皆其例。春秋战国时，齐在诸侯中以地之大小比起来，算最富的（至两汉尚如此），临淄一邑的情景，假如苏秦的话不虚，竟是一个近代大都会的样子。地方又近海，或以海道交通而接触些异人异地；并且从早年便成了一个大国，不像邹鲁那样的寒酸。姜田两代颇出些礼贤下士的侯王。且所谓东夷者，很多是些有长久传说的古国，或者济河岱宗以东，竟是一个很大的文明区域。又是民族迁徙自西向东最后一个层次（以上各节均详别论）。那么，齐国自能发达他的特殊文化，而成到了太史公时尚为人所明白见到的"泱泱乎大国风"，正是一个很合理的事情。齐国所贡献于晚周初汉的文化大约有五类（物质的文化除外）。

甲，宗教　试看《史记·秦始皇本纪》、《封禅书》，则知秦皇、汉武所好之方士，实原自齐，燕亦附庸在内。方士的作祸是一时的，齐国宗教系统之普及于中国是永久的。中国历来相传的宗教是道教，但后来的道教造形于葛洪、寇谦之一流人，其现在所及见最早一层的根据，只是齐国的神祠和方士。八祠之祀，在南朝几乎成国教；而神仙之论，竟成最普及最绵长的民间信仰。

乙，五行论　五行阴阳论之来源已不可考，《甘誓》、《洪范》显系战国末人书（我疑《洪范》出自齐，伏生所采以入廿八篇者），现在可见之语及五行者，以《荀子·非十二子篇》为最多。荀子訾孟子、子思以造五行论，然今本《孟子》、《中庸》中全无五行说，《史记·孟子荀卿列传》中却有一段，记邹衍之五德终始论最详：

> 齐有三邹子。其前邹忌，以鼓琴干威王，因及国政，封为成侯，而受相印，先孟子。其次邹衍，后孟子。邹衍睹有国者益淫

侈，不能尚德，若《大雅》整之于身施及黎庶矣，乃深观阴阳消息，而作怪迁之变，《终始》、《大圣》之篇十余万言。其语闳大不经，必先验小物，推而大之，至于无垠。先序今以上至黄帝，学者所共术，大并世盛衰，因载其机祥度制，推而远之，至天地未生，窈冥不可考而原也。先列中国名山、大川、通谷、禽兽，水土所殖，物类所珍，因而推之及海外，人之所不能睹。称引天地剖判以来，五德转移，治各有宜，而符应若兹。以为儒者所谓中国者，于天下乃八十一分居其一分耳。中国名曰赤县神州，赤县神州内自有九州，禹之序九州是也，不得为州数。中国外如赤县神州者九，乃所谓九州也，于是有裨海环之。人民禽兽莫能相通者，如一区中者，乃为一州。如此者九，乃有大瀛海环其外，天地之际焉。其术皆此类也。然要其归必止乎仁义节俭，君臣上下六亲之施，始也滥耳。王公大人初见其术，惧然顾化，其后不能行之。是以邹子重于齐。适梁，梁惠王郊迎，执宾主之礼；适赵，平原君侧行撇席。如燕，昭王拥彗驱，请列弟子之座而受业，筑碣石宫，身亲往师之，作《主运》。

邹子出于齐，而最得人主景仰于燕，燕齐风气，邹子一身或者是一个表象。邹子本不是儒家，必战国晚年他的后学者托附于当时的显学儒家以自重，于是谓五行之学创自子思、孟轲，荀子习而不察，遽以之归罪子思、孟轲，遂有《非十二子》中之言。照这看来，这个五行论在战国末很盛行的，诸子《史记》不少证据。且这五行论在战国晚年不特托于儒者大师，又竟和儒者分不开了。《史记·秦始皇本纪》：

　　卢生说始皇曰："臣等求芝奇药仙者常弗遇，类物有害之者。方中，人主时为微行，以辟恶鬼，恶鬼辟，真人至。至人主所居，而人臣知之，则害于神。真人者，入水不濡，入火不爇，陵云气，与天地久长。今上治天下，未能恬惔。愿上所居宫毋令人知，然后不死之药殆可得也。"于是始皇曰："吾慕真人，自谓真人，不称朕。"乃令咸阳之旁二百里内宫观二百七十，复道甬道相连，帷帐钟鼓美人充之，各案署，不移徙。行所幸，有言其处者，罪死。始皇帝幸梁山宫，从山上见丞相车骑众，弗善也。中人或告丞相，丞相后损车骑。始皇怒曰："此中人泄吾语。"案问，莫服。当是时，诏捕诸时在旁者，皆杀之。自是后莫知行之所在。听事，群臣受决事，悉于咸阳宫。侯生、卢生相与谋曰："始皇为人，天性刚戾自用，起诸侯，并天下，意得欲从，以为自古莫及己。专任狱吏，狱吏得亲幸，博士虽七十人，特备员弗用。丞相诸大臣皆受成事，倚辨于上。上乐以刑杀为威，天下畏罪，持禄莫敢尽忠。上不闻过而日骄，下慑伏谩欺以取容。秦法，不得兼方，不验，辄死。然候星气者至三百人，皆良士，畏忌讳谀、不敢端言其过。天下之事无小大皆决于上，上至以衡石量书，日夜有呈，不中呈，不得休息。贪于权势至如此，未可为求仙药。"于是乃亡去。始皇闻亡，乃大怒曰："吾前收天下书不中用者尽去之，悉召文学方术士甚众，欲以兴太平，方士欲练以求奇药。今闻韩众去不报，徐市等费以巨万计，终不得药，徒奸利相告日闻。卢生等吾尊赐之甚厚，今乃诽谤我，以重吾不德也。诸生在咸阳者，吾使人廉问，或为妖言，以乱黔首。"于是使御史悉案问诸生，诸生传相告引，乃自除犯禁者四百六十余人，皆坑之咸阳，使天下知之，以惩后。益发谪徙边，始皇长子扶苏谏曰："天下初定，远方黔首未集，诸生皆诵法孔子，今上皆重法绳之，臣恐天下不安。惟上察之。"始皇怒，使扶苏北监蒙恬于上郡。

这真是最有趣的一段史料，分析之如下：

一、卢生等只是方士，决非邹鲁之所谓儒；

二、秦始皇坑的是这些方士；

三、这些方士竟"皆诵法孔子"，而坑方士变做了坑儒。

则侈谈神仙之方士，为五行论之诸生，在战国末年竟儒服儒号，已无可疑了。这一套的五德终始阴阳消息论，到了汉朝，更养成了最有势力的学派，流行之普遍，竟在儒老之上。有时附儒，如儒之齐学，《礼记》中《月令》及他篇中羼入之阴阳论皆是其出产品；有时混道，如《淮南鸿烈》书中不少此例，《管子》书中也一样。他虽然不能公然的争孔老之席，而暗中在汉武时，已把儒家换羽移宫，如董仲舒、刘向、刘歆、王莽等，都是以阴阳学为骨干者。五行阴阳本是一种神道学（Theology），或曰玄学（Metaphgiscs），见诸行事则成迷信。五行论在中国造毒极大，一切信仰及方技都受他影响。但我们现在也不用笑他了，十九世纪总不是一个顶迷信的时代罢？德儒海格尔以其心学之言盈天下，三四十年前，几乎统一了欧美大学之哲学讲席。但这位大玄学家发轨的一篇著作是用各种的理性证据——就是五德终始一流的——去断定太阳系行星只能有七，不能有六，不能有八。然他这本大著出版未一年，海王星之发现宣布了！至于辨氏Dialektik，还不是近代的阴阳论吗？至若我们只瞧不起我们二千年前的同国人，未免太宽于数十年前的德国哲学家了。

丙，托于管晏的政论　管晏政论在我们现在及见的战国书中并无记之者（《吕览》只有引管子言行处，没有可以证明其为引今见《管子》书处），但《淮南》、《史记》均详记之。我对于《管子》书试作的设定是：《管子》书是由战国晚年汉初年的齐人杂著拼合起来的。《晏子》书也不是晏子时代的东西，也是战国末汉初的齐人著作。此义在下文殊方之治术一篇及下一章《战国子家书成分分析》中论之。

丁，齐儒学　这本是一个汉代学术史的题目，不在战国时期之内，但若此地不提明此事，将不能认清齐国对战国所酝酿汉代所造成之文化的贡献，故略说几句。儒者的正统在战国初汉均在鲁国，但齐国自有他的儒学，骨子里只是阴阳五行，又合着一些放言侈论。这个齐学在汉初的势力很大，武帝时竟夺鲁国之席而为儒学之最盛者，政治上最得意的公孙弘，思想上最开风气的董仲舒，都属于齐学一派。公羊氏《春秋》，齐《诗》，田氏《易》，伏氏《书》，都是太常博士中最显之学。鲁学小言詹詹，齐学大言炎炎了。现在我们在西汉之残文遗籍中，还可以看出这个分别。

戊，齐文辞　战国文辞，齐楚最盛，各有其他的地方色彩，此事待后一篇中论之（《论战国杂诗体》一章中）。

鲁　鲁是西周初年周在东方文明故域中开辟一个殖民地。西周之故域既亡于戎，南国又亡于楚，而"周礼尽在鲁矣"。鲁国人揖让之礼甚讲究，而行事甚乖戾（太史公语），于是拿诗书礼乐做法宝的儒家出自鲁国，是再自然没有的事情。盖人文既高，仪节尤备，文书所存独多，又是个二等的国家，虽想好功矜伐而不能。故齐楚之富，秦晋之强，有时很足为师，儒之学发展之阻力，若鲁则恰成发展这一行的最好环境。"儒是鲁学"这句话，大约没有疑问罢？且儒学一由鲁国散到别处便马上变样子。孔门弟子中最特别的是"堂堂乎张"和不仕而侠之漆雕开，这两个人后来皆成显学。然上两个人是陈人，下两个人是蔡人。孔门中又有个子游，他的后学颇有接近老学的嫌疑，又不是鲁人（吴人）。宰我不知何许人，子贡是卫人，本然都不是鲁国愿儒的样子，也就物以类聚跑到齐国，一个得意，一个被杀了。这都是我们清清楚楚地认识出地方环境之限制人。墨子鲁人（孙诒让等均如此考定），习孔子之书，业儒者之业（《淮南·要略》），然他的个性及主张，绝对不是适应于鲁国环境的，他自己虽然应当是鲁国及儒者之环境逼出来的一个造反者，但他总要到外方去行道，所以他自己的行迹，便也在以愚著闻的宋人国中多了。

宋　宋也是一个文化极高的国家，且历史的绵远没有一个可以同他比：前边有几百年的殷代，后来又和八百年之周差不多同长久。当桓襄之盛，大有殷商中兴之势，直到亡国还要称霸一回。齐人之夸，鲁人之拘，宋人之愚，在战国都极著名。诸子谈到愚人每每是宋人，如《庄子》"宋人资章甫而适诸越，越人断发文身，无所用之"；《孟子》"宋人有闵其苗之不长而揠之者"；《韩非子》宋人守株待兔。此等例不胜其举，而《韩非子》尤其谈到愚人便说是宋人。大约宋人富于宗教性，心术质直，文化既古且高，民俗却还淳朴，所以学者倍出，思想疏通致远而不流于浮华。墨家以宋为重镇，自是很自然的事情。

三晋及周郑　晋国在原来本不是一个重文贵儒提倡学术的国家，"晋所以伯，师武臣之力也"。但晋国接近周郑，周郑在周既东之后，虽然国家衰弱，终是一个文化中心，所以晋国在文化上受周郑的影响多（《左传》中不少此例）。待晋分为三之后，并不保存早年单纯军国的样子了，赵之邯郸且与齐之临淄争奢侈，韩魏地当中原，尤其出来了很多学者，上继东周之绪，下开名法诸家之盛，这一带地方出来的学者，大略如下：

太史儋　著所谓《老子》五千言（考详后）。关尹不知何许人，然既为周秦界上之关尹，则亦此一带之人。

申不害、韩非　刑名学者。管、晏、申、韩各书皆谈治道者，而齐晋两派绝异。

惠施、邓析、公孙龙　皆以名理为卫之辩士。据《荀子》，惠施、邓析，一流人；据《汉·志》，则今本《邓析子》乃申韩一派。

魏牟　放纵论者。

慎到　稷下辩士。今存《慎子》不可考其由来，但《庄子》中《齐物论》一篇为慎到著十二论之一，说后详。

南国　"南国"和"楚"两个名辞断不混的。"南国"包陈、蔡、许、邓、息、申一带楚北夏南之地，其地在西周晚季文物殷盛（详说论《周颂》篇），在春秋时已经好多部分入楚，在战国时全入楚境之内了。现在论列战国事自然要把南国这个名词放宽些，以括楚吴新兴之人众。但我们终不要忘楚之人文是受自上文所举固有之南国的。胜国之人文，新族之朝气，混合起来，自然可出些异样的东西。现在我们所可见自春秋末年这一带地方思想的风气，大略有下列几个头绪：

厌世达观者　如孔子适陈、蔡一带所遇之接舆、长沮、桀溺、荷蓧丈人等。

独行之士　许行等。

这一带地方又是墨家的一个重镇，且这一带的墨学者在后来以偏于名辩著闻。

果下文所证所谓苦县之老子为老莱子，则此一闻人亦是此区域之人。

秦国　秦国若干风气似晋之初年，并无学术思想可言，不知《商君书》一件东西是秦国自生的政论，如管晏政论之为齐学一样？或者是六国人代拟的呢？

中国之由分立进为一统，在政治上固由秦国之战功，然在文化上则全是另一个局面，大约说来如下：

齐以宗教及玄学统一中国（汉武帝时始成就）。

鲁以伦理及礼制统一中国（汉武帝时始成就）。

三晋一带以官术统一中国（秦汉皆申韩者）。

战国之乱，激出些独行的思想家；战国之侈，培养了些作清谈的清客。但其中能在后世普及者，只有上列几项。

七　论墨家之反儒学

在论战国墨家反儒学之先，要问战国儒家究竟是怎个样子。这题目是很难答的，因为现存的早年儒家书，如《荀子》、《礼记》，很难分那些是晚周，那些是初汉，《史记》一部书中的儒家史材料也吃这个亏。只有《孟子》一部书纯粹，然孟子又是一个"辩士"，书中儒家史料真少。在这些情形之下，战国儒家之分合，韩非所谓八派之差异，竟是不能考的问题。但他家攻击儒者的话中，反要存些史料，虽然敌人之口不可靠，但攻击人者无的放矢，非特无补，反而自寻无趣；所以《墨子》、《庄子》等书中非儒的话，总有着落，是很耐人寻思的。

关于战国儒者事，有三件事可以说几句：

一、儒者确曾制礼作乐，虽不全是一个宗教的组织，却也是自成组织，自有法守。三年之丧并非古制，实是儒者之制，而儒者私居演礼习乐，到太史公时还在鲁国历历见之。这样的组织，正是开墨子创教的先河，而是和战国时一切辩士之诸子全不同的。

二、儒者在鲁国根深蒂固，竟成通国的宗教。儒者一至他国，则因其地而变，在鲁却能保持较纯净的正统，至汉而多传经容礼之士。所以在鲁之儒始终为专名，一切散在列国之号为儒者，其中实无所不有，几乎使人疑儒乃一切子家之通名。

三、儒者之礼云乐云，弄到普及之后，只成了个样子主义mannerism，全没有精神，有时竟像诈伪。荀卿在那里骂贱儒，骂自己的同类，也不免骂他们只讲样子，不管事作。《庄子·外物篇》中第一段形容得尤其好：

儒以《诗》、《礼》发冢。（王先谦云："求诗礼发古冢"。此解非是。下文云，大儒胪传，小儒述《诗》，犹云以《诗》、《礼》之态发冢。郭注云："诗礼者，先王之陈迹也。苟非其人，道不虚行。故夫儒者乃有用之为奸，则迹不足恃也。"此解亦谓以《诗》、《礼》发冢，非谓求《诗）、《礼》发冢）大儒胪传曰："东方作矣，事之若何？"小儒曰："未解裙襦，口中有珠。《诗》固有之曰：'青青之麦，生于陵陂。生不布施，死何含珠为。'"接其鬓，压其颒，儒以金椎控其颐，徐别其颊，无伤口中珠！

这是极端刻画的形容，但礼云乐云而性无所忍，势至弄出这些怪样子来的。

墨子出于礼云乐云之儒者环境中，不安而革命，所以墨家所用之具全与儒同，墨家所标之义全与儒异。儒者称《诗》、《书》，墨者亦称《诗》、《书》；儒者道《春秋》，墨者亦道《春秋》（但非止鲁《春秋》）；儒者谈先王，谈尧舜，墨者亦谈先王谈尧舜；儒者以禹为大，墨者以禹为至；儒墨用具之相同远在战国诸子中任何两家之上。然墨者标义则全是向儒者痛下针砭，今作比较表如下：

墨者义	儒者义	附　记
尚贤《墨子》："古者圣王甚尊尚贤而任使能，不党父兄，不偏贵富，不嬖颜色。"	亲亲如《孟子》所举舜封弟象诸义，具见儒者将亲亲之义置于尚贤之前。	儒者以家为国，《墨子》以天下为国，故儒者治国以宗法之义，墨者则以一视同仁为本。
尚同一切上同于上，"上同乎天子，而未尚同乎天者，则大灾将犹未止也"。	事有差等　儒者以为各阶级应各尽其道以事上，而不言同乎上，尤不言尚同乎天。	尚同实含平等义，儒者无之。
兼爱　例如"报怨以德"之说。《墨子》以为人类之无间"此疆尔界"。	爱有等差例如《孟子》："有人于此，越人关弓而射之，则已谈笑而道之，其兄关弓而射之，则已垂涕泣而道之。"《孟子》之性善论如此。	

续表

墨者义	儒者义	附　记
非攻非一切之攻战。	别义战与不义战	
节用	居俭侈之间	
节葬	厚葬	《韩非子》："儒者倾家而葬，人主以为孝，墨者薄葬，人主以为俭。"此为儒墨行事最异争论最多之点。
天志《墨子》明言天志，以为"天欲义而恶其不义"。	天命儒者非谓天无志之自然论者，但不主明切言之。《论语》："天何言哉？四时行焉，百物生焉"。又每以命为天，《孟子》："吾之不遇鲁侯，天也。"	此两事实一体，儒者界于自然论取宗教家之中。而以甚矛盾之行事感其不可知之谊。
明鬼确信鬼之有者。	敬鬼神而远之《论语》："祭如在，祭神如神在。"又"未能事人，焉能事鬼"。	
非乐	放郑声而隆雅乐	
非命	有命《论语》："道之将行也与？命也！道之将废也与？命也！公伯寮其如命何？"《孟子》："吾之不遇鲁侯，天也！臧氏之子，焉能使予不遇哉？"儒者平日并不言命，及失败时，遂强颜谈命以讳其失败。	

就上表看，墨者持义无不与儒歧别。其实逻辑说去，儒墨之别常是一个度的问题：例如儒者亦主张任贤使能者，但更有亲亲之义在上头；儒者亦非主张不爱人，如魏牟杨朱者，但谓爱有差等；儒者亦非主战阵，如纵横家者，但还主张义战；儒者亦非无神无鬼论者，但也不主

张有鬼。乐葬两事是儒墨行事争论的最大焦点，但儒者亦放郑声，亦言"礼与其奢也宁俭，丧与其易也宁戚"。然而持中者与极端论者总是不能合的，两个绝相反的极端论者，精神上还有多少的同情；极端论与持中者既不同道，又不同情，故相争每每最烈。儒者以为凡事皆有差等，皆有分际，故无可无不可。在高贤尚不免于妥协之过，在下流则全成伪君子而已。这样的不绝对主张，正是儒者不能成宗教的主因；虽有些自造的礼法制度，但信仰无主，不吸收下层的众民，故只能随人君为抑扬，不有希世取荣之公孙弘，儒者安得那样快当的成正统啊！

八　《老子》五千言之作者及宗旨

汪容甫《老子考异》一文所论精澈，兹全录之如下：

《史记·孔子世家》云："南宫敬叔与孔子俱适周问礼，盖见老子云。"《老庄申韩列传》云："孔子适周，问礼于老子。"按，老子言行今见于曾子问者凡四，是孔子之所从学者可信也。夫助葬而遇日食，然且以见星为嫌，止柩以听变，其谨于礼也如是；至其书则曰："礼者忠信之薄，而乱之首也。"下殇之葬，称引周召史佚，其尊信前哲也如是；而其书则曰："圣人不死，大盗不止。"彼引乖违甚矣！故郑注谓古寿考者之称，黄东发《日抄》亦疑之，而皆无以辅其说。其疑一也。《本传》云："老子楚苦县厉乡曲仁里人也。"又云："周守藏室之史也。"按周室既东，辛有入晋（《左传》昭二十年），司马适秦（《太史公自序》），史角在鲁（《吕氏春秋·当染篇》），王官之符，或流播于四方，列国之产，惟晋悼尝仕于周，其他固无闻焉。况楚之于周，声教中阻，又非鲁郑之比。且古之典籍旧闻，惟在瞽史，其人并世官宿业，羁旅无所置其身。其疑二也。《本传》又云："老子，隐君子也。"身为王官，不可谓隐。其疑三也。今按《列子·黄帝》、《说符》二篇，凡三载列子与关尹子答问之语。（《庄子·达生篇》与《列子·黄帝篇》文同，《吕氏春秋·审己篇》与《列子·说符篇》同。）而列子与郑子阳同时，见于本书。《六国表》："郑杀其相驷子阳。"在韩列侯二年，上距孔子之殁凡八十二年。关尹子之年世既可考而知，则为关尹著书之老子，其年亦从可知矣。《文子·精诚篇》引《老子》曰："秦楚燕魏之歌，异传而皆乐。"按，燕终春秋之世，不通盟会。《精诚篇》称燕自文侯之后始与冠带之国（燕世家有两文公，武公子文公，《索隐》引《世本》作闵公，其事迹不见于《左氏春秋》，不得谓始与冠带之国。桓公子亦称文公，司马迁称其予车马金帛以至赵，约六国为纵，与文子所称时势正合）。文公元年上距孔子之殁凡百二十六年，《老子》以燕与秦楚魏并称，则《老子》已及见文公之始强类。又魏之建国，上距孔子之殁凡七十五年，而《老子》以之与三国齿，则《老子》已及见其侯矣。《列子·黄帝篇》载老子教杨朱事。（《庄子·寓言篇》文同，惟以朱作子居，今江东读朱如居，张湛注《列子》云：朱字子居，非也。）《杨朱篇》禽子曰："以子之言问老聃、关尹则子言当矣，以吾言问大禹、墨翟，则吾言当矣。"然则朱固老子之弟子也。又云："端木叔者，子贡之世也。"又云："其死也，无瘗埋之资。"又云："禽滑厘曰、端木叔，狂人也，辱其祖矣。段干生曰：端木叔，达人也，德过其祖矣。"朱为老子之弟子，而及见子贡之孙之死，则朱所师之老子不得与孔子同时也。《说苑·政理篇》："杨朱见梁主，言治天下如运诸掌。"梁之称王自惠王始，惠王元年上距孔子之殁凡百十八年；杨朱已及见其王，则朱所师事之老子其年世可知矣。《本传》云："见周之衰，乃遂去，至关。"抱朴子以为散关，又以为函谷关。按，散关远在岐州，秦函谷关在灵宝县，正当周适秦之道，关尹又与郑之列子相接，则以函谷为是。函谷之置，旧无明文。当孔子之世，二崤犹在晋地，桃林之塞，詹瑕实守之。惟贾谊《新书·过秦篇》云："秦孝公据崤函之固。"则是旧有其地矣。秦自躁怀以后，数世中衰，至献公而始大，故《本纪》献公二十一年："与晋战于石门，斩首六万。"二十三年："与魏晋战少梁，虏其将公孙痤。"然则是关之置，在献公之世矣。由是言之，孔子所问礼者聃也，其人为周守藏室之史，言与行则曾子问所在者是也。周太史儋见秦献公，《本纪》在献公十一年，去魏文侯之殁十三年，而老子之子宗为魏将封于段干（《魏世家》，安釐王四年魏将段干子请予秦南阳以和。《国策》，华军之战，魏不胜秦，明年将使段干崇割地而讲。《六国表》，秦昭王二十四年，白起击魏华阳军。按，是时上距孔子之卒，凡二百一十年），则为儋之子无疑。而言道德之意五千余言者，儋也。其入秦见献公，即去周至关之事。《本传》云："或曰，儋即老子。"其言题矣。至孔子称老莱子，今见于太傅礼卫将军文子篇，《史记·仲尼弟子列传》亦载其说，而所云贫而乐者，与隐君子之文正合。老莱之为楚人，又见《汉书·艺文志》，盖即苦县厉乡曲仁里也。而老聃之为楚人，则又因老莱子而误，故《本传》老子语孔子"去子之骄色与多欲，态心与淫志"。而《庄子·外物篇》则曰，老莱子谓孔子"去汝躬矜与汝容知"。《国策》载老莱子教孔子语，《孔丛子·抗志篇》以为老莱子语子思，而《说苑·敬慎篇》则以为常枞教老子《吕氏春秋·慎大篇》，表商容之间。高诱注，商容，殷之贤人，老子师也。商常容枞音近而误。《淮南·主术训》，表商容之间，注同。《缪称训》：老子学商容，见舌而知守柔矣。《吕氏春秋·离谓篇》，箕子商容以此

穷。注，商容，纣时贤人，老子所从学也）。然则老莱子之称老子
也旧矣。实则三人不相蒙也。若《庄子》载老聃之言，率原于道
德之意，而《天道篇》载孔子西藏书于周室，尤误后人。"寓言
十九"，固已自揭之矣。

容甫将《老子列传》中之主人分为三人，而以著五千文者为史
儋，孔子问礼者为老聃，家于苦县者为老莱子。此种分析诚未必尽是，
然实是近代考证学最秀美之著作。若试决其当否，宜先审其推论所本
之事实，出自何处。一、容甫不取《庄子》，以为"寓言十九，固
自揭之"。按，今本《庄子》，实向秀郭象所定之本（见《晋书·本
传》），西晋前之庄子面目，今已不可得见，郭氏于此书之流行本，大
为删刈。《经典释文》卷一引之曰："故郭子云，一曲之才，妄窜奇
说，若关奕意修之首，危言游凫子胥之篇，凡诸巧杂十分有三。"子玄
非考订家，其所删削，全凭自己之理会可知也。庄子之成分既杂，今
本面目之成立又甚后，（说详下文释《庄子》节）则《庄子》一书本难
引为史料。盖如是后人增益者，固不足据，如诚是自己所为，则"寓言
十九，固自己揭之"也。《庄子》书中虽有与容甫说相反者，诚未足破
之。二、容甫引用《列子》文，《列子》固较《庄子》为可信耶？《列
子》八篇之今本，亦成于魏晋时，不可谓其全伪，以其中收容有若干旧
材料也。不可谓其不伪，以其编制润色增益出自后人也。《列子》书中
所记人事，每每偶一复核，顿见其谬者；今证老子时代，多取于此，诚
未可以为定论。

然有一事足证汪说者，《史记》记老子七代孙假仕汉文朝，假定
父子一世平均相差三十五年不为不多，老子犹不应上于周安王。安王元
年，上距孔子之生犹百余年。且魏为诸侯在威烈王二十三年（西历前
403），上距孔子之卒（西历前479）七十六年，若老子长于孔子者，老

子之子焉得如此之后？又《庄子·天下篇》（《天下篇》之非寓言，当无异论），关尹、老聃并举，关尹在前，老聃在后。关尹生年无可详考，然周故籍以及后人附会，无以之为在诸子中甚早者；关尹如此，老子可知。《史记》记老子只四事：一、为周守藏史；二、孔子问礼；三、至关见关尹；四、子宗仕魏。此四事除问礼一事外，无不与儋合（儋为周史，儋入关见秦献公，儋如有子，以时代论恰可仕于魏）。容甫所分析宜若不误也。五千言所谈者，大略两端：一、道术；二、权谋。此两端实亦一事，道术即是权谋之扩充，权谋亦即道术之实用。"知其雄，守其雌，为天下溪；知其荣，守其辱，为天下谷"；"人皆取先，己独取后"云云者，固是道术之辞，亦即权谋之用。五千言之意，最洞澈世故人情，世当战国，人识古今，全无主观之论，皆成深刻之言。"将欲取之，必故与之"；即荀息灭虢之策，阴谋之甚者也。"夫惟弗吾，是以不去"；即所谓"精华既竭，蹇裳去之"者之廉也。故《韩非子》书中《解老》、《喻老》两篇所释者，诚《老子》之本旨，谈道术乃其作用之背景，阴谋术数乃其处世之路也。"当其无有车之用"，实帝王之术。"国之利器，不可示人"；亦御下之方。至于柔弱胜刚强，无事取天下，则战国所托黄帝、殷甲、伊尹、太公皆如此旨。并竞之世，以此取敌；并事一朝，以此自得。其言若抽象，若怪谲，其实乃皆人事之归纳，处世之方策。《解老》以人间世释之，《喻老》以故事释之，皆最善释老者。王辅嗣敷衍旨要，固已不及；若后之侈为玄谈，曼衍以成长论，乃真无当于《老子》用世之学者矣。《史记》称汉文帝好黄老刑名，今观文帝行事，政持大体，令不扰民，节用节礼，除名除华，居平勃之上，以无用为用，介强藩之中，以柔弱克之，此非庸人多厚福，乃是帷幄有深谋也。洛阳贾生，虽为斯公再传弟子，习于刑名，然年少气盛，侈言高论，以正朔服色动文帝，文帝安用此扰为？窦太后问辕固生《老子》何如，辕云："此家人言耳。"可见汉人于《老子》以为处世之论而已，初与佟谈道体者大不同，尤与神仙不相涉也。又汉初为老学者曰黄老，黄者或云黄帝，或云黄生（例如夏曾佑说）。黄生汉人，不宜居老之上。而《汉志》列黄帝者四目，兵家举黄帝风后力牧者，又若与道家混。是黄老之黄，乃指黄帝，不必有异论。五千文中，固自言"以正治国，以奇用兵，以无事取天下"；则无为之论，权谋术数之方，在战国时代诚可合为一势者矣。

综上所说，约之如下：五千文非玄谈者，乃世事深刻归纳。在战国时代，全非显学。孔子孟子固未提及，即下至战国末，荀子非十二子，老氏关尹不与；韩非斥显学，绝五蠹，道家黄老不之及；仅仅《庄子·天下篇》一及之，然所举关尹之言乃若论道，所称老聃之言只是论事。《庄子·天下篇》之年代，盖差前乎荀卿，而入汉后或遭润色者（说别详）。是战国末汉初之老学，应以《韩子·解》、《喻》两篇者为正；文帝之治为其用之效，合阴谋，括兵家，为其域之广。留侯黄石之传说，河上公之神话，皆就"守如处女，出如脱兔"之义敷衍之，进为人君治世之衡，退以其说为帝王师，斯乃汉初之黄、老面目。史儋以其职业多识前言往行，处六百年之宗主国，丁世变之极殷（战国初年实中国之大变，顾亭林曾论之），其制五千言固为情理之甚可能者。今人所谓"老奸巨猾"者，自始即号老矣。申、韩刑名之学，本与老氏无冲突处，一谈其节，一振其纲，固可以刑名为用，以黄、老为体矣。此老氏学最初之面目也。

"老学既黄"（戏为此词），初无须大变老氏旨也，盖以阴谋运筹帷幄之中，以权略术数决胜千里之外，人主之取老氏者本以此，则既黄而兵家权略皆人之，亦固其所。然黄帝实战国末汉初一最大神道，儒道方士神仙兵家法家皆托焉，太史公足迹所至，皆闻其神话之迹焉。（见《五帝本纪·赞》）则既黄而杂亦自然之势矣。老学一变而杂神仙方士，神仙方士初与老氏绝不相涉也（白居易诗"玄元圣祖五千言，不言药，不言仙，不言白日升青天"），神仙方士起于燕齐海上，太史公记之如此，本与邹鲁之儒学无涉，周郑三晋之道论（老子），官术（申韩），不相干。然神仙方术之说来自海滨，无世可纪，不得不比附显学以自重于当时。战国末显学儒墨也（见《韩非子》），故秦始皇好神仙方士，乃东游，竟至邹峄山，聚诸生而议之。其后怒求神仙者之不成功，大坑术士，而扶苏谏曰："诸生皆诵法孔子，今上皆重法绳之，臣恐天下不安。"坑术士竟成坑儒，则当时术士自附于显学之儒可知。儒者在战国时，曾西流三晋，南行楚吴；入汉而微，仅齐鲁之故垒不失。文景时显学为黄老，于是神仙方士又附黄老，而修道养性长寿成丹各说皆与老子文成姻缘，《淮南》一书，示当时此种流势者不少。故神仙方士之入于道，时代为之，与本旨之自然演化无涉也。

武帝正儒者之统，行阴阳之教，老学遂微。汉初数十年之显学，虽式微于上，民间称号终不可怠。且权柄刑名之论，深于世故者好取之，驭下者最便之，故宣帝犹贤黄老刑名，而薄儒术。后世治国者纵惯以儒术为号，实每每阴用黄、老、申、韩焉。又百家废后，自在民间离合，阴阳五行既已旁礴当世，道与各家不免借之为体，试观《七略》、《汉志》论次诸子，无家不成杂家，非命之墨犹须顺四时而行（阴阳家说），其他可知矣。在此种民间混合中，老子之号自居一位，至于汉末而有黄巾道士，斯诚与汉初老学全不相涉也。

东汉以来，儒术凝结，端异者又清澈之思，王充仲长统论言于前，王弼、钟会注书于后，于是老氏之论复兴。然魏、晋之老乃庄老，与汉初黄、老绝不同。治国者黄、老之事，玄谈者庄、老之事。老、庄之别，《天下篇》自言之，老乃世事洞明，而以深刻之方术驭之者；庄乃人情练达，终于感其无可奈何，遂"糊里糊涂以不了了之"者。魏、晋间人，大若看破世间红尘，与时俯仰，通其狂惑（如阮嗣宗），故亦卮言曼行，"以天下为沉浊不可与庄语"，此皆庄书所称。若老子则有积极要求，潜藏虽有之，却并非"不遣是非以与世俗处"者。干令升《晋纪·总论》云："学者以庄老为宗而绌六经"，不言老庄。太史公以庄释老，遂取庄书中不甚要各篇，当时儒道相绌之词，特标举之。甚不知庄生自有其旨。魏晋人又以老释庄，而五千言文用世之意，于以微焉。例如何平叔者，安知陈、张、萧、曹之术乎？乃亦侈为清谈，超机神而自比于犹龙，志存吴、蜀，忘却肘腋之患，适得子房之反，运筹千里之外，决败帷幄之中矣。此种清谈决非《老子》之效用也。

老学之流变既如上述，若晋人葛洪神仙之说，魏人寇嫌之符箓之术，皆黄巾道士之支与裔，与老子绝无涉者。老莱子一人，孔子弟子列传既引之，大约汉世乃及战国所称孔子问礼之事每以老莱子当之，以老聃当之者，其别说也。孔子事迹后人附会极多，今惟折衷于《论语》，差为近情。《论语》未谈孔子问礼事，然记孔子适南时所受一切揶揄之言，如长沮、桀溺、荷蓧丈人、接舆等等，而凤兮之叹流传尤多。孔子至楚乃后来传说，无可考证，若厄陈、蔡则系史实。苦为陈邑，孔子卒时陈亡于楚，则老莱子固可为孔子适陈、蔡时所遇之隐君子，苦邑人亦可因陈亡而为楚人厉，之与莱在声音上同组，或亦方言之异也。老莱子责孔子以"去汝躬矜与汝容知"之说，容有论事，则老莱亦楚狂一流之人；不然，亦当是凭借此类故事而生之传说，初无涉乎问礼。及老聃（或史儋）之学浸浸与显学之儒角逐，孔老时代相差不甚远，从老氏以绌儒学者，乃依旧闻而造新说，遂有问礼之论，此固是后人作化胡经之故智。六朝人可将老聃、释迦合，战国末汉初人独不可将仲尼、老聃合乎？《论语》、《孟子》、《荀子》及《曲礼》、《檀弓》诸篇，战国儒家史今存之材料也，其中固无一言及此，惟《曾子问》三言之。今观《曾子·檀弓问》所记，皆礼之曲节，阴阳避忌之言，传曾掌故之语，诚不足当问礼之大事。明堂《戴记》中，除《曲礼》数篇尚存若干战国材料外，几乎皆是汉博士著作或编辑，前人固已言其端矣。（太史公、班孟坚、卢植明指《王制》为汉文时博士作，甚显之《中庸》，亦载"今天下车同轨"及"载华岳而不重"之言。）

附记：韩文公已开始不信问礼事，《原道》云："老者曰，孔子吾师之弟子也，为孔子者习闻其说，乐其诞而自小也，亦曰吾师亦尝师之云尔。不惟举之于其口，而又笔之于其书。"然《史记》一书杂老学，非专为儒者。

儋、聃为一人，儋、聃亦为一语之方言变异。王船山曰："老聃亦曰太史儋，儋、聃音盖相近。"毕沅曰："古聸、儋字通。《说文解字》有聃云：'耳曼也。'又有聸字云：'垂耳也，南方聸耳之国。'《大荒北经》、《吕览》聸耳字并作儋。又《吕览》老聃字，《淮南王书》聸耳字皆作耽。《说文解字》有耽字云：'耳大垂也。'盖三字声义相同，故并借用之。"此确论也。儋、聃既为一字之两书，孔子又安得于卒后百余年从在秦献公十一年入关之太史儋问礼乎？总而言之，果著五千文者有人可指当为史儋，果孔子适南又受挪揄，当为老莱子也。

上说或嫌头绪不甚清晰，兹更约述之。

一、《老子》五千言之作者为太史儋，儋既为老聃，后于孔子。此合汪、毕说。

二、儋、聃虽一人，而老莱则另一人，莱、厉或即一语之转。

三、孔子无问礼事，《曾子问》不可据。问礼说起于汉初年儒老之争。

四、始有孔子受老莱子挪揄之传说，后将老子代老莱。假定如此。

五、《老子》书在战国非显学，入汉然后风靡一世。

六、老、庄根本有别，《韩子》书中《解老》、《喻老》两篇，乃得《老子》书早年面目者。

《庄子》书最杂，须先分析篇章然后可述说指归，待于下篇中详辨之。

九 齐晋两派政论

一种政论之生不能离了他的地方人民性，是从古到今再显明没有的事情。例如放任经济论之起于英，十八世纪自由论之起于法，国家论及国家社会论起于德，所谓"拜金主义"者之极盛于美，都使我们觉得有那样土田，才生那样草木。中国在春秋战国间东西各部既通而未融，既混而未一，则各地政论之起，当因地域发生很不同的倾向，是自然的事。战国时风气最相反的莫如齐秦，一以富著，一以强称，一则宽博，一则褊狭，一则上下靡乐，一则人民勇于公战，一则天下贤士皆归之，一则自孝公以来即燔灭诗书（见《韩非子·和氏篇》）。齐则上下行商贾之利，秦则一个纯粹的军国家，齐之不能变为秦，犹秦之难于变为齐。秦能灭齐而不能变其俗，秦地到了汉朝，为天下之都，一切之奢侈皆移于关中，而近秦之巴蜀，山铁之富甲于世间，然后其俗少变，然关西犹以出将著闻。（时谚："关东多相，关西多将。"）在这样的差异之下，齐晋各有其不同的政治，亦即各有其政论是应该的。

但秦在缪公一度广大之后，连着几代不振作，即孝公令中所谓"厉躁简公出子之不宁"者。及献孝两世，然后又有大志于中国，而关东贤士，因秦地自然之俗而利导之，如卫鞅。不有关东贤士，无以启秦地之质，不有秦地之质，亦无以成关东贤士之用。此样政治之施用在秦，而作此样政论者则由三晋。晋在初年亦全是一个军国家，和东方诸侯不同，和秦国历代姻戚，边疆密迩，同俗之处想必甚多。即如晋国最大之赵孟，本是秦之同宗，晋之大夫出奔，每至于秦。晋在后来既强大，且富庶，渐失其早年军国的实在。既分为三之后，只有赵国沿保持早年的武力；韩魏地富中国，无土可启（魏始有上郡，后割于秦，遂失边境），有中土之侈靡可学，遂为弱国。在不能开富不能启土范围之内，想把国家弄得强且固，于是造成一种官术论，即所谓中子之学，而最能实行这些官术论者，仍然是秦。

　　所以战国时的政治论，略去小者不言，大别有东西两派。齐为东派，书之存于后者有《管子》、《晏子》。这个政论的重要题目是：如何用富而使人民安乐，如何行权而由政府得利，如何以富庶致民之道德，如何以富庶戒士卒之勇敢，如何富而不侈，如何庶而不淫。《管子》书中论政全是以经济为政治论，《晏子》书论政全是以杜大国淫侈为政体论。返观韩魏官术之论，及其行于秦国之迹，则全不是这些话，富国之术，只谈到使民务本事，而痛抑商贾之操纵，执法立信，信赏必罚，"罚九赏一"，"燔灭诗书"，重督责而绝五蠹（《商君书》作"六虱"）。盖既富之国，应用其富，而经济政策为先（齐）；既衰之国，应强其政，而刑名之用为大（韩魏）；新兴之国，应成一种力大而易使之民俗，以为兼并之资，而所谓商君之法者以兴。这便是《管子》、《晏子》书对于《商君》、《韩非》书绝然不同的原因。

　　管晏商韩四部书都很驳杂，须待下篇论诸子分析时详说，此处但举齐学晋论几个重要分素。

　　齐学　《管子》书没有一个字能是管子写的，最早不过是战国中年的著作，其中恐怕有好些是汉朝的东西。今姑以太史公所见几篇为例，《牧民》、《山高》、《乘马》、《轻重》之旨要，太史公约之云：

　　　　管仲既任政相齐，以区区之齐在海滨，通货积财，富国强兵，与俗同好恶。故其称曰："仓廪实而知礼节，衣食足而知荣辱，上服度则六亲固，四维不张国乃灭亡。下令如流水之原，令顺民心。"故论卑而易行。俗之所欲，因而与之，俗之所否，因而去之。其为政也，善因祸而为福，转败而为功。贵轻重，慎权衡。桓公实怒少姬，南袭蔡，管仲因而伐楚，责包茅不入贡于周室。桓公实北征山戎，而管仲因而令燕修召公之政。于柯之会，桓公欲背曹沫之约，管仲因而信之。诸侯由是归齐。故曰：知"与之为取"，政之宝也。

轻重权衡《管子》书中言之极详，现在不举例。《管子》书中义，谲中有正，变中有常，言大而夸，极多绝不切实用者，如《轻重戊》一段，思将天下买得大乱，而齐取之；齐虽富，焉能这样？这固全是齐人的风气。然其要旨皆归于开富源以成民德，治民对邻，皆取一种适宜的经济政策。《晏子》书文采甚高，陈义除贬孔丘外，皆与儒家义无相左处。齐人好谏，好以讽辞为谏，晏子实淳于髡所慕而为其隐语讽辞者（见《史记》），齐人后来且以三百篇为谏书。

三晋论　齐虽那样富，"泱泱乎大国风"，但其人所见颇鄙，大有据菑莱而小天下之意。孟子每言齐人所见不广，妄以自己所有为天下先，如云，"子诚齐人也，知管仲晏子而已矣！"若晋则以密迩东西周之故，可比齐人多知道天下之大，历史之长，又以历为百余年中国伯主，新旧献典，必更有些制作，故三晋政论当不如齐国之陋，然又未免于论术多而论政少，或竟以术为政。关于刑名之学之所起，《淮南·要略》说得很好：

> 申子者，韩昭侯之佐。韩、晋之别国也。地激民险，而介于大国之间。晋国之故礼未灭，韩国之新法重出，先君之令未收，后君之令又下，新故相反，前后相缪，百官背乱，莫知所用：故刑名之书生焉。（此言亦见《韩子·定法篇》，《韩子》书不出一人手，不知此言是谁抄谁者。）

申子刑名之学用于秦晋，用于汉世，此种官术自其小者言之，不过是些行政之规，持柄之要。申子书今虽不可见，然司马子长以为"申子卑卑施之于名实"。大约还没有很多的政治通论。不过由综核名实发轨，自然可成一种溥广的政论。所以韩子之学，虽许多出于名实之外；然"引绳墨，切事情"，亦即名实之推广；不必因狭广分申、韩为二，两人亦皆是韩地的地道出产。申子书今佚，然故书所传申子昭侯事，颇有可引以证其作用者。

> 申子尝请仕其从兄，昭侯不许，申子有怨色。昭侯曰："所为学于子者，欲以治国也。今将听子之谒，而废子之术乎？已其行子之术，而废子之请乎？子尝教寡人修功劳，视次第，今有所私求，我将奚听乎？"申子乃辞舍请罪，曰："君真其人也！"
>
> 昭侯有敝袴，命藏之。侍者曰："君亦不仁者矣！不赐左右而藏之。"昭侯曰："吾闻明王爱一颦一笑，颦有为颦，笑有为笑。今袴岂特颦笑哉？吾必待有功者！"（上两事见《韩子》、《说苑》等，文从《通鉴》所引。）

《韩非子》的杂篇章多是些申申子之意者，但韩非政论之最精要处在《五蠹》、《显学》两篇，这是一个有本有末的政论，不可仅把他看做是主张放弃儒墨文学侠士者。《显学》已抄在前篇，《五蠹》文长，不录。

《商君书》纯是申韩一派中物，《靳令篇》言"六虱"，即《韩子》中"五蠹"之论。商君决不会著书，此书当是三晋人士，因商君之令而为之论。《韩非子》说家有其书，则托于商君之著书，战国末年已甚流行，《韩非子》议论从其出者不少。

我们现在可以申韩商君为一派，而以为其与齐学绝不同者，《韩非子》书中有显证。

（《定法》第四十三）问者曰："申不害、公孙鞅，此二家之言孰急于国？"应之曰："是不可程也。人不食十日则死，大寒之隆，不衣亦死，论之衣食孰急于人，则是不可一无也，皆养生之具也。今申不害言术，而公孙鞅为法。术者，因任而授官，循名而责实，操杀生之柄，课群臣之能者也，此人主之所执也。法者，宪令著于官府，赏罚必于民心，赏存乎慎法，而罚加乎奸令者也，此臣之师也。君无术则弊于上，臣无法则乱于下，此不可一无，皆帝王之具也。"

（同篇下文又云）二子之于法术，皆未尽善也。

（《难二》第三十七）景公过晏子，曰："子宫小，近市，请徙子家豫章之圃。"晏子再拜而辞曰："且婴家贫，待市食而朝暮趋之，不可以远。"景公笑曰："子家习市，识贵贱乎？"是时景公繁于刑。晏子对曰："踊贵而履贱。"景公曰："何故？"对曰："刑多也。"景公造然变色曰："寡人其暴乎？"于是损刑五。或曰："晏子之贵踊，非其诚也，欲便辞以止多刑也，此不察治之患也。夫刑当，无多；不当，无少。无以不当闻，而以太多说，无术之患也。败军之诛以千百数，犹且不止，即治乱之刑如恐不胜，而奸尚不尽。今晏子不察其当否，而以太多为说，不亦妄乎？夫惜草茅者耗禾穗，惠盗贼者伤良民，今缓刑罚，行宽惠，是利奸邪而害善人也。此非所以为治也。"

齐桓公饮酒，醉，遗其冠，耻之，三日不朝。管仲曰："此非有国之耻也。公胡不雪之以政？"公曰："善。"因发仓囷，赐贫穷，论囹圄，出薄罪。处三日而民歌之，曰："公乎，公乎！胡不复遗其冠乎？"

或曰："管仲雪桓公之耻于小人，而生桓公之耻于君子矣！使桓公发仓囷而赐贫穷，论囹圄而出薄罪，非义也，不可以雪耻；使之而义也，桓公宿义须遗冠而后行之，则是桓公行义非为遗冠也；是虽雪遗冠之耻于小人，而亦遗义之耻于君子矣。且夫发囷仓而赐贫穷者，是赏无功也；论囹圄而出薄罪者，是不诛过也。夫赏无功则民偷，幸而望于上，不诛过则民不惩，而易为非。此乱之本也，岂可以雪耻哉？"

按，上段必是当时流行《晏子谏书》中一节，下段必是当时流行《管子》书中一节，所谓"因祸以为福，转败以为功"者，为韩子学者皆不取此等齐人政论。

今本管、韩书中皆多引用《老子》文句处，《管子》在汉志中列入道家，而太史公以为申韩皆原于道德之义。按：此非战国末年事，此是汉初年编辑此类篇章者加入之采色，待下篇论诸子文籍分析时详说。

十　梁朝与稷下

战国时五光十色的学风，要有培植的所在，犹之乎奇花异树要有他们的田园。欧洲十七八世纪的异文异说，靠诸侯朝廷及世族之家的培养；19世纪的异文异说，靠社社富足能养些著文卖书的人。战国时诸子，自也有他们的生业，他们正是依诸侯大族为活的。而最能培植这些风气的地方，一是梁朝，一是稷下。这正同于路易王李失路丞柏下之巴黎，伏里迭利二世之柏林，加特林后之彼得斯堡。

梁朝之盛，在于文侯之世。

（《史记·魏世家》）文侯之师田子方……文侯受子贡经艺，客段干木，过其间，未尝不轼也。秦尝欲伐魏，或曰，魏君贤人是礼，国人称仁，上下和合，未可图也。文侯由此得誉于诸侯。

《汉志·儒家》有《魏文侯》六篇，早已佚。然《乐记》、《吕览》、《说苑》、《新序》引魏文侯事语甚多，盖文侯实是战国时最以礼贤下士重师崇儒著闻者。《汉志·儒家·魏文侯》六篇后又有《李克》七篇，班法云："子夏弟子，为魏文侯相。"子夏说教西河，是儒学西行一大关键。禽滑厘相传即于此受业。文侯朝中又有吴起，亦儒者曾参弟子。文侯卒，武侯立。文侯武侯时魏甚强。武侯卒，公孙缓与惠侯争立，几乎亡国。惠王初年，魏尚强，陵厉韩赵，后乃削于齐楚，尤大困于秦，去安邑而徙大梁。《史记·魏世家》："惠王数败于军旅，卑礼厚币，以招贤者，邹衍，淳于髡，孟轲，皆至梁。"惠侯卒（惠王之称王乃追谥，见《史记》），襄王立，更削于秦。卒，哀王立。哀王卒，昭王立，魏尤削于秦。昭王卒，安釐王立。是时魏以"一万乘之国……西面而事秦，称东藩，受冠带，祠春秋"。然以信陵君之用，存邯郸，却秦军，又"率五国兵攻秦，败之河内，走蒙骜"。自秦献孝东向以临诸侯之后，关东诸侯无此盛事。《韩非子·有度篇》以齐桓楚庄魏安釐之伯合称，魏安釐王必也是一个好文学者，不然他家中不会有许多书。

（《晋书·束皙传》）初，太康二年，汲郡人不准盗发魏襄王墓，或言安釐王冢，得竹书数十车。其《纪年》十三篇，记夏以来至周幽王为犬戎所灭，以晋接之，三家分，仍述魏事，至安釐王之二十年。盖魏国史书，大略与《春秋》皆多相应。其中经传大异，则云：夏年多殷，益干启位，启杀之；太甲杀伊尹；文丁杀季历；自周受命至穆王百年，非穆王寿百岁也；幽王既亡，有共伯和者摄行天子事，非二相共和也。其《易经》二篇与

《周易·上下经》同，《易繇阴阳卦》二篇，与《周易》略同，《繇辞》则异。《卦下易经》一篇，似说卦而异。《公孙段》二篇，公孙段与邵陟论《易》。《国语》三篇，言楚晋事。《名》三篇，似《礼记》，又似《尔雅》。《论语》《师春》一篇，书《左传》诸卜筮，师春似是造书者姓名也。《琐语》十一篇，诸国卜梦妖怪相书也。《梁丘藏》一篇，先叙魏之世数，次言丘藏金玉事。《缴书》二篇，论弋射法。《生封》一篇，帝王所封。《大历》二篇，邹子谈天类也。《穆天子传》五篇，言周穆王游行四海，见帝台西王母。《图诗》一篇，书赞之属也。又杂书十九篇，周食田法，周书，论楚事，周穆王美人盛姬死事。大凡七十五篇。七篇简书折坏，不识名题。冢中又得铜剑一枚，长二尺五寸。漆书皆科斗字。初发冢者烧策照取宝物，及官收之，多烬简断札。文既残缺，不复诠次。

烧策之余，尚有如许多书，恐怕当时诸侯不是人人这样好学罢？魏地入秦，大梁为墟（见《史记·魏世家赞》），历经楚汉，王侯易主，而梁朝在汉之盛犹以多文学贤士闻，梁地风气所流者远矣。

齐以其富更可以致天下贤士，炫于诸侯。《史记·孟荀列传》：

自邹衍与齐之稷下先生，如淳于髡、慎到、环渊、接子、田骈、驺奭之徒，各著书，言治乱之事，以干世主，岂可胜道哉？……自如淳于髡以下，皆命曰列大夫，为开第康庄之衢，高门大屋，尊宠之，览天下诸侯宾客，言齐能致天下贤士也。……田骈之属皆已死，齐襄王时，而荀卿最为老师。齐尚修列大夫之缺，而荀卿三为祭酒焉。

又《田完世家》:

> 宣王喜文学游说之士,自如邹衍、淳于髡、田骈、接子、慎到、环渊之徒,七十六人,皆赐列第,为上大夫,不治而议论。是以齐稷下学士复盛,且数百千人。(按,言复盛必其前曾盛,然《史记》无明文,不知是在威王时或在姜氏朝?)

战国中期方术文学之士闻名于后者,几乎皆是客游梁朝稷下之人(试以《汉志·诸子略》各家名称较之),可见这样朝廷与这样风气的关系。荀卿时,齐已一度亡于燕,尚修列大夫之缺,梁安釐王亦在四战之世,还都如此。

十一 独行之士(存目)

十二 坚白异同之辨(存目)

(以上两章非仓卒所能写就,待后补之)

十三 机祥之重兴与五行说之盛

中国古来和一切古国家一样,都是最重巫卜的。即如安阳殷墟出土卜辞数量之多,可知当时无事不卜。到了周世史官所职,仍以卜事为先。春秋战国时人民的理性大发达,卜事大废,而一切怪力乱神之说为学者所摈弃。乃战国晚年齐国又以他的民间迷信及他的哲学化的迷信——五行论——渐渐普遍中国,这些东西便是汉朝学问思想的一个开端。当时的明理之儒,对这些东西很愤恨的。《史记·荀子列传》:

"荀卿嫉浊世之政，亡国乱君相属，不遂大道，而营于巫祝，信礼祥。"《荀子》书中有《非相》等篇，痛论这些物事。《非十二子篇》中排五行论，正是对这种风气而发，不过把造作五行论的罪加在子思孟轲身上，大约是冤枉他们俩了。

阴阳之教，五行之论，消息之说，封禅之事，虽由秦皇汉武之培植而更盛，然秦皇汉武也只是取当时民间的流行物而好尚之，不是有所创造。《汉·志》中所录关于这一类的东西极多，不过现在都不存在，所以这一派在汉之极盛虽是一件显然的事实，而这些齐学之原由，除《史记》论邹衍的一段外，竟无材料可考，我们只知道他是战国末年已成就的一种大风气罢了。

十四　所谓"杂家"

《汉·志》列杂家一门，其叙论曰："兼儒墨，合名法，知国体之有此，见王治之无不贯。"按，杂而曰家，本不词；但《吕览》既创此体，而《淮南》述之，东方朔等著论又全无一家之归，则兼儒墨合名法而成一家书之现象，在战国晚年已成一段史实。《吕氏春秋》一书，即所谓八览、六论、十二纪之集合者，在思想上全没有一点创作，体裁乃是后来人类书故事集之祖。现在战国子家流传者，千不得一，而《吕览》取材之渊源，还有好些可以找到的。这样著书法在诸子的精神上是一种腐化，因为儒家果然可兼，名法果然可合，诸子果无不可贯的话，则诸子固已"挫其锐，解其纷，和其光，同其尘"了。稷下诸子不名一家，而各自著其书，义极相反；"府主"并存而不混之，故诸子各尽其长。这个阳翟大贾的宾客，竟为吕氏做这么一部赝书，故异说各存其短。此体至《淮南》而更盛，而《淮南书》之矛盾乃愈多。因吕氏究竟不融化，尚不成一种系统论，孔墨并被称者，以其皆能得众，皆为后世荣之，德容所以并论者，以其兼为世主大人所乐听，此尚是超乎诸子之局外，立于世主大人之地位，而欣赏诸子者。若《淮南》书，则诸子局外之人，亦强入诸子之内，不复立于欣赏辩说之客者地位，而更求熔化得成一系统论。《吕览》这部书在著书体裁上是个创作，盖前于《吕览》者，只闻著篇不闻著成系统之一书。虽慎子著《十二论》以《齐物》为始，仿佛像是一个系统论，但慎子残文见于《庄子》等书者甚少，我们无以见他的《十二论》究竟原始要终系统到什么地步。自吕氏而后，汉朝人著文，乃造系统，于是篇的观念进而为书的观念。《淮南》之书，子长之史，皆从此一线之体裁。

《吕氏》、《淮南》两书，自身都没有什么内含价值，然因其为"类书"，保存了不少的早年材料，所以现在至可贵。犹之乎《北堂书钞》、《艺文类聚》、《太平御览》等书，自身都是无价值的，其价值在其保存材料。《永乐大典》的编制法，尤其不像一部书，然古书为他保存了不少。

十五　预述周汉子家衔接之义

周、汉诸子是一气，不能以秦为断，是一件再明显没有的事实。盖入秦而实行的政策如焚书，入汉而盛行的风气，如齐学之阴阳五行，如老子学，如黄帝各论，如神仙，如诸子的淆杂，无不在战国晚年看到一个端绪。而战国各种风气到了汉朝，差不多还都有后世，如儒墨，如名法，如辩士之好尚，乃至纵横，应该是随分裂之歇息而止的了，却反不然，直到武帝朝主父偃尚为纵横长短之术。盖诸子学风气之转移在汉武帝时，武帝前虽汉家天下已七八十年，仍是由战国风流而渐变，武帝以后，乃纯入一新局面。果然以秦为断，在诸子学，在文籍学，乃至在文词学，都讲不通的。不过做文学史的讲义时，不能不迁就时代，所以此论以战国为限者，只为编书之方便，并非史实之真相。

附记：此篇必须与下篇《战国诸子文籍分析》参看，方得持论之义。

性命古训辨证

读者注意：

一、本书上下二卷在上海排印，中卷在香港排印，故版式颇不一致（如中卷每章起页，其他则否，其一例也）。欲加以齐一，又恐增添错误，故仍其式以付印。

二、标点符号未及细检，排者于"读号"或作旧式之点，或作新式之钩，著者亦不解此分别何在，如加以改正，又恐增加错误，故一仍之。

三、引书之处每不及对原书，校时又无清稿在手，一切疏漏，读者谅之。

著者校毕记

序

　　此书自写成至今，已一年有半，写时感念，今多不能记忆。且清稿已先付商务印书馆，手中别无副本，可资检查。四邻喧嚣，行处不定，不能运思以为序，则姑述本书写就之始末，及求读者所见谅留意各事，以代自序之常例焉。

　　一、"生"与"性"、"令"与"命"之关系，及此关系在古代思想史上之地位，余始悟之于民国二十二三年间，始与同事丁梧梓先生（声树）言之，弗善也。二十五年初，移家南京，与徐中舒先生谈此，徐先生以为不误，劝余写为一文。遂于是年夏试写，初意不过数千字之篇，下笔乃不能自休。吾之职业，非官非学，无半月以上可以连续为我自由之时间，故原期国庆日前写就者，至是年之尾大体乃具。其下篇尤为潦草，其中有若干章，次年一月无定居时所写也。写成后，恳同事陈骥尘先生（钝）分忙为我抄成清本，骥尘则偶置其职务，或断或续以抄之。自二十五年夏初写此书时，至次年八月上海战事起，一年之中，余三至北平，两候蔡子民师之病于上海，游秦蜀，顺江而下，至南京不两旬，又登庐山，七月末乃返京。不仅作者时作时辍，即抄者亦然。缘吾不能安坐校对，故抄者亦不能不若断若续也。陈钝先生所抄者为中下两卷，上卷仅抄数页，战事即起，同人心志皆不在此等无谓之事矣。二十七年二月，以中、下两卷，交商务印书馆，上卷拟自抄，终无暇也。适张苑峰先生（政烺）送古籍入川，慨然愿为我抄之，携稿西行，在停宜昌屡睹空袭中为我抄成，至可感矣。故上卷得于前月寄商务印书馆，一段心事遂了，此皆苑峰、骥尘之惠我无疆也。今详述此经历者，固以谢二君，亦以明本书文词前后绝不一致之故，以祈读者之见谅也。

　　二、写此书时，每与在南京同事商榷。益友之言，惠我良多，凡采入者，均著其姓氏。谨于此处致其感谢。

三、本书上卷第二章所引殷周彝器铭识，除诸宋人书外，皆录自《捃古录》、《愙斋集古录》、《陶斋吉金录》、《善斋吉金录》、《小校经阁金文》、《贞松堂集古遗文及补遗》、《殷文存》等习见之书，尤以《捃古》、《愙斋》、《贞松堂》三书为多（亦间录自今人郭沫若先生之《金文辞大系》等。此书本为通论，不属著录，然余信手引据，但求足证吾说而已）。盖写时《周金文存》为人借去，而某氏之《三代吉金文存》未出版也。当时凡引一条，必著其在此书中之卷叶，以求读者便于检寻。文属急就，所引卷叶不敢保其无误，而群书常见之器则不复注明。越一年有半，苑峰在宜昌为我抄成清稿时，其旅途中携有《三代吉金文存》，而诸书未备，乃将原引自《愙斋》、《捃古》、《贞松堂》等书并见于《三代吉金文存》者，一律易以《三代吉金文存》之卷叶，复增此一书中可采入者三十余条。余至重庆初见之，深感苑峰贶我之深，然亦颇有改回之志。盖夫己之书，少引为快，一也。新书之价，本以欺人，学者未备，二也。旋以手中无书可查，原稿中注明之卷叶未必无误，苑峰所录则无误，故徘徊久之，卒乃姑置吾之情感以从苑峰焉。

四、两年前始写上卷时，以引书较多，用文言写自较整洁，及写至本卷末章，乃觉若干"分析的思想"实不易以文言表达。写至中卷，尤感其难。终以懒于追改，即用文言写去，有此经验，深悟近代思想之不易以传统文言纪录之也。盖行文之白话正在滋长中，可由作者增其逻辑，变其语法，文言则不易耳。

五、引书之简繁，亦是难决之一事。盖引书愈约（或仅举出处，尤佳），则文辞愈见简练，而读者乃非检原书不能断其无误也。此利于作者而不利于读者。引书愈繁，则文辞愈见芜蔓，而在读者可省獭祭之劳。此利于读者而不利于作者。余思之久，与其使读者劳苦，毋宁使吾书具拙劣之面目耳。

六、本书标点，前后未能齐一，盖抄者非经一手，校对不在一时，即付之印者亦分两次，故不及画一之也。战时能刊此等书，即为万幸，无须苛求。读者谅之。

民国二十七年七月　傅斯年记于汉口江汉一路之海陆旅馆

引　语

《性命古训》一书，仪征阮元之所作也。阮氏别有《论语论仁》、《孟子论仁》诸篇，又有论性、命、仁、智诸文，均载《揅经室集》中，要以《性命古训》一书最关重要。此中包有彼为儒家道德论探其原始之见解，又有最能表见彼治此问题之方法，故是书实为戴震《原善》、《孟子字义疏证》两书之后劲，足以表显清代所谓汉学家反宋明理学之立场者也。自明末以来所谓汉学家，在始固未与宋儒立异，即其治文词名物之方法，亦远承朱熹、蔡沈、王应麟，虽激成于王学之末流，要皆朝宗于朱子，或明言愿为其后世。其公然掊击程朱，标榜炎汉，以为六经、《论语》、《孟子》经宋儒手而为异端所化者，休宁戴氏之作为也（汉学家掊击宋儒始于毛奇龄，然毛说多攻击，少建设，未为世所重）。然而戴氏之书犹未脱乎一家之言，虽曰疏证孟子之字义，固仅发挥自己之哲学耳。至《性命古训》一书而方法丕变。阮氏聚积《诗》、《书》、《论语》、《孟子》中之论性、命字，以训诂学的方法定其字义，而后就其字义疏为理论，以张汉学家哲学之立场，以摇程朱之权威。夫阮氏之结论固多不能成立，然其方法则足为后人治思想史者所仪型。其方法惟何？即以语言学的观点解决思想史中之问题是也。

夫阮氏一书之不能无蔽者，其故有三。在阮氏时，汉学精诣所在，古训古音之学耳！其于《诗》、《书》之分析观念或并不及朱子、蔡沈，其于古文字之认识，则以所见材料有限之故，远在今人所到境界之下。阮氏据《召诰》发挥其"节性"之论，据《大雅》张皇其"弥性"之词，殊不知《召诰》所谓"节性"，按之《吕览》本是"节生"，《大雅》所谓"弥尔性"，按之金文乃是"弥厥生"，皆与性论无涉。此所用材料蔽之也，一端也。孟子昌言道统，韩愈以后儒者皆以为孟子直得孔门之正传，在此"建置的宗教"势力之下，有敢谓孟子之说不同孔子者乎？有敢谓荀子性论近于孔子者乎？此时代偶像蔽之也，二端也。自西河毛氏、东原戴氏以来，汉宋门户之见甚深。宋儒之说为汉学家认作逃禅羽化，汉学家固不暇计校宋儒性命论究与汉儒有无关系，亦不暇探讨禅宗之果作何说，道士之果持何论也。自今日观之，清代所谓宋学实是明代之官学，而所谓汉学，大体上直是自紫阳至深宁一脉相衍之宋学，今人固可有此"觚不觚"之叹，在当时环境中则不易在此处平心静气。此门户蔽之也，三端也。有此三端，则今人重作性命古训者固可大异于阮氏，此时代为之也。吾不敢曰驳议，不敢曰校证，而曰辨证者，诚不敢昧其方法之雷同耳。

"以语言学的观点解释一个思想史的问题"之一法，在法德多见之。自十九世纪中叶以来，研治柏拉图、亚里斯多德著书者，其出发点与其结论每属于语学。十年前余教书中山大学时，写有《战国子家叙论》讲义（此书旧未刊，今拟即加整理付印），其序意《论哲学乃语言之副产品》一节云：

世界上古往今来最以哲学著名者有三个民族：一、印度之亚利安人；二、希腊；三、德意志。这三个民族有一个共同点，就是在他的文化忽然极高的时候，他的语言还不失印度日耳曼系语言之早年的烦琐形质。思想既以文化提高了，而语言之原形犹在，语言又是和思想分不开的，于是乎繁丰的抽象思想，遂为若干特殊语言的形质作玄学的解释了。以前有人以为亚利安人是开辟印度文明的，希腊人是开辟地中海北岸文明的，这是大错而特错。亚利安人走到印度时，他的文化比土著低，他吸收了土著的文明，后来更增高若干级。希腊人在欧洲东南也是这样，即地中海沿岸赛米提各族人留居地也比希腊文明古得多多。野蛮人一旦进于文化，思想扩张了，而语言犹昔，于是乎凭藉他们语言的特别形质而出之思想，当做妙道玄理了。今试读汉语翻译之佛典，自求会悟，有些语句简直莫明其妙，然而一旦做些梵文的功夫，可以化艰深为平易，化牵强为自然，岂不是那样的思想很受那样的语言支配吗？希腊语言之支配哲学，前人已多论列，现在姑举一例。亚里斯多德所谓十个范畴者，后人对之有无穷的疏论，然这都是希腊语法上的问题，希腊语正供给我们这么些现念，离希腊语而谈范畴，则范畴断不能是这样子了。今姑置古代的例子，但论近代。德意志民族中出来最有声闻的哲人是康德，此君最有声闻的书是《纯理评论》，这部书所谈不是一往弥深的德国话吗？这部书有法子翻译吗？英文中译本有二：一出马克斯谬勒手，他是大语言学家，一出麦克尔江，那是很信实的翻译。然而他们的翻译都有时而穷，遇到好些名词须以不译了之，而专治康德学者还要谆谆劝人翻译不可用，只有原文才信实，异国杂学的注释不可取，只有若干本国语言中之标准义疏始可信。哲学应是逻辑的思想，逻辑的思想应是不局促于某一种语言的，应是和算学一样的容易翻译，或者说，不待翻译。然而适得其反，完全不能翻译，则这些哲学受他们所由产生之语言之支配，又有甚么疑惑呢？即如Ding an Sich一词汉语固不能译他，即英文译了亦不像；然在德文中，则an Sich本是常语，故此名词初不奇怪。又如最通常的动词，如Sein及Werden这一类的希腊字曾经在哲学上作了多少祟，习玄论者所共见。又如戴卡氏之妙语Cogito ergo Sum，翻成英语已不像话，翻成汉语更做不到。算学思想，则虽以中华与欧洲语言之大异而能涣然转译，哲学思想，则虽以英德语言之不过方言差别，而不能翻译，则哲学之为语言的副产物，似乎不待繁证即可明白了。印度日耳曼语之特别形质，例如主受之分，因致之别，过去及未来，已充及不满，质之与量，体之与象，以及各种把动词变作名词的方式，不特略习梵文或希腊文方知道，便是略习德语也就感觉到这些麻烦。这些麻烦，便是看来仿佛很严重的哲学分析所自出。

此虽余多年前所持论，今日思之差可自信。思想不能离语言，故思想必为语言所支配，一思想之来源与演变，固受甚多人文事件之影响，亦甚受语法之影响。思想愈抽象者，此情形愈明显。性命之谈，古代之抽象思想也。吾故以此一题为此方法之试验焉。

语学的观点之外，又有历史的观点，两者同其重要。用语学的观点所以识性命诸字之原，用历史的观点所以疏性论历来之变。思想非静止之物，静止则无思想已耳。故虽后学之仪范典型，弟子之承奉师说，其无微变者鲜矣，况公然标异者乎？前如程、朱，后如戴、阮，皆以古儒家义为一固定不移之物，不知分解其变动，乃昌言曰"求其是"，庸讵知所谓是者，相对之词非绝对之词，一时之准非永久之准乎？在此事上，朱子犹胜于戴、阮，朱子论性颇能寻其演变，戴氏则但有一是非矣（朱子著书中，不足征其历史的观点，然据《语类》所记，知其差能用历史方法。清代朴学家中惠栋、钱大昕诸氏较有历史观点，而钱氏尤长于此。若戴氏一派，最不知别时代之差，"求其是"三字误彼等不少。盖"求其古"尚可借以探流变，"求其是"则师心自用者多矣）。故戴氏所标榜者孟子字义也，而不知彼之陈义绝与孟子远也。所尊者许、郑也，而不察许、郑之性论，上与孔、孟无涉，下反与宋儒有缘也。戴氏、阮氏不能就历史的观点疏说《论语》《孟子》，斯不辨二子性说之绝异，不能为程、朱二层性说推其渊源，斯不知程、朱在儒家思想史上之地位。阮氏以威仪为明德之正，戴氏以训诂为义理之全，何其陋也！今以演化论之观点疏理自《论语》至于《荀子》古儒家之性说，则儒、墨之争，孟、荀之差，见其所以然矣。布列汉儒之说，以时为序，则程、朱性论非无因而至于前矣。夫思想家陈义多方，若丝之纷，然如明证其环境，罗列其因革，则有条不紊者见矣。

以上语学的观点与历史的观点两义，作者据之以成书者也。第一卷曰字篇，统计先秦文籍中之性命字，以求其正诂者也。第二卷曰义篇，综论先秦儒家及其相关连者论性命之义，以见其演变者也。第三卷曰绪篇，取汉以来儒家性说之要点分析之，以征宋儒性说之地位，即所以答戴、阮诸氏论程朱之不公也。

（方东树《汉学商兑》一书，于戴氏多所驳议，然彼亦是主张门户者，故与本书第三卷所论者非一事，余不能引为同调也。）

上卷释字

第一章　提纲

本卷所论之范围，大体以先秦遗文中"生"、"性"、"令"、"命"诸字之统计为限，并分析其含义，除非为解释字义之必要，不涉思想上之问题。以此统计及分析为基础，在第二卷中进而疏论晚周儒家之性命说。

统计之结果，识得独立之性字为先秦遗文所无，先秦遗文中皆用生字为之。至于生字之含义，在金文及《诗》、《书》中，并无后人所谓"性"之一义，而皆属于生之本义。后人所谓性者，其字义自《论语》始有之，然犹去生之本义为近。至孟子，此一新义始充分发展。令之一字自古有之，不知其朔（溯）。命之一字，作始于西周中叶，盛用于西周晚期，与令字仅为一文之异形。其"天命"一义虽肇端甚早，然天命之命与王命之命在字义上亦无分别。兹为读者醒目计，在本书中严定"字"与"词"之界。所谓字者，指书写下之单位言，英语中所谓Character者是。所谓词者，指口说中之单位言，英语所谓word。字异词未必异，如粤之与越是两字而是一词，词异字未必异，如一字有其本训与众多假借义是也。

难者或以为此所论是字不是语，论古籍自当以语为对象，不当局于字形，王引之曰，"夫训诂之要在语音不在文字"，是也。吾将答之曰，此言诚是矣，然有不可不察者。王氏父子时代，古文字学未发达，训诂学之所据，后人经籍写本与字书耳，故不能拘泥于文字之形也。今则古文字学之材料积累日多，自可进一步求其精审。在古时，一引申之词既未离原字而独立，在持论者心中口中自易混淆。今之职业的哲学家犹不能以逻辑严格之界律限辞说，遑论周世之人？两字未各立，即两词易混淆之故也。且生与性，令与命之语法的关系，吾固不敢忽略，将于本卷之末一章详加推索。此章乃本卷所统计与所分析之结果，读者幸留意焉。

第二章 周代金文中"生""令""命"
三字之统计及其字义

周代钟鼎彝器款识中，生字屡见，性字不见。生字之含义约有下列数事。

一、人名之下一字。例如：

盉　卣（《三代吉金文存》〔以下简称代〕一三·三四）	宜生商（赏）盉，用作父辛尊彝。
中　鼎（《啸堂集古录》〔以下简称啸〕上·一一）	中呼归生飙于王。
师害毁（代八·三四）	糜生訇父师害。
城虢遣生毁（代七·三四）	城虢遣生作旅毁。
異仲壶（代一二·一三）	異仲作朋生歆壶。
格伯毁（代九·一四）	格伯取良马乘于朋生。
周棘生毁（代七·四八）	周棘生作献娟媓剩毁。
周生豆（代一〇·四七）	周生作尊豆。
召伯虎毁一（《攗古录·金文》三之二·二五，以下简称攗）	琱生又事召，来合事。
召伯虎毁二（代九·二一）	伯氏则报璧琱生。
师㲚毁（代九·三五）	宰琱生内右师㲚。
单伯钟（代一·一六）	单伯罙生曰……
单罙生豆（啸下·六三）	单罙生作羞豆，用亯。
罙生钟（捃三之一·三〇）	罙生用作陴公大齍钟。
番生毁（代九·三七）	番生不敢弗帅井皇祖考不杯元德。
番匊生壶（代一二·二四）	番匊生铸剩壶。
番仲吴生鼎（代三·四三）	番仲吴生作尊鼎。
安伯異生壶（代一二·一〇）	安伯異生作旅壶。
伯君黄生匜（代一七·三六）	唯口伯君黄生自作匜。
无夌鲁生鼎（代三·三九）	舞夌鲁生作寿母剩鼎。
厩生㝮鼎（啸上·一八）	厩生㝮作其鼎。

颂鼎（代四·三七，敦壶同）	王呼史虢生册令颂。
翏生盨（代一〇·四四）	王征南淮夷，……翏生从。
武生鼎（代三·三五）	武生毁方作其羞鼎。
禹彝（代六·四八）	隽生蔑禹历。
伊生彝（代六·三九）	伊生作公女尊彝。
卤弗生甗（代五·七）	卤弗生作旅甗。
庸生鼎（代三·一六）	鲁内小臣庸生作鼒。
㲋僭生敦（啸下·九八）	㲋僭生作尹姞尊敦。
威者生鼎（代三·五二）	威者生□□用吉金作宝鼎。
须灾生鼎（代三·八）	须灾生之飤鼎。

按，生字在人名中虽常见，然尽属下一字（张苑峰曰：《西清古鉴》八四·三，生辨尊"佳王南征，在序，王令生辨事厥公宗小子。生锡金。"疑生字上有笔画缺落因而脱摹，不能据以为生字可用作人名之上一字也）。《左传》中人名类此者，有郑庄公寤生，齐悼公阳生，晋太子申生，鲁公子彭生，亦尽属下一字，当与上文所举者为一式。此类命名之谊今多不可确知。然寤生由于"庄公寤生，惊姜氏"。申生之母齐姜，申则姜姓之巨族。彭生或即朋生，指孪生而言。然则所谓某生者，以其生之所由或其初生之一种情态命之名也。果如此说，则此处生字之义是生字之本训也。

二、"既生霸""既生霸"一词为金文中最习见语之一，不烦举例。"生霸"与"死霸"既为相对之二词，则此处生之一词犹是本训，即出生之意。

三、"生妣"召仲鬲（代五·三四）云："召仲作生妣尊鬲。"此所谓生妣当是庶孽称其所自出之庶妣，亦即《诗》"夙兴夜寐，无忝尔所生”之生也。生字在此处亦为本训。（张苑峰曰：《贞松堂集古遗文补遗》上·三四有尊，铭曰，“□作厥考宝尊彝。”原释“生考”，而字形体不类，当是皇字之别构，如陈逆簠邵王之諻鼎等铭，非生字也。）

四、“子㝞”𬌗镈（代一·六七）云，“用旂寿老毋死，保𪭢兄弟，用求丂命弥生，𥳑𥳑义政，保𪭢子㝞。”按“子㝞”即典籍中所谓子姓，子孙男女之共名也，故加人旁。此器以形制字体论，当为春秋晚期或战国器，此时加偏旁之自由已甚发达矣。

五、“百生”例如：

臣辰卣（代一三·四四，尊盉同）	丰百生豚。
善鼎（代四·三六）	余其用各我宗子雩百生。
兮甲盘（代一七·二〇）	其惟我诸侯百生厥贮毋不即市。
史颂鼎（代四·二六，𣪘同）	里君百生。

按，“百生”连“宗子”、“里君”为文，即典籍中所谓百姓也。徐沇兒钟（代一·五四）以形制字体论当为春秋中期或晚期物，徐亡前不久之作。其文曰，“龢遧（按此当即《康诰》‘四方民大和会’之和会二字。）百生”，犹未加女旁。（张苑峰曰：秦公钟〔《薛氏钟鼎款识》七、六〕）“万生是敕”，与秦公𣪘〔代九·三三〕“万民是敕”句相当，皆春秋末期物，已失古者称生与民之别，然仍未如女旁。）

六、“弥厥生”例如：

叔俅孙父𣪘（啸下·五五）	永令弥厥生。
姞𣪘（代六·五三）	永令弥厥生。
𬌗镈（代一·六七）	用求丂命弥生。

按，金文之“弥厥生”即《诗·卷阿》三见之“弥尔性”。据郑笺，“弥长也”，此祈求长生之词也。参看孙诒让之《古籀拾遗》卷中

第二十三叶，及徐氏中舒之《金文嘏辞释例》。（《历史语言研究所集刊》第六本。）

试将上列六项归纳之，则知金文中生字之用，虽非一类，要皆不离生字之本义。阮芸台以《诗经》之"弥尔性"为西周人论性说，乃由后世传本《诗经》之文字误之，可谓"无中生有"者矣。今再表以明之：

令字在甲骨文字中频出现，其语意与金文同，命字则无之，足知命为后起之字也。甲骨文字中令字作下列诸形：

⟨令⟩（《殷虚书契》一·四四）	⟨令⟩（殷一·四九）	⟨令⟩（殷四·二七）
⟨令⟩（殷七·一〇）	⟨令⟩（殷七·三二）	⟨令⟩（殷八·一四）

按，金文中之令字亦有作此形者，皆甚早期之器，或在周初，或当在殷世。例如：

⟨令⟩	令彝，（薛二·一八，代六·一）	仅一字
⟨令⟩	令斧父辛卣，（代一三·四）	文曰"令斧父辛。"
⟨令⟩	【图】母辛卣，（代一三·四二）	文曰"乙子，子令小子【图】先豕人于堇。……子曰令望人方蜀。"

字	器名	文
令	文父丁殷，（代八·三三）	文曰："癸子……令伐人方䍐。"
令	毓祖丁卣，（代一三·三八）	文曰"辛亥，王在廙，降命曰，……"
令	伐甬鼎，（代四·七）	文曰"丁卯，王令䎀子迨西方于省。"
令	庚午父乙鼎，（代四·一一）	文曰"庚午，王令冪䀠辰省北田四品。"
令	子令彝，（代六·四二）	文曰"子令作父癸宝障彝。"

以上诸器固属于世所谓殷器之一格也。其皆为殷器否未可知，然字形既与甲骨文相应，其微有不同处由于刀法笔法之差异使然，则其中自必有殷器，至迟亦当在周初也。亦有确知为周创业时期器，其中令字之形态与此为一系者，例如：

字	器名	文
令	臣辰卣，（代一三·四四，尊盂同）	文曰"王令士上眔史寅殷于成周。"
令	小臣传殷，（代八·五二）	文曰"王在京，令师田父殷成周□师田父令小臣传，……师田父令余。"
令	小臣謎殷，（代九·一一）	文曰"白懋父承王令……"
令	周公殷，（代六·五四）	文曰"王令燮眔内史曰……克奔走上下帝无终令于有周……用册王令作周公彝。"
令	令彝，（代六·五六，尊同）	文曰"王令周公子明保尹三事四方。……令矢告于周公宫。公令徝同卿事寮。……借令舍三事令。……舍四方令，既咸令。……锡令邑金小牛。……乃令曰，今我惟令女二人。……作册令敢扬明公尹人宦。"

令　　殳，（代九·二七）	文曰"作册矢令障俎于王姜，姜商令贝十朋。……令敢扬皇王宝……令用弃辰于皇王，令敢辰皇王宝。"	
太保毁，（代八·四〇）	文曰"王降征令于太保。用兹彝对令。"	

据此可知此令字之原形保存至于周初也。此自是令字之本式，像一人屈身跽于一三角形之下。作▲者其本形，作∧Ａ者从刀法而变也（举此数例，足征令字之本形。下文列举两周金文中令字，内亦间有类于此体者，盖新体虽已习用，旧体或仍有人偶一用之）。

《说文解字》卪部令字下云："发号也，从Ａ卪"。令字在小篆固从Ａ卪，而Ａ卪二文之解，许一失而一阙之。卪字下云，"瑞信也。守邦国者用玉卪，守都鄙者用角卪，使山邦者用虎卪，土邦者用人卪，泽邦者用龙卪，门关者用符卪，货贿用玺卪，道路用旌卪，象相合之形"。按，此乃用战国以来符节之简字说字源，复强为类别，汉儒之陋说也。征之甲骨文及金文，卪之原始形乃像一人屈身而跽，与相合之义无关。Ａ字下云"从∧一，象三合之形"，然此三合何义，许亦无说。张苑峰曰：北平故宫博物馆藏一鼎，由形制纹绘铭文字体考之，皆可断为商器，其文曰"乃（仍）孙作祖已宗宝鼎彝，卩佘。"（代三·二一）"卩佘"二字即周代金文成语中习见之"经令。"（如麦彝云"用作尊彝，用鬴井侯出入，经令。"麦尊云"麦扬，用作宝尊彝，用鬴侯逆旬，经明令。"史颂殳云"用作鬺彝，颂其万年无疆，曰经天子颢令。"皆与此鼎铭文义相同。）又古文字中从∧、Ａ、仐、多互相变易，如甲骨文𥝤（殷六·二九葡）字或作𥝤（殷契佚存七二〇）舍（佚九五八），孟鼎商字作商，𨟭公钤钟宾字作今（关于此字王国维与林浩卿博士论洛诰书曾详论之，虽未尽是，可供参考）。王人甗𨟭君簠（共四铭）宝字皆从∧。因知佘必为令字之变体，其从仐即由▲若∧两端下引而成，是▲∧Ａ

与⌂之义当相若。（说文"⌂交覆深屋也，象形。"）盖本为屋宇或帐幕之原始象形，故⌂、亼、𡨄、㐬、京、高、仓、㐭等文皆基于此以构成，而金文中从之者又有𣬙（代五·三父己甗。疑即令鼎噩侯驭方鼎静毁等铭中"卿射"之卿字，答也。）𠆎（代一二·五六父癸卣，又一六·三父乙爵。即虞书"佥曰伯夷"之佥字。）诸字也。古者发号施令恒于宫庙行之，凡受命者引领待于其下，是以令字如此作（以上张君说）。

自此原始形态演变乃有𠆢 亽（见盂鼎）𠂉（见沈子它毁）诸形。两周金文多数如此，于是像一人屈身而跽之义不明见矣。此后起之形，创始似亦不迟，然本体仍在使用。如令字从此形之明公毁，其文曰："惟王亽明公遣三族伐东国，在口，鲁侯又囯工，用作旅彝。"以明公及伐东国为证，知此器必在成王世，亦知令字之新体不后于成王世。惟此铭流传无原拓，今仅见者为摹刻（代六·四九）或缩临（《西清古鉴》一三·八）之本，是否有抚写上之差误，亦正未敢定耳。

两周金文中之令字除上文所举者外，兹依器别抄于下方。（既论一字形体，自应以时代为序，以资识其演变。不幸此理想的办法竟不能采用，则以各器之时代可知者固不少，徒知其大齐不能确断其年代者尤多也。且令字之形态，虽上文所举诸例差似异于一般习见之令字，然实亦此字之原始形状，自此原始形状演而为西周金文中通用令字之体，在各器可谓大体一致，并无类的差别。故依器别之排列法未足以引人误会也。）

班毁、（《西清古鉴》〔简称西〕一三·一二）"王令毛伯更虢城公服。……令锡伶勒。咸。王令毛公以邦冢君，士驭，戜人，伐东国痼戎。咸。王令吴伯曰：以乃自左比毛父。王令吕伯曰：以乃自右比毛父。遣令曰：以乃族从父征。……公告厥事于上：惟民泯徊才（哉）彝态天令，故亡。"

沈子也毁、（代九·三八）"也曰：拜颔首，敢肞邵告朕吾考令。……克成妥吾考以于显显受令。……用水需令。"

静毁、（代六·五五）"王令静嗣射学宫。"

汞伯威毁、（代九·二七）"王若曰：……惠宏天令。"

队贮毁、（西二七·三〇）"王令东宫追以六自之年。"

师虎毁、（代九·二九）"王呼内史吴曰：册令虎。王若曰：虎。戴先王既令乃祖考事，啻官嗣左右戏緐刑。今余惟帅井先王令，令女更乃祖考啻官嗣左右戏緐刑。敬夙夜勿法朕令。"

燮毁、（代八·一九）"王令燮在（才）市旂。"

免毁、（代九·一二）"王各于大庙，井叔有免即令。王受作册尹书，俾册令免。曰：令女足周师辞嗽。"

段毁、（代八·五四）"王蔑段磨，念毕仲孙子，令龚㲉追大则于段。"

卯毁、（代九·三七）"荣伯呼令卯曰：……昔乃祖亦既令乃父死嗣辥人。……今余惟令女死嗣莽宫辥人。"

叔向父禺毁、（代九·一三）"勋于永令。"

望毁、（捃三之一·八三）"王呼史年册令望。"

夨毁、（薛一四·一三二）"王呼史先册令夨。王若曰：夨。昔先王既令女作宰嗣王家，今余惟䦥䇂乃命，命女从啂㲉正对各死嗣王家外内。……出入姜氏令。厥有见，有即令。……敬夙夕勿法朕令。"

敔毁、（啸下·五五）"王令敔追御于上洛怒谷。"

大毁、（代九·二五）"王令善夫夨曰……襃令夨曰，……"

夨姞毁、（代六·五三）"用鑫勾眉寿绰绾，永令弥厥生，需终。"

师俞毁、（代九·一九）"王呼作册内史册令师俞。"

召伯虎毁、（捃三之二·二五）"告曰：以君氏令。……召伯虎曰：余既嚣（讯）庶我考我母令，余弗敢乱，余或至我考我母令。"

　　召伯虎殷、（代九·二一）"召伯虎告曰：……亦我考幽伯幽姜令余告庆。……今余既**有辞，曰厌令。"

　　师**殷、（代九·三五）"王呼尹氏册令师**。王若曰：……既令女更乃祖考辞小辅，今余惟**豪乃令。曰……敬夙夜勿法朕令。"

　　扬殷、（代九·二四）"王呼内史先册令扬。……敢对扬天子不显休令。"

　　师袁殷、（代九·二八）"王若曰：……令余肇令女**齐币，**赘，□□，左右虎臣，征淮夷。"

　　番生殷、（代九·三七）"番生不敢弗帅井皇祖考不杯元德，用**圈大令。……王令**辞公族，卿事，大史寮。"

　　追殷、（代九·五）"用**匄眉寿永令。"

　　无**殷、（代九·一）"敢对扬天子鲁休令。"

　　师**殷、（啸下·五三）"伯**父若曰：……余令女死我家。"

　　殷、（啸下·九三）"王曰令女作辞土。"

　　师**殷、（薛一四·一三七）"王若曰：师**。不显文武，□受天命。……用夹召厥辞，奠大令。……今余**豪乃令，令女惠**我邦小大猷。"

　　守殷、（代八·四七）"守敢对扬天子休令。"

　　师兑殷、（代九·三）"王呼内史尹册令师兑。"

　　师兑殷、（代九·三〇）"王呼内史尹册令师兑。余既令女足师**父辞左右走马，今余惟**豪乃令，令女**辞走马。"

　　殷、（啸下·五一）"其**，万年无疆，需终需令。"

　　虢姜殷、（薛一四·一二八）"**匄康**屯右，通录永令。"

　　叔**孙父殷、（啸下·五五）"叔**孙父作孟姜尊殷。绾绰眉寿，永令弥厥生，万年无疆，子子孙孙永宝用**。"

　　陈逆殷、（代八·二八）"以**永令眉寿。"（战国初器。）

麦彝、（西一三·一〇）"用貯井侯出入經令。"

小臣宅彝、（代六·五四）"惟五月壬辰，同公在丰，令宅事伯懋父。"

献彝、（代六·五三）"穌伯令厥臣献金车。"

吴彝、（代六·五六）"王呼史戊册令吴。"

庲父鼎、（攈二之三·二六）"庲父作□宝鼎。延令曰：有女多兄，母又遺女，惟女率我友以事。"

南宫中鼎、（啸上·一〇）"王令大史兄裹土。……中对王休命。"

南宫中鼎、（啸上·一一）"惟王令南宫伐反虎方之年，王令中先省南国。"

麦鼎、（啸上·一〇）"王徙于楚麓，令小臣麦先省楚居。"

寔鼎、（捃二之三·七九）"王令趞葴东反夷。"

史兽鼎、（代四·二三）"尹令史兽立工于成周。"

师旅鼎、（代四·三一）"懋父令曰……"

 鼎、（代四·一八）"兼公令 众史旟曰：……"

内史鼎、（代四·七）"内史令 事。锡金一钧。"

盂鼎、（代四·四二）"惟九月，王在宗周，令盂。王若曰：盂。不显玟王受天有大令。……我闻殷述（坠）令，惟殷边侯甸，雩殷正百辟，率肄于酒，故丧師。……今我惟即井亩于玟王正德，若玟王二三正。今余惟令女盂召癸，敬雝德巠，敏朝夕入谰，享奔走，畏天畏。王曰：永令女盂井乃嗣祖南公。……王曰：盂。若敬乃正，勿法朕令。"

小盂鼎、（攈三之三·四二一代四·四四）"王令癸……延王令赏盂。"

曶鼎、（代四·四五）"王若曰：曶。令女更乃祖考嗣卜事。……则俾复令曰若（诺）。

雠伯鼎、（代三·三一）"王令雠伯图于生为宫。"

令鼎、（代四·二七）"令眔奋先马走。王曰：令眔旧乃克至。……令拜颖首曰：小口乃学。令对扬王休。"（令人名。）

员鼎、（代四·五）"王令员执犬休善。"

善鼎、（代四·三六）"王曰：善。昔先王既令女左足檁侯，令余唯肇齸先王令，令女左足檁侯。……"

史颂鼎、（代四·二六，毁同）"王在宗周，令史颂……颂其万年无彊，日**經**天子颢令。"

颂鼎、（代四·三七，毁壶同）"尹氏受王令书。王呼史虢生册令颂。王曰：颂。令女官嗣成周。……颂拜颖首受令册。……通汞永令。"

无叀鼎、（代四·三四）王呼史友册令无叀。"

师晨鼎、（攈三之二·二一）"王呼作册尹册令师晨……晨拜颖首敢对扬天子不显休令。"

宭鼎、（代四·二一）"遣中令耡劓郑田。"

大鼎、（代四·三二）"王召走马雁，令取雠鶷三十二匹锡大。"

克鼎、（代四·四〇）"克曰：穆穆朕文祖师华父……疑克龏保厥辟龏王。……出内王令。……王呼尹氏册令善夫克。王若曰：克。昔余既令女出内朕令，今余惟齸臱乃令。……敬夙夜用事，勿法朕令。"

䤚攸从鼎、（代四·三五）"王令晢史南以即虢旅。"

寰鼎、（薛一〇·九五）"史斳受王令书。……寰拜颖首，敢对扬天子不显叚休令。"

敓簋鼎、（薛一〇·九四）"王令敓簋。……眉寿。永令霝终。"

史颂鼎、（啸上·九）"用蘲匄眉寿。永令颥颥终。"

伯硕父鼎、（啸上·九）"眉寿绾绰永令。"

晋姜鼎、（啸上·八）"勿法文侯颢令。"（按此为东周器。）

父乙甗、（薛一六·一五六）"王令中先省南国。……王令曰：余令女史小大邦。"

虢钟、（啸下·八二）"公令宰仆锡虢金十匀。"

克钟、（代一·二一）"王亲令克遹泾东至于京自。……克不敢坠，专奠王令。……用匀屯段永令。"

通录钟、（代一·一二）"勖于永令。"

单伯昊生钟、（代一·一六）"单伯昊生曰：不显皇祖刺考述速匹先王，爵董天令。"

鳳羌钟、（代一·三二）"赏于韩宗，令于晋公，邵于天子。"（按此是春秋末期器）

盂爵、（代一六·四一）"王令盂宁聂伯。"

麦尊、（西八·三三）"王令辟井侯出矨，侯于井。……用鄩侯逆明令。……萄旋走令。"

趞尊、（代一一·三八）"王呼内史册令趞更厥祖考服。"

生辨尊、（西八·四三）"惟王南征在序，王令生辨事厥公宗小子。"

晨卣、（代一三·四〇）"王姜令作册睘安夷伯。"

貉子卣、（代一三·四一）"王令士道归貉子鹿三。"

灵卣、（代一三·三九）"公姞令灵䢅田人。"

录戏卣、（代一三·四三，尊同）"王令戏曰：歔淮夷敢伐内国。"

农卣、（代一三·四二）"王载令伯昭曰：……"

免卣、（代一三·四三）"王蔑免磿，今史懋易免载市，同黄，作嗣工。"

史懋壶、（代一二·二八）"王在葊京湷宫，親令史懋路籙成。"

舀壶、（代一二·二九）"王呼尹氏册令舀。……舀拜手頔首，敢对扬天子不显鲁休令。……臽用匄万年眉寿，永令多福。"

免盉、（代一四·一二）"王在周，令作册内史锡免卤百陵。"

免簠（攗三之一·二五）"王在周，令免作嗣士。"

翩从盨（代一〇·四五）"王在永师田宫，令小臣成友。……"

克盨（代一〇·四四）"王令尹氏友史趞典善夫克田人。……眉寿永令。"

杜伯盨（代一〇·四〇）"用莘寿匄永令。"

大师虘豆（代一〇·四七）"用匄永令。"

兮甲盘（代一，七·二〇）"王令甲政嗣成周四方责，至于南淮夷。……敢不用令则即井厥伐。"

休盘、（代一七·一八）"休拜頴首，敢对扬天子不显休令。"

归纳上列令字之用，不出王令天令之二端，间有所令出自长上不专指君王者，然此固王令之一类也。曰"显令"，曰"丕显休令"，曰"天子鲁休令"，皆王令也。曰"文武受令"，曰"大令"，则天令也。"永令需终"之祈语，即召诰所谓"祈天永命"也。当时人之天帝观实富于人化主义（anthropomorphism）之色采，皇天之命固"谆谆然命之"。此可以《诗·大雅·皇矣》为证："帝省其山"，"帝度其心"，"帝谓文王"，"乃眷西顾"，此神之情欲与喜怒俨然如人情欲与喜怒。然则此时所谓天命当与王命无殊，而令之一字在此两处使用者，就辞义论固绝对无差别也。

金文中但用命字不用令字之器，列举如下：

君夫殷、（代八·四七）"王在康宫太室，王命君夫曰，儥求乃友。"（据本文，此器必在康王之后。）

贤殷、（代八·二八）"公叔初见于卫，贤从，公命事。"

黻殷、（代九·四）"王曰：黻。命女嗣成周里人。……敢对扬王休命。"（以上三器，字体不属西周晚期，然字形及行列皆整齐，亦非西周初期器也。）

命毁、（代八·三一）"王锡命鹿。用作宝彝，命其永以多友毁飤。"（命人名）

滕虎毁、（代七·二九）"滕虎敢肇作厥皇考公命中宝尊彝。"（王静安曰："此敦文字乃周中叶以后物。"）

同毁、（代九·一七）"王在宗周，各于大庙，榮伯右同，……王命同差（左）右吴大父，嗣易林吴牧。……"（铭中有榮伯，当与康鼎为同时器。）

伯康毁、（代八·四五）"伯康作宝毁。……受兹永命。"（以字体论与康鼎无别，疑是一人之器。）

豆闭毁、（代九·一八）"各王于师戏大室，井伯入右豆闭，王呼内史册命豆闭……敢对扬天子不显休命。"

师毛父毁、（啸下·五二）"师毛父即位，井伯右，内史册命。"

鄴毁、（薛一四·一三四）"毛伯内门立中廷，右祝鄴，王呼内史册命鄴。王曰：鄴。昔先王既命女作邑瓤五邑祝，今余惟騵襃乃命……敢对扬天子休命。"（毛伯即前器之师毛父。）

〔此上五器与趞曹鼎（代四·二四）康鼎人名参午交错，故当约略同时，为共王前后之物。除豆闭毁外，其余四器命字口部皆为骈枝，附赘于令字结构之外，如令。（同毁。）〕

伊毁（代九·二〇）"王在周康宫……騵季内右……王呼命尹（令尹）邽册命伊。"（此器字体属于西周晚期。郭氏沫若曰"騵季亦见大克鼎"。此器时代当以大克鼎之时代定之也。）

蒲簋、（代八·五〇）"王命蒲众叔燹父归吴姬馈器。"（以字体论似为周中叶器）

谏毁、（代九·一九）"王呼内史先册命谏曰：先王既命女瓤嗣王宥……今余惟或嗣命女。"

乖伯毁、（恪斋集古录一一·二二）"王命益公征眉敖。……王命
仲致归乖伯骽裘。王若曰：乖伯。朕不显祖玟珷应受大命。乃祖克荤先
王，异自它邦，又兑于大命。……用秦屯汞永命。"（郭氏沫若定为宣王
时器。）

（以上二器字体相近，约当同时。）

害毁、（啸下·五六）"王在屖宫……王册命害。……害颉首对扬
王休命"（唐氏兰以屖宫为夷王宫。）

秦公毁、（代九·三三）"秦公曰：不显朕皇祖受天命。……严龚
夤天命。"（此春秋末期器。）

畢盨（薛一五·一五一）"王曰：畢。……勿事赋（暴）虐从
（纵）狱，爰夺戏行道，厥非正命，乃敢厌（侯）嗓（讯）人，则唯辅
天降丧，不廷惟死。……敬凤夕勿法朕命。"（此西周末期物。）

姬突豆、（薛一五·一五二）"用秦眉寿就命多福。"〔按此齐器
（据考古图），所奉列公至静公止，当为夷王时器也。〕

陈逆簠、（代一〇·二五）"永命眉寿万年。"（战国初器。）

趞鼎、（代四·三三）"内史即命。王若曰：趞。命女作爇自冢嗣
马。"（疑与蒿簠同时，两器皆为季姜作，趞即彼器之叔爇父也。）

康鼎、（代四·二五）"王在康宫，燮伯内右康，王命死嗣王
家。……郑井。"

利鼎、（代四·二七）"王客于般宫，井伯内右利。……王呼作命
内史册命利。"

（以上二器字体非西周初期，般宫及井伯并见趞曹鼎〔代
四·二四〕当为共王或其前后之器。命字之从口部份突出行外，似当时
令字加口之式犹未用得自然，与此字之全体犹未融化也。此类口部突出
行外者，当为命字初起之形。从此可知命字之起，盖在西周中叶也。

师奎父鼎、（代四·三四）"嗣马井伯右师奎父。王呼内史驹册命

师奎父。"

师望鼎、（代四·三五）"……出内王命。"

伯晨鼎、（代四·三六）"王命餬侯伯晨。……用夙夜事勿法朕命。"

成鼎、（啸上·一三）"……自考幽大叔懿口命成……作命臣工。……王口命乃六自殷八自曰口成。"（文中有噩侯驭方，当与噩侯鼎为同时器。又字体与裘生盨，虢仲盨，宗周钟，无曩毁等极相似，盖同记历王南征事也。）

毛公鼎、（代四·四六）"王若曰：父厝。不显文武，皇天弘厌厥德，配我有周，膺受大命。……惟天猶集厥命。……劳董大命。……不巩先王配命……余唯肇巠先王命，命女辥我邦我家内外。……飍圉大命。……専命専政。……历自今出入専命于外，厥非先告父厝，父厝舍命，母有敢韀命于外。……今余惟飍先王命，命女亟一方。……命女甈飍公族。……"（文中命字十二见，皆作命无作令者。郭氏沫若以为宣王时器。以多事证之，此说已成定论。又政字不作正，铃字作鈴，皆晚期字，亦可注意者也。）

郸孝子鼎、（代三·三六）"郸孝子以康寅之日命铸飤鼎。"（春秋末期器。）

命甗、（代五·四）"命作宝彝。"（命，人名。）

夆伯甗、（代五·六）"夆伯命作旅彝。"（此器命字从口之部在行列之外。）

罙生钟、（捃三之一·三〇）"王命……"（与单伯罙生钟为同人之器。）

齐侯镈、（啸下·七五）"余命女政于朕三军。……公曰：夷。女敬共辥命。……余命女飍辥鄩。……弗敢不对扬朕辥皇君之锡休命。……余用登屯厚乃命。……余命女戴差卿为大事，甈命于外内之事。……余弗敢法乃命。……虩虩成唐（汤）又敢在帝所，敷受天命。……用旂眉寿霝命难老。"

齅镈、（代一·六七）"用蘽侯氏永命万年。……用求丂命弥生。"（以上二齐器皆春秋时。）

公孙班镈、（代一·三五）"霝命无其。"（春秋器。）

秦公钟、（薛六·五六）"不显朕皇祖受天命。……严龚夤天命"（春秋末期器。）

竞卣、（代一三·四四）"惟伯犀父以成自即东命伐南夷"（似属于西周中叶。）

齐侯壶、（代一二·三三）"齐侯命大子乘遽□叩宗伯，听命于天子。……齐侯拜嘉命，于上天子用璧玉备一嗣，于大无嗣折于大嗣命用璧，两壶八鼎，于南宫子用璧二备，玉二嗣，鼓钟一铧。……洹子孟姜用气嘉命。"（春秋器。）

嗣子壶、（代一二·二八）"命瓜君嗣子作铸尊壶。"（战国初器。）

齐大宰归父盘、（代一七·一四）"以蘽眉寿霝命难老。"（春秋器。）

晋邦盦、（代一八·一三）"晋公曰：我皇祖𫐐（唐）公□受大命，左右武王。……王命𫐐公，□宅京自。"（春秋末期器。）

鱼鼎匕、（代一八·三〇）"……下民无智，参蠹蚘命，帛命入歔，蕭入藕出，母处其所。"（春秋末期或战国器。）

子禾子釜、（代一八·二三）"命訽陈导。……如关人不用命。"

陈犹釜、（代一八·二三）"命左关币镁敕成。"（以上二器皆田齐。）

王命遥车键、（代一八·三六）"王命遥赁一稻飤余之。"（战国器）

以上各器用命字不用令字者，虽其时代多不可确知，然核其故实，论其字体，无一可指实为穆王以前器者，而甚多属于厉宣之世。即如宣王时之毛公鼎，文中命字十二见，无一作令字者，且铃字亦从命作鎓（金文如番生殷师袁殷皆有铃字）。是知宣世命字之用已严整固定矣。至其文义则与上节用令字者全无分别，依此可知此命字之演出仅系一词之异字，非异词也。

更有一类，一器中令命二字并见，或同式异器中令命二字互见者，综举之如下：

师酉殷、（代九·二一著录三件，器盖拓片凡六）"王呼史墙册命（四作命两作令）师酉。……敬夙夜勿法朕令（皆作令）。师酉拜颍首对扬天子不显休命（五作命，一作令。此器花纹与毛公鼎同，以字体论当较早，盖西周中叶之物）。"

不殼殷、（代九·四八）"白氏曰：不殼驭方。厥允广伐西俞，王令我羞追于西，余来归献禽，余命女御追于罃。"（此殷花纹与史颂殷善夫克盨完全相同，时代当与善夫克诸器相近。郭氏沫若以为与虢季子白盘同时。）

（以上两器命字口部皆突出，附加于令字结体之外，未融为一。）

牧殷、（薛一四·一三九）"王呼内史吴册令牧。王若曰：牧。昔先王既令女作嗣土，今余惟或廢改，令女辟百寮。……今余惟䴑豪乃命，（考古图三·二四摹本亦作命。）……敬夙夕勿法朕令。"（此殷花纹与大克鼎、小克鼎、虢季子白盘同，时代亦当相近。）

小克鼎、（代四·二八著录凡七器）"王命（六作命一作令）善夫克舍令（皆作令）于成周遹正八自之年，克作朕皇祖䱖季宝宗彝。……永令（皆作令）霝终。"（小克鼎之善夫克，即大克鼎之善夫克。大克鼎记善夫克之祖曰师华父"龚保厥辟龚（共）王"。按考为生父之专称，祖则自王父以上皆可称之，金文中有连记祖名至于二三者，如𠨘簋鬶鎛等器，又《诗·閟宫》本为僖公时诗，其辞有曰"皇祖后稷""周公皇祖"。是虽祖始亦与王父同称也。师华父与釐季是否一人而仅为名字之异，今不可知，如以为非一人亦自通。是则善夫克之王父或曾祖高祖仕于共王朝。善夫克氏不能先于夷王，至于下限则以不知师华父为善夫克之几世祖，不能确知矣。然此器之属于西周晚期据此可定也。）

此一类之器，论其时代俱不能上及昭穆之世，成康无论矣。据此诸器，足征令、命二字之为互用，且为同时并用者。然则在当时此二字必无异样之读法，仅为一词之异体耳。在一器中或在同式器中竟不画一，似是暗示此类器之时代正为始用命字之时代，后来因分化而画一，当时未分化故未画一也。果此解不误，则命字之起其在西周中叶耶？其差后于 𠂤 改为 𠂤 形而相去不远耶？命字之始作 𠙵，口部全在行列之外者，（如君夫簋、齲簋、命簋、茍簋、同簋、伊簋、鄂簋、利鼎、康鼎、夆伯命甗等器，最显。）其命字之最初式耶？曾试作一图以明此义，见本卷第十章。

第三章　周诰中之"性""命"字

今如泛然统计《尚书》中之性命字而不于篇章加以别择，乃甚无谓。盖《尚书》者，来源最不整齐之书也。不特东晋古文出自虚造，即伏生所传益以《大誓》之二十八篇不可据者亦复不少。如《禹贡》、《洪范》，春秋战国时人聚集多方材料，凭臆想而成之典书，与周官同科者也。如《甘誓》、《汤誓》、《大誓》，亦春秋战国时人为三代之创业各造一誓，以论汤武革命者也。如《尧典》、《皋陶谟》，集若干异时异地相争相灭之部落之宗神于一"全神堂"上，大一统思想之表现，而非信史也。今姑舍是，专论周诰殷盘，此二者亦非尽可为典要。《商书》中《盘庚》、《高宗肜日》《西伯戡黎》诸篇，固后人所信不以为伪书者，然诸篇文辞转比《周诰》易解，人不能无疑。夷考其辞，似非商之册典也。《高宗肜日》不知是何处之断简残篇，且儿子严辞教训其父，亦不近情理。《西伯》《微子》则纯依周人之立场说话，自称殷而诅咒之！《盘庚》视此为胜，然洋洋大篇，皆空语无事实，且未迁殷之前已曰"殷降大虐"，尤属不通（郑于此有解，然愈解愈见其不可通也）。殷商人自称曰商，绝不称殷，甲骨文中全无例外，所谓"大邑商"，即洹都也。周人乃称之曰殷。其曰殷商者，当为在殷之商之义。殷本故国，商人卜都，故商人不自称殷。今商书之称殷足以证其非殷代之书。若以《商颂》称殷土殷武为例，则宜知《商颂》实宋颂，作于襄公之世，或少前，彼时商代久亡，殷地为故国旧墟矣，其习于外国周人所用之称号亦固其宜。其曰殷土殷武，正遥念故国耳，此非所论于商代之书也。即专就《周诰》言，亦有不可据者，如《金縢》当是鲁人之传说，事关记事，不涉诰命。又如《吕刑》，乃是吕王之诰，南国之献，与周人全无干涉者也（余别有考）。今舍此可疑者，并去其与本文题旨无关者，凡所统计以《周诰》十二篇为限，即《大诰》、《康诰》、《酒诰》、《梓材》、《召诰》、《洛诰》、《多士》、《无逸》、《君奭》、《多方》、《立政》、《顾命》（所谓《康王之诰》在内），自周公称王至康王践阼，共约四十年间之书，正与西周初期之彝器铭词同时，亦与《雅》《颂》之时代相差不远。故此章所论可与上下两章为一系。

一 论《周诰》中本无性字

上列十二篇《周诰》中性字仅一见，在《召诰》，其文曰："节性，惟日其迈，王敬作所不可不敬德。"此乃周公训戒成王之词，勉之以节性，复申告以日月迁逝，不可不敬德也。节性之解在《召诰》中无证，当于他书中求证。幸《吕氏春秋》犹存此名词，并载其解故。《吕氏春秋·重己篇》曰：

> 是故先王不处大室，不为高台，味不众珍，衣不燀热。燀热则理塞，理塞则气不达。味众珍则胃充，胃充则中大鞔，中大鞔而气不达，以此长生可得乎？昔先圣王之为苑囿园池也，足以观望劳形而已矣。其为宫室台榭也，足以辟燥湿而已矣。其为舆马衣裘也，足以逸身暖骸而已矣。其为饮食醴醋也，足以适味充虚而已矣。其为声色音乐也，足以安性自娱而已矣。五者圣王之所以养性也，非好俭而恶费也，节乎性也。

《重己》一篇皆论养生之道，末节尤明显。凡所论节生之方，不出宫室、苑囿、饮食、衣服、舆马、声色诸端，于此数者必有所止，有所节，无逾于身体之需要，捐弃其放侈之享受，然后可以长生久视耳。此皆所以论养生，终篇之乱，应题"节生"，其曰"节性"，曰"安性"者，后人传写，以性字代生字耳（《吕子全书》皆然，详下）。节性之义既如是，则《召诰》之云"节性"，在原文必作节生明矣。周公以此教成王，正虑其年少血气未定，如穷欲极侈必坠厥命，故勉其节生，治其身也；教以敬德，治其心也。阮芸台不知节性之本作节生，于此大发议论，可谓在迩而求诸远矣。

二　统计《周诰》十二篇之命字

《周诰》十二篇既与西周早期彝器铭辞之时代相应，自当仅有令字，未有命字，今所见本乃全是命字并无令字，则传者以后世字体改写之也。兹撮录命字之出现处如下：

《大诰》

矧曰其有能格知天命？

敷前人受命。

绍天明即命。

不敢替上帝命。

克绥受兹命。

肆予曷敢不越卬敉宁王大命？（按《汉书·莽诰》作"予害敢不于身抚祖宗之所受大命。"又按"宁王"吴大澂谓是文王之误字，其说是也。）

亦惟十人迪知上帝命。（郑玄以十人为"乱臣十人。"）

尔亦不知天命不易。

天命不僭。

《康诰》

天乃大命文王，殪戎殷，诞受厥命。

不废在王命。

亦惟助王宅天命，作新民。

惟威惟虐，大放王命。（按放亦废字，其本字作法。）

惟命不于常。

明乃服命。

《酒诰》

明大命于妹邦。（按妹当与《诗》牧野之牧，沫乡之沫为一字。）

惟天降命。

克受殷之命。

酣身厥命。

今惟殷坠厥命。

《梓材》

王其效邦君越御事厥命。（按此谓教邦君及御事以此命也。）

用怿先王受命。

《召诰》

周公乃朝，用书，命庶殷侯甸男，邦伯。厥既命殷庶，庶殷丕作。（按殷庶当作庶殷）

皇天上帝改厥元子兹大国殷之命。惟王受命无疆惟休。

天既遐终大邦殷之命。

越厥后王后民兹服厥命。

其眷命用懋。

今时既坠厥命。（此语两见。）

王厥有成命。

曰有夏服天命，惟有历年。

乃早坠厥命。（此语两见。）

曰有殷受天命，惟有历年。

今王嗣受厥命，我亦惟兹二国命嗣若功。

自贻哲命，今天其命哲，命吉凶，命历年。

用祈天永命。

其曰我受天命。

受天永命。

保受王威命明德，王末有成命。

能祈天永命。

《洛诰》

王如弗敢及天基命定命。

今王即命曰，记功宗以功作元祀，惟命曰，汝受命笃弼丕视功载。

罔不若予不敢废乃命。

奉答天命。

命公后。

王命予来承保乃文祖受命民。

乃命宁。

王命作册逸。

王命周公后作册逸。

惟周公诞保文武受命惟七年。

《多士》

我有周佑命，将天明威，致王罚，敕殷命终于帝。肆尔多士，非我小国敢弋殷命。厥惟废元命。

乃命尔先祖成汤革夏。

有命曰，割殷，告敕于帝。

时惟天命无违。

殷革夏命。

时惟天命。

昔朕来自奄，予大降尔四国民命（此谓昔者践奄之时，曾以大命降告于四国之民，非谓赐四国民以生命也。《多方》"我惟大降尔命"，大保簋"王降征命于大保"，皆其例，王维国说失之。）

予惟时命有申。

《无逸》

严恭寅畏天命。

文王受命惟中身。

《君奭》

殷既坠厥命。

我亦不敢宁于上帝命。

不知天命不易，天难谌，乃其坠命。

天不庸释于文王受命。

成汤既受命。

天惟纯祐命则。

今汝永念则有固命。

其集大命于厥躬。

惟时受有殷命。

我受命无疆惟休。

乃悉命汝作汝民极。

在亶乘兹大命。

《多方》

惟尔殷侯尹民，我惟大降尔命。

洪惟图天之命。

厥图帝之命。

乃大降显休命于成汤。

弗克以尔多方享天之命。

乃惟尔辟以尔多方大淫图天之命。

简畀殷命。

我惟大降尔四国民命。

尔曷不夹介乂我周王享天之命。

尔曷不惠王熙天之命。

尔乃不大宅天命，尔乃屑播天命。

乃有不用我降尔命。

尔不克劝忱我命。

尔乃惟逸，惟颇大远王命。

我惟祗告尔命。

《立政》

亦越成汤陟丕釐上帝之耿命。

式商受命。

《顾命》

兹予审训命汝。

用克达殷集大命。

兹既受命。

太保命仲桓南宫毛。

命作册度。

伯相命士须材。

御王册命。

道扬末命，命汝嗣训临君周邦。

皇天改大邦殷之命。

无坏我高祖寡命。

用端命于上帝。

乃命建侯树屏。

群公既皆听命。

统计以上命字之用法，知其与金文中命令字全同，其包含命字之成语亦多同，惟彼以王命为多，此以天命为多，是由《周诰》乃建国之谟训，金文乃王命之记荣，故成分上有差别也。

第四章　《诗经》中之“性”“命”字

一　论《诗经》中本无“性”字

《诗经》中之“生”字，其用法与今日无殊，不需举例，今但论

"性"字。《诗经》中之"性"字仅出现于《大雅·卷阿》，其文云：

> 伴奂尔游矣，优游尔休矣。岂弟君子，俾尔弥尔性，似先公酋矣。
> 尔土宇昄章，亦孔之厚矣。岂弟君子，俾尔弥尔性，百神尔主矣。
> 尔受命长矣，茀禄尔康矣。岂弟君子，俾尔弥尔性，纯嘏尔常矣。

笺曰，"弥终也"，又曰，"乃使女终女之性命"。此固可证郑所见《诗经》已作性字，然此说实觉文义不顺。后世所谓惟命者，实即今人所谓生命。此章本为祝福之语，所谓"俾尔弥尔性"者，即谓俾尔终尔之一生，性固不可终，则此处之性字必为生字明矣。且此点可以金文证之：

> 叔俅孙父簋、（啸下·五五，薛一四·一二八）绾绰眉寿，永令弥厎生，万年无疆。
> 𦅫姞簋、（恪一一·二二，代六·五三）用祈匃眉寿绰绾，永令弥厥生，霝终。
> 齐鞄𦎫、（恪二·二一，代一·六七）用祈侯氏永命万年，鞄保其身。……用祈寿老毋死，保虖兄弟。用求考命弥生，肃肃义政，保虖子性。

《诗》所谓"弥尔性"在金文中正作"弥厥生"，其出现全在祈求寿考之吉语中。从此可知弥生即长生，从此可知"诗三百"中不特无论性之哲学如阮氏所附会者，即性之一字本亦无之也（参看徐中舒先生

《金文嘏辞释例》，见《历史语言研究所集刊》第六本）。

二 《诗经》中之"令""命"字

《诗经》中之"令"字与"命令"一义无涉者，有下列诸项：

一、《毛传》以"命令"为缨环声者：

《齐风·卢令》卢令令。

二、《郑笺》以"脊令"为雍渠者：

《小雅·常棣》，脊令在原。笺曰："雍渠，水鸟。"

《小雅·小宛》，题彼脊令。传曰："脊令不能自舍。"

三、《郑笺》以为训善者，或未明说，按其文义应与训善之"令"为一辞者：

《邶风·凯风》，我无令人。笺曰："令，善也。"

《小雅·蓼萧》，令德寿岂。

《小雅·湛露》，莫不令德。笺曰："令，善也。"

同、莫不令仪。

《小雅·十月之交》，不宁不令。笺曰："天下不安，政教不善之征。"

《小雅·车舝》，令德来教。笺曰："喻王有美茂之德。"

《小雅·宾之初筵》，维其令仪。笺曰："令，善也。"

《小雅·角弓》，此令兄弟，不令兄弟。笺曰："令，善也。"

《大雅·文王》，令闻不已。笺曰："令，善。"

《大雅·既醉》，高朗令终。笺曰："令，善也。"

同，令终有俶。

《大雅·假乐》，显显令德。笺曰："天嘉乐成王有光光之善德。"

《大雅·卷阿》，令闻令望。笺曰："令，善也。"

《大雅·烝民》，令仪令色。笺曰："令，善也。"

《大雅·韩奕》，庆既令居。笺曰："庆，善也。"（按此犹言善其善居也。）

《大雅·江汉》，令闻不已。笺曰："称扬王之德美。"

《鲁颂·闷宫》，令妻寿母。笺曰："令，善也。"

以上因字义之绝异，知其与令命字无涉。所有郑笺以之训善之令字及其同类之令字，在《诗经》本书皆原作需字，不作令字，其证如下。

上段所举"高朗令终"，笺以其中之"令"字训善者，当即后世所谓善终。此一吉祝辞，屡见于金文，皆作需终，且有与令字同出一器者。从此可知训善之令，在金文皆作需，与令绝不相混，亦不相涉也。如：

奚殷、（啸下·五一）万年无疆，需终需令。（按以后世通行字写之，当作"令终令命"。）

微絲鼎、（薛一〇·九四）屯右眉寿，永令需终，其万年无疆。（以后世通行字写之当作"永命令终"。）

克鼎、（恪五·五）眉寿永令，需终，万年无疆。

颂鼎、（恪四·二三）万年眉寿无疆，眈臣天子，需终。（按此祝已福，非祝天子之福，犹云服臣于王，得保首领以没。眈臣当连下读。）

据此，《诗》中训善之令字古皆作平声之需，不作去声之令。后人既以命字代令字，乃以令字代需字。故凡此训善之令字皆可剔出，以其与命令之辞意无关也。兹更图以明之：

金文　　需（平声）　　令（去声）

　　　　↓　　　　　　↓

今本诗经令（当亦平声）命（去声）

上图仅表示今本《诗经》对金文书式大体之转变，非全数如此。如

"灵雨既零"，灵字未改写令。"自公令之"，令未改写命，是也。

此训善之令字既剔出，则知今本《诗经》中之令字存原义者，仅有两处，未改写命字：

《齐风·东方未明》，自公令之。上章言"自公召之"，则令即召也，即命也。

《秦风·车邻》，寺人之令。笺曰："必先令寺人，使传告之。"此外皆作命字，动用名用无别。（霝冬即令终，宋人已如此释金文。王怀祖先生更证明之，见《广雅疏证》卷一上"霝善也"及卷四下"冬终也"条。诗笺以为训善之令字原作霝，段茂堂已揭之，见《说文》令字注。）

《诗》中所有作动用之命字如下：

《小雅·出车》，王命南仲。

同，天子命我。

《小雅·采菽》，天子命之。

《大雅·崧高》，王命召伯。（三见）

同，王命申伯。

同，王命傅御。

《大雅·烝民》，王命仲山甫。（再见）

《大雅·韩奕》，王亲命之。

《大雅·江汉》，王命召虎。（再见）

《大雅·常武》，王命卿士。

同，命程伯休父。

《周颂·臣工》，命我众人。

《鲁颂·閟宫》，乃命鲁公。

　　以上命自王。

《鄘风·定之方中》，命彼倌人。

以上命自君。

《小雅·绵蛮》，命彼后车。（三见）

《大雅·抑》，匪面命之。

以上泛言命自在上者。

《大雅·文王》，上帝既命。

《大雅·大明》，命此文王。

同，保右命尔。

《大雅·假乐》，保右命之。

《商颂·玄鸟》，天命玄鸟。

同，古帝命武汤。

同，方命厥后。

《商颂·殷武》，天命多辟。

同，命于下国。

以上命自天。

《诗》中所有自动词出而变作名词或形容词之命字，如下：

《郑风·羔裘》，彼其之子，舍命不渝。（据惠栋、戴震、王国维诸氏说，舍训释，命则君王之命，《郑笺》失之。）

《小雅·采芑》，服其命服。（笺云："命服者，命为将受王命之服也。"）

《大雅·卷阿》，维君子命。

《大雅·烝民》，明命使赋。

同，出纳王命。

同，肃肃王命。

《大雅·韩奕》，韩侯受命。

同，无废朕命。

同，朕命不易。

同，以先祖受命。

《大雅·江汉》，自召祖命。

　　以上王命，或泛言在上者之命。

《唐风·扬之水》，我闻有命。

《大雅·抑》，讦谟定命。

　　以上亦自在上者之命一义出，引申为政令。

《小雅·十月之交》，天命不彻。

《小雅·小宛》，天命不又。

《大雅·文王》，其命维新。

同，帝命不时。

同，假哉天命。

同，天命靡常。

同，永言配命。（又见下武）

同，骏命不易。

同，命之不易。

《大雅·大明》，有命既集。

同，有命自天。

《大雅·皇矣》，受命既固。

《大雅·文王有声》，文王受命。

《大雅·既醉》，景命有仆。

《大雅·卷阿》，尔受命长矣。

《大雅·荡》，其命多辟。

同，其命匪谌。

同，大命以倾。

《大雅·云汉》，大命近止。（再见）

《大雅·江汉》，文武受命。

同，于周受命。

《大雅·召旻》，昔先王受命。

《周颂·维天之命》，维天之命。

《周颂·昊天有成命》，昊天有成命。

同，夙夜基命宥密。

《周颂·思文》，帝命率育。

《周颂·敬之》，命不易哉。

《周颂·桓》，天命匪懈。

《周颂·赉》，时周之命。（又见殷）

《商颂·烈祖》，我受命溥将。

《商颂·玄鸟》，受命不殆。

同，殷受命咸宜。

《商颂·长发》，帝命不违。

同，帝命式于九围。

《商颂·殷武》，天命降监。（笺曰，"天命乃下视下民"，故此句之命字为名用，与"天命玄鸟"之为动用者不同。）

以上天命。

《召南·小星》，寔命不同。

同，寔命不犹。

《鄘风·蝃蝀》，不知命也。

以上自天命之义引申而出，为"命定"之义。（"命正""命定"诸解，均详中卷。）

据上文所分析，《诗经》中命字之字义，以关于天命者为最多，其命定一义，则后来儒墨争斗之对象也。所有《诗》、《书》中之天命观，及东周时代此一线思想之演变，均详中卷。

第五章　《左传》《国语》中之"性""命"字

　　《左传》《国语》两书编成之时代未易断定，其史料价值亦多异见。欲详辩此事，非可于此书中为之，姑举吾所信之假定。春秋时大国各有其献典，亦各有其嘉言故闻，传于当朝，遗之后代，后世说林、说苑一体之祖，吕氏、刘子所取资以成类书者，在古谓之"语"，而"故志"、"训典"或容纳其中，所以教国子也（见《楚语·上》）。其国语一名，始见于汲冢书中（《晋书·束晳传》，"《国语》三篇言楚晋事"）。不专一国，故谓国语，犹言列国语也。汲冢书名《国语》者，虽不在今《国语》中（如在其中，《晋书·束晳传》及杜预《集解后序》当明言之），要为一类之书。夫列国各有其语，则必有人辑之，或并整齐之焉，始为《国语》。（传本《国语》中之《齐语》固为《小匡》篇文，其吴越语亦与他国文体词法不类）。至战国之世，春秋之学大显，春秋之号益尊，于是诸家著书每被春秋之名，晏子、虞卿、吕不韦皆是也。当有震于春秋之学，以《国语》改为编年者，合以当时列国纪年之书，墨子所谓百国春秋，乃成《春秋左氏传》，或曰《左氏春秋》。此书虽成，国别之国语犹存。后世所谓《国语》，其一本也，《汲冢》、《国语》，又其一本也。此编年之书虽比附《春秋》，犹各有详略，并无书法，至刘歆欲夺公羊之席，乃将此书加之书法，且于《春秋》所详，此所略者，敷衍成文，此即《春秋左传》也。（吾尝试以刘申叔《左氏春秋考证》一书之规例遍检全传，觉襄公以前，传应经者，除大事外，皆空语，无事实，襄公以后则不然，未可一概论。如以改编年为刘歆事，则刘歆时何处得见列国（尤其是鲁国）纪年之书将其采入？故知据《国语》改为编年必在秦火之前，其加书法并使前数公之经文亦多有传可伍，则刘歆事也。）

如上文所说不误，则《左传》、《国语》者实为东周第一宝书，其成书虽在战国，其取材则渊源甚早，所举宪典话言或有沿自西周者矣。今于《诗》、《书》之后取材于《左传》、《国语》者，顺时代之序也。

《左传》、《国语》中生字除私名外皆作出生解，或其引申之义，今不举例。但论两书中之性字。性字见于《左传》者九处：

襄十四，"天生民而立之君，使司牧之，勿使失性。有君而为之贰，使师保之，勿使过度。……天之爱民甚矣，岂其使一人肆于民上，以从其淫而弃天地之性？必不然矣"。

按，"勿使失性"者，勿使失其生也，牧民所以保民之生，与性无涉，此本显然，不待索解。下文所谓"天地之性"亦必作生字然后可通，犹云，岂其使一人肆其暴行于民之上，以纵其淫欲而弃天之生斯民之德也？《易·系》云"天地之大德曰生"，正与此词相类。若以为性命字则与上文不合矣。

襄二十六，"夫小人之性，衅于勇，啬于祸，以足其性而求名焉者，非国家之利也"。此语中下性字必作生字始可解，"足其性"者，犹谓利其生也。上性字固可作性字解，然以为生字尤顺，犹云小人之生也，动于勇，贪于祸，以图厚其生而求名焉。

昭八，"今宫室崇侈，民力凋尽，怨讟并作，莫保其性"。此谓莫保其生也。

昭十九，"吾闻抚民者节用于内而树德于外，民乐其性而无寇仇"。此谓民乐其生也。

昭二十五，"则天之明，因地之性……淫则昏乱，民失其性。……哀乐不失，乃能协于天地之性"。

独此节中之性字解作后世所谓性者为义较长，然解作生字亦可通。"因地之性"，犹云因地之所以生，即载物厚生者也。"民失其性"，犹云民失其所禀以生。"天地之性",即所谓"天地之大德曰生"也。

《周语》上,"先王之于民也,懋正其德,而厚其性;阜其财求,而利其器用"。

"厚其性"者,厚其生也,《左传》文七年,"正德,利用,厚生,谓之三事"。成十六,"民生厚而德正,用利而事节"。襄二十八,"夫民生厚而用利,于是乎正德以幅之"。文十六,"时以作事,事以厚生"。皆其证也。(此一证丁声树君所举。)

如上文所分解,《左传》、《国语》中之性字,多数原是生字,即以为全数原为生字,亦无不可也。从此可知性之一观念在《左传》、《国语》时代始渐渐出来,犹未完全成立,至于性之一字,彼时决无之,后世传写始以意加心字偏旁,而所加多不惬当。

《左传》、《国语》中令字频见,其用处与《诗经》无二。如下:

第一类为霝字之假借,所谓"令德"、"令名"、"令闻"、"令图"、"令终"、"令龟"、"令王"、"令主"皆是也。

第二类为令字之原始义,如"令无入僖负羁之宫。"《左传》《国语》中凡此动用之令字多作命字;其偶作令者,恐是后人改写未尽者耳。

第三类为王令或君令之类名,即"政令"、"教令"之类也。如"未能行令"(宣十),"政令于是乎成"(成十六),"择楚国之令典"(宣十二),"以大国政令之无常"(襄二十二),"著之制令"(昭元),"夕以修令"(昭元),"先王之令有之"(《周语》上),"无以赋令"(《周语》上),或为单词,或为合词,皆是也。

第四类为第三类之一例,即"令尹"一词是也。既为专名自可别为一事。令尹亦见于金文,作"命尹"(伊毁,"王乎命尹甄册命伊")。

《左传》、《国语》中之命字,其用法与《诗经》同。两书中出见繁多，不须遍举，今但论其可注意者五点：

一、两书中令、命两字混用，无甚界限，一如西周晚期金文及《诗经》。例如：

> 樊仲山甫谏曰："不可立也！不顺必犯，犯王命必诛，故出令不可不顺也。令之不行，政之不立，行而不顺，民将弃上。……若鲁从之而诸侯效之，王命将有所壅。若不从而诛之，是自诛王命也。"（《周语》上）

此语中令、命实为一事，乃忽曰令，忽曰命。两书中令、命两字之混用，不可胜数也。

二、以命（或令）为政典教制之称，在两书中极多。此时命（或令）为文书之具体名，用之已甚普遍矣。（后世大体以令为政典，以命为教敕，分别不严，在古则无此分别也。）

三、以命为复词之一节，在两书中已甚多，是彼时命字之用及其变化繁矣。以命为上节者，如"命夫"、"命妇"、"命服"、"命书"（按，册典也）、"命祀"。以命为下节者如"好命"、"嘉命"、"时命"、"治命"、"后命"、"前命"、"共命"、"敬命"、"禀命"、"专命"、"用命"、"即命"（见文六年，谓就死也，犹云就身于天命之所定也）、"死命"、"成命"、"废命"、"逃命"（谓避身于命令之外也。宣十二"民闻公命如逃寇雠，"即其义。后世所谓亡命自此出）、"承命"、"违命"、"弃命"、"奸命"、"贰命"、"失命"、"听命"、"闻命"、"请命"、"待命"、"受命"、"辱命"、"将命"、"致命"、"复命"（诸子多作反命）、"改命"、"使命"、"发命"、"奔命"（谓奔赴王命无宁止也。）、"一命"、"再命"、"三命"、"追命"、"坠命"（此词亦见金文，假述为坠）、"陨命"、"知命"（见文十三，谓知天命之正也）、"不堪命"，皆当时文告册书中之习语也。

四、动词之命，施用更广泛。在《诗经》中犹以上谓下为限，《左传》中乃有例外，如"叔向命晋侯拜二君"（哀二十六），叔向臣也而以命君，盖此命字犹言谓也。

五、命犹名也。例如下：

　　子同生，以大子生之礼举之。……公与文姜宗妇命之（按，谓议命名也）。公问名于申繻。对曰："名有五，有信，有义，有象，有假，有类。以名生为信，以德命为义，以类命为象，取于物为假，取于父为类。不以国，不以官，不以山川，不以隐疾，不以畜牲，不以器币。周人以讳事神，名终将讳之。故以国则废名，以官则废职，以山川则废主，以畜牲则废祀，以器币则废礼。晋以僖侯废司徒，宋以武公废司空，先君献武废二山。是以大物不可以命。"公曰："是其生也，与吾同物。"命之曰同。（桓六年）

按，"命之"者名之也。"以名生为信，以德命为义，以类命为象"者，后世传写错误，其原文应作"以生名为信"（洪亮吉《左传》诂云"论衡作生名，下德命作德名，类命作类名。"），记其实也。晋侯成师，郑伯寤生是也。"以德名为义"，"命以义"也，取义于正则曰平，取义于灵均曰原者是也。"以类名为象"，若孔子首象尼丘是也。如作"以生命为信，以德命为义，以类命为象"，俾上下文一致，亦通，独如今流传本之颠倒错乱者为不可通耳。下文云"大物不可以命"者，大物不可以名也。"命之曰同"者，名之曰同也。

　　初，晋穆侯之夫人姜氏，以条之役生大子，命之曰仇，其弟以千亩之战生，命之曰成师。师服曰："异哉，君之名子也！夫名以制义。……嘉耦曰妃，怨耦曰仇，古之命也。今君命大子曰仇，弟曰成师，始兆乱矣，兄其替乎？"（桓二年）

按"命之"，名之也。"古之命"，古之名也。"命太子曰仇弟曰成师"，名太子曰仇，名弟曰成师也。

楚人谓乳"穀"，谓虎"於菟"，故命之曰鬭穀於菟。（宣四年）此谓名之曰鬭穀於菟也。

依此三例，命有名之一解，名亦可称命。然则卫君如待孔子为政，孔子必先正名者，指整齐令典而言。苟仅如学究荀卿之正名，其指不过如今之审定名词，固可曰"名不正则言不顺"，不可说"事不成"，"刑罚不中"也。是则所谓名家者，亦法家之一类也。

至于天命之说，命正之解，在《左传》已有深远之思想，既不涉文字，当于中卷论之。

第六章　《论语》中之"性""命"字

《论语》中明称天命者，共七见，如下：

子曰："……五十而知天命……"（《为政》）

伯牛有疾，子问之，自牖执其手，曰："亡之，命矣夫！斯人也而有斯疾也，斯人也而有斯疾也！"（《雍也》）

子罕言利，与命，与仁。（《子罕》）

子夏曰："商闻之矣，'死生有命，富贵在天'。"（《颜渊》）

子曰："道之将行也与？命也！道之将废也与？命也！公伯寮

其如命何？”（《宪问》）

孔子曰：“君子有三畏：畏天命，畏大人，畏圣人之言。小人不知天命而不畏也，狎大人，侮圣人之言。”（《季氏》）

孔子曰：“不知命，无以为君子也。”（《尧曰》）

亦有未明言天命而所论实指天命者，有下列三处：

子曰：“天生德于予，桓魋其如予何？”（《述而》）

子畏于匡，曰：“文王既没，文不在兹乎？天之将丧斯文也，后死者不得与于斯文也！天之未丧斯文也，匡人其如予何？”（《子罕》）

子曰：“凤鸟不至，河不出图，吾已矣夫！”（《子罕》）

据此，《论语》书中明载命定之义，墨氏攻之，正中其要害。其曰孔子罕言者，或疑孔子言仁言命载于《论语》者既如是多矣，不得云罕，于是强为之解，谓“与命与仁”之与字为动词。孔子固与命，然此处文法实不能如是解。《国语》九，“杀晋君，与逐出之，与以归之，与复之，孰利”？又《国语》十五，“夫以回鬻国之中，与绝亲以买直，与非司寇而擅杀，其罪一也”。又十六，“夏后卜杀之，与去之，与止之，莫吉”，皆与“子罕言利与命与仁”为同一文法，可知与字在此仍是联词，非主格之动词也。子罕言命，罕言仁，而《论语》所记者多，盖子所常言，每无须记，其罕言者乃记耳。孔子虽罕言，然其信天命则章章明矣。特孔子所信之天命仍偏于宗教之成分为多，非如孟子，此当于次卷中详之。

《论语》中性字仅两见：

子曰："性相近也，习相远也。"（《阳货》）

子贡曰："夫子之文章可得而闻也，夫子之言性与天道不可得而闻也。"（《公冶长》）

前一事可以解作生来本相近，因习而日异。"生"、"习"皆无定主动词，故下云"相"，如以性为表质之名词，则与习不对矣。后一事所谓夫子之言性者，其字究应作性或作生，不能于此语之内求之，《论语》中他事亦鲜可供解决此事者，必参考稍后之书始可决之。设如《孟子》书中生性二义界然划分，则前于此之《论语》中生性二字可以界然划分，亦不必定界然划分，设如《孟子》书中生性二义并未界然划分，则前于此之《论语》中，生性二字更不能界然划分矣。故此点应留待下数章中论之。

第七章　论《告子》言"性"实言生兼论《孟子》一书之"性"字在原本当作生字

《诗》、《书》、《左氏》、《国语》、《论语》中之性命字，既统计之矣，战国诸子书中之性命字，则不必尽数统计也。时至战国，命字之诸义皆显然分立，不烦疏别，其天命一义亦滋衍丰长矣，此当于次卷论思想变迁中详之。天命之说虽已发展，人性之论，其已自论述具体之生，演为辨析抽象之性乎？今《孟子》、《荀子》、《吕子》诸书中之论性者，果所论者是性不是生乎？纵使性之一义既成，其对于生字之本义果尽脱离乎？自此以下三章，为答此问题而作也。

一　论《告子》言性皆就生字之本义立说

告子曰："性犹杞柳也。义犹桮棬也。以人性为仁义，犹以杞柳为桮棬。"

孟子曰："子能顺杞柳之性而以为桮棬乎？将戕贼杞柳而后以为桮棬也。如将戕贼杞柳而以为桮棬，则亦将戕贼人以为仁义与？率天下之人而祸仁义者，必子之言夫！"（《孟子·告子篇》，下同。）

按，《告子》所谓性，即所谓天生，所谓义，即所谓人为。以天生与人为为对，故曰："仁内也，义外也。"寻告子之意，以为杞柳之生也，支蔓丛出，不循方圆，使之成器，非加以人工不可，人之生亦支蔓丛出，不辨善恶，使之就世间约定之仁义，亦非加以人工不可。所谓"戕贼人性以为仁义"，正荀子之说也。

告子曰："性犹湍水也，决诸东方则东流，决诸西方则西流。人性之无分于善不善也，犹水之无分于东西也。"

孟子曰："水信无分于东西，无分于上下乎？人性之善也，犹水之就下也。人无有不善，水无有不下。"

"今夫水，搏而跃之，可使过颡；激而行之，可使在山。是岂水之性哉？其势则然也！人之可使为不善，其性亦犹是也。"

按，告子之说，与孔子"性（生）相近也习相远也"之说合，孟子则离孔子说远矣。

告子曰："生之谓性。"

孟子曰："生之谓性也，犹白之谓白与？"曰："然。"

"白羽之白也，犹白雪之白；白雪之白，犹白玉之白欤？"曰，"然。"

"然则犬之性犹牛之性，牛之性犹人之性欤？"

寻上文之意，"生之谓性"之性字，原本必作生，否则孟子不得以"白之谓白"为喻也。

> 告子曰："食色，性也。仁，内也，非外也；义，外也，非内也。"
> 孟子曰："何以谓仁内义外也？"
> 曰："彼长而我长之，非有长于我也。犹彼白而我白之，从其白于外也，故谓之外也。"
> 曰："异于（二字衍文）白马之白也，无以异于白人之白也，不识长马之长也，无以异于长人之长欤？且谓长者义乎，长之者义乎？"
> 曰："吾弟则爱之，秦人之弟则不爱也，是以我为悦者也，故谓之内。长楚人之长，亦长吾之长，是以长为悦者也，故谓之外也。"
> 曰："耆秦人之炙无以异于耆吾炙，夫物则亦有然者也，然则耆炙亦有外欤？"

寻告子之意，食色生而具者也，恻隐之心自内发，故曰内，至于是是非非贤贤贱不肖，必学而后知之，必习而后与人同，故曰外也。

> 公都子曰："告子曰，性无善无不善也。"

寻告子之义，善恶之辩，由于习俗，成于陶染，若天生之质，则无预于此外来者也。

二 论《孟子》书之"性"字在原本当作"生"字

《孟子》一书，言性者多处，其中有可作生字解者，又有必释作生字然后可解者，如下：

> 或曰："性可以为善，可以为不善。是故文武兴则民好善，幽厉兴则民好暴。"

此或人之言，谓人之生来可以为善可以为恶也。

> 孟子曰："牛山之木尝美矣。以其郊于大国也，斧斤伐之，可以为美乎？是其日夜之所息，雨露之所润，非无萌蘖之生焉。牛羊又从而牧之，是以若彼濯濯也。人见其濯濯也，以为未尝有材焉，此岂山之性也哉？"

所谓山之性，乃山之生来之状，其原文当作"山之生"，如此乃与上文"萌蘖之生"一贯。

> 孟子曰："尧舜性之也，汤武身之也，五霸假之也"。（《尽心》，下同）

此谓尧舜生来便善，不待人为；汤武力行，然后达于道也。若如今本作性字，则尧舜之圣为性之所生、汤武之身之独不由于性乎？如别古圣人以性之、身之之二类，即无异以性为不备，正与孟子说性相违矣。然则此处本作生字无疑也。

孟子曰："尧舜性者也，汤武反之也。"

此亦与上举一例同义，谓尧舜生而然，谓汤武反躬力行而几于道，非谓汤武所行不由于性也。

孟子曰："形色，天性也"。

此亦谓形色天生而有也。

孟子曰："口之于味也，目之于色也，耳之于声也，鼻之于臭也，四肢之于安佚也，性也，有命焉，君子不谓性也。仁之于父子也，义之于君臣也，礼之于宾主也，知之于贤者也，圣人之于天道也，命也，有性焉，君子不谓命也。"

此语之义，赵岐、朱子皆不尽得其解。今如以性字为生字，文义显然矣。孟子盖谓口之于味，目之于色，耳之于声，鼻之于臭，四肢之于安佚，皆生而然也；然而人之生也有所受于天之正命焉，即义理也，故君子不以此等五官为人生之全也。仁之于父子，义之于君臣，礼之于宾主，知之于贤者，圣人之于天道，皆天所命之义理也，然而人之能行此者其端亦与生而俱焉，故君子不以此等事徒归之于天所命也。此为性命一贯论之最早发挥者，此义待中卷第七章详说之。今说明者即此语中之性字本皆生字也（《孟子》此一节中命字乃"命正"之义，非"命定"之义，赵解失之。详次卷）。

如上所论，《孟子》一书中虽有性之一义，在原文却只有生之一字，其作性字者，汉儒传写所改也。

第八章 论《荀子·性恶》、《正名》诸篇中之
"性"字在原本当作生字

《荀子·性恶篇》之性字，在原书写本未经隶变之前，必皆作生字，可以下列一事证明之。《性恶篇》首云："人之性恶，其善者伪也。"杨注曰："伪，为也，矫也，矫其本性也。"郝懿行曰："性、自然也，伪、作为也，伪与为古字通，杨氏不了而训为矫，全书皆然，是其蔽也。"（《荀子补注》）王先谦曰："郝说是。荀书伪皆读为，下文'器生于工人之伪'，尤其明证。"（《荀子集解》）斯年按，《性恶篇》全篇所论"其善者伪也"之伪，皆用人为之义，与矫义无涉。据郝、王二氏所考，全篇之"伪"字，在原本必尽作"为"字，其作"伪"者，后人传写时所改也。"伪"字既原作"为"字，"性"字亦原作"生"字欤？此亦可考而知也。篇中有云：

> 今人之性，固无礼义，故强学而求有之也。性（此处必作生字方可通）不知礼义，故思虑而求知之也。然则生而已，则人无礼义，不知礼义，人无礼义则乱，不知礼义则悖。然则生而已，则悖乱在己。用此观之，人之性恶明矣，其善者伪也。

卢文弨校本曰"'生而已'元刻作'性而已'，下同。"寻荀子此段之意，如皆作性字，固勉强可解，如皆作生字，文义尤顺。今或作性字，或作生字，乃不可解矣。今假定其皆作性字，绎其义如下：

> 人之天性之中，本无所谓礼义也。故待强学而求有此礼义。性中本不知有礼义也，故待思虑而求识此礼义。既如是，若仅凭性

之所有为已足，则人无礼义，且不识礼义矣。人无礼义，且不识礼义，悖谬之甚者也。既如是，若仅凭性之所有为已足，则悖谬暴乱出于己身矣。由此观之，人之性之本为恶也明矣。其能为善者人为之力也。

如此绎之固可解，究嫌勉强，然如全作生字，其意则显矣：

> 人之生也，本未挟礼义以俱来，故待强学而求有此礼义。人之生也，本不识何谓礼义也。故待思虑而求识此礼义。既如是，若仅凭生来所有为已足，则人无礼义且不识礼义矣。人无礼义且不识礼义，悖谬之甚者也。既知是，若仅凭生来所有为已足，则悖谬暴乱出于己身矣。由此观之，人之生也恶，其义甚明，其能为善者，人为之力也。

独或作性字或作生字，如今本所具者，在文义为不可通。从此可知原本必皆是生字，后人传写，寻求文义，乃改其若干生字为性字，然句如"然则生而已"者，势难改作性字，故犹留此原来形迹。元本校者见此处独作生，与上下文不一贯也，乃一律改作性。今日据此未泯之迹，可知原本全篇之皆作生不作性，其改写性字，经汉晋六代至于唐宋而未曾改尽也。

且就《性恶篇》所持之旨论之，其作生也固宜。全篇反复陈说者，皆不外乎申明人之生也本恶，其能为善者人为之力。世之所谓善者，非生而有之者也，学而后有之。所谓恶也，生而具来者也，要在以礼法，教化，规矩，刑罚，克服之耳。与其写作《性恶篇》，固不如写作《生恶篇》之足以显其义也。荀子之生恶论，正其以人胜天之主张之一面，其以劝学为教，人道为道，不愿"大天而思之"，而欲"制天命而用之"，皆与生恶说相表里也（参看胡适之先生《中国哲学史大纲》卷上第十一篇第二章）。

难者曰，《荀子·性恶篇》中所有性字在未经汉人改写前，固应一律作生字，如君所说矣，然荀书《正名篇》有云："生之所以然者谓之性，性之和所生，精合感应，不事而自然谓之性。"明明以生字解性字，今日一律作生字，是何说乎？曰此正荀书中一律作生字之证也。请遍观《正名篇》之用辞，此义可晓然矣。《正名篇》曰：

> 散名之在人者，——生之所以然者谓之性；性之和所生，精合感应，不事而自然谓之性。性之好、恶、喜、怒、哀、乐，谓之情。情然而心为之择谓之虑。心虑而能为之动谓之伪：虑积焉，能习焉，而后成谓之伪。正利而为谓之事。正义而为谓之行。所以知之在人者谓之知，知有所合谓之智。"智"（据卢文弨校第二智字衍）所以能之在人者谓之能，能有所合谓之能。性伤谓之病，节遇谓之命。是散名之在人者也，是后王之成名也。

又曰：

> 故万物虽众，有时而欲遍举之，故谓之物。物也者，大共名也。推而共之，共则又（原作有，据王念孙改）共，至于无共，然后止。

循荀子之用语也，好用在语法上异其作用之同字于一句中，即如《非十二子篇》，"信信，信也"（上信字为动词，中信字为名词，下信字为谓词。）如不贯上下文以读之，几不可解。今《正名篇》曰，"所以能之在人者谓之能，能有所合谓之能"。如此句法，则正名之界说性也，固应作"生之所以然者谓之生，生之和所生，精合感应，不事而自然谓之生"。如将下生字改为性字，语法不类矣。今固不能改下一能字为别一字，即亦不当改下一生字为性字也。至于"知之在人者谓之知，知有所合谓之智"，智字应为知字，不应作智字，卢文弨校本中已说之矣。又如"推而共之，共则又共，至于无共然后止"，亦是此等变化字义法。此种造语之法是否可为行文之法式，今不具论，然此种风格甚显意趣。《荀子》书有刻意造辞之迹，与前此子书之但记口语者不同，此其一证矣。

第九章　论《吕氏春秋》中"性"字在原本当作生字

晚周子书中，年代确可考者为《吕氏春秋》，此书明言成于"维秦八年，岁在涒滩"，此书固当为晚周诸子书中之最晚者矣。其《本生篇》泛载生字与性字，前文正在论生，后文乃直继以论性之语，忽又直继以论生之语，今日分写生性二字，若语无伦次然，然若知原本当皆作生字，性即生也，则上下文理通矣。今录而释之如下：

> 始生之者，天也。养成之者，人也。能养天之所生而勿撄之，谓之天子。天子之动也，以全天为故者也。此官之所自立也。立官者以全生也。今世之惑主，多官而反以害生，则失所为立之矣。譬之若修兵者以备寇也，今修兵而反以自攻，则亦失所为修之矣。

此所论者明明生也，而下文忽接以论性。

> 夫水之性清，土者拍之，故不得清。人之性寿，物者拍之，故不得寿。物也者所以养性也，非所以性养也。今世之人惑者，多以

性养物，则不知轻重也。（按，此明明谓养生，下同。）……是故圣人之于声色滋味也，利于性则取之，害于性则舍之，此全性之道也。世之贵富者，其于声色滋味也多惑者。日夜求幸，而得之则逃焉；逃焉，性恶得不伤？

此虽著性字，所论实养生也。下文接此乃著生字。

万人操弓，共射其一招，招无不中。万物章章以害一生，生无不伤，以便一生，生无不长。故圣人之制万物也，以全其天也。天全则神和矣，目明矣，耳聪矣，鼻臭矣，口敏矣，三百六十节皆通利矣。若此人者，不言而信，不谋而当，不虑而得，精通乎天地，神覆乎宇宙，其于物无不受也，无不裹也，若天地然。上为天子而不骄，下为匹夫而不惛，此之谓全德之人。

其下文则上句著性字下句著生字，然所论者固为一事，承前文而说也。

贵富而不知道，适足以为患，不如贫贱。贫贱之致物也难，虽欲过之，奚由？出则以车，入则以辇，务以自佚，命之曰招蹶之机。肥肉厚酒务以自强，命之曰烂肠之食。靡曼皓齿，郑卫之音，务以自乐，命之曰伐性之斧。三患者贵富之所致也。故古之人有不肯贵富者矣，由重生故也，非夸以名也，为其实也。则此论之不可不察也。

此篇标题曰《本生》，文中所指，关养生者多，关养性者少。然则《吕子》此篇，原本必上下一贯用生字不用性字，其改作性字者后世写者所为也。

《重己》一篇亦如是。全篇皆论养生之道，篇末忽著"安性"、"养性"、"节性"诸词，按以上文，知即"安生"、"养生"、"节生"也。《贵生篇》正作养生，可证也（《庄子》亦作养生不作养性）。

《吕氏春秋》乃战国时最晚之书，吕书中无生、性二字之分，则战国时无此二字之分明矣。其分之者，汉儒所作为也。

第十章　"生"与"性"、"令"与
"命"之语言学的关系

以上诸章，说明生性令命诸字在先秦遗文及先秦经籍中如何出现及其如何演变，兹总括前文，约其旨要，以论其形与音。

一　字形

令字乃复体象形字，像一人跽于屋宇或帐幕之下，《说文》以为从A卩者。就战国时字体附会之说，非所以论此字之原也。在殷商及周初文字中，令字及从令之字皆作此形。后来像人跽形之部渐就省易，所像之形遂不可识。约当西周中叶，即昭穆以后，书者复加口字于令字之旁。初则从口之部在行列之外，后乃与令字溶为一体（参看本卷第二章）。在西周晚期金文中，一器中或专用令字，或专用命字，或命令二字互用，可知此时令命二字虽作两体，实是一字，不应有截然不同之两音，如今日令从来母、命从明母者也。历西周末至春秋，两字虽字体不同，其用法则实无分别可以窥见。此两字之读音究竟至何时始分化，不可详矣。兹为图以明其演变之迹。

生字乃金文及先秦经籍中所普用之字，虽有时借眚为之（如"既眚魄"），然后代"百姓"之姓，"性命"之性，在先秦古文皆作生，不从女，不从心。即今存各先秦文籍中，所有之性字皆后人改写，在原本必皆作生字，此可确定者也。后世所谓性命之性字，在东周虽恍惚若有此义，却并无此独立之字也，吾作此语，非谓先秦无从心之性字之一体。战国容有此字，今不可考，然吾今敢断言者，战国纵有此字，必是生字之或体，与生字可以互用。准以文王之文字从心作忄，兼以战国文字好加偏旁，从心之性字成立于彼时固为可能，特此字对生字并非独立，仅是其异文而已。其分别生性二字者，秦后事也。

或以为生死之生与性善之性在晚周既有文义的分别，则虽作一字不必以为一字也。不知此解似是而实误。字者，语词之代表也，词者，语义之发音也。凡一名在字在词尚未分判为二体之时，纵有相联而异之语义，亦不易界画井然，无所淆混。今日受哲学之训练，守逻辑之纪律者，尚不易在用重要名词时谨守其界说，遑论晚周诸子？故生性二字之未相互独立，即生性二词之未相互独立，生性二词未互相独立，即生性二义之未能不淆也。试看孟荀所著，此情显然。荀子所谓性恶者，即谓生来本恶也。孟子所谓性善者，亦谓生来本善也。在其论"性"时，指天生之具体事件耶？抑指禀赋之抽象品德耶？按其文义，忽谓此，忽转谓彼，今诚不易严为界画。其实二子心中固未将此二事尽量分别清楚。

二字之未到相互独立地步，即致此现象之一因也。

二　字音

字形（可简称字）者，一词或一系词之符号也。字形本身并非语言之枝节或体躯，其作用仅如人之有名字。名字固一人之符号，然一名字与其所代表之实体无关也。故今日可以罗马字母写汉语，亦可以汉字记英语。汉语之用汉字书写之者，其始出于一事之偶然，其后成于数千年之习惯，今日混汉字汉语为一事，诚未可也。然汉语历数千年用汉字为其符号，汉语之变化惟有借汉字之符号求之，故今日舍字形之学而论字音之变，亦必有所不通矣。称中国语言学为中国文字学者，误也，舍文字之语言学，亦必遇其所不可通者焉。

字音者，一词或一系词之本身也。故一词之认识在其音不在其形（戴、段、王、孔诸氏皆申明此说）。其演变即其音之迁动也。今审求生性令命诸字之音如下。

生，《广韵》下平声，十二庚，所庚切。又去声，四十三敬，所敬切，是此一字有平去两读。性，去声，四十五劲，息正切。所为审母三等字，息为心母字。心为舌头摩擦音，当等于国际音标中之S，审在照穿床审禅一列（或称部）中，此列乃稍后于舌头之音，而审又与心为同行（或称位。举例说之，重唇轻唇，部之别也，在表中可以横行之列容之。摩擦破裂，位之别也，在表中可以直行之行容之。行列易称亦可），故二母最易相变，高本汉氏以s.表之。生性二文本是原字孳乳字之关系，今按之《广韵》，二字虽异组，而二字之组实相近而易互变者也。至于二字之韵亦可识其古同。盖劲为清之去声，而庚、耕、清、青、蒸、登六韵（以平括上去入）。在等韵中本为一类也（参看陈澧《切韵考·外篇》卷二）。庚、耕、清、青以大齐言之，古为一类，此类即戴氏之第十三部婴，段氏之第十一部庚，王念孙氏之第六部耕，江有诰氏之第十三部庚也。

令，《广韵》去声，四十五劲，力政切。命，去声，四十三映，眉病切。映、劲固同韵类，同声调矣，而纽则令为来母，命为明母，全不同也。按之金文，一器之中，同样用法之下，令命二字互写，知此二字在古初必无不同之读如今日所见者，此其故何耶？又据《诗经》、《左传》借令字以写霝字，霝为平声，《诗经》之令字、苓字、零字大体与平声字为韵，知令字古必有平去二读，如生字之有平去二读，此亦待解者也。

欲审辩此事，有一先决之问题在，即汉字在古初是否一字仅有一音一声调是也。试览《说文音韵表》、《说文声类》诸书，吾辈可将同所从声之字及所从声之原字认为音读大同或极近，而依不易识出之法式微变其音读，然不能贸然认为绝同也。又试思一字之音异其声调者，如颜之推、陆德明所论，《经典释文》及诸古字书所载，其故何耶？颜之推曰：

> 夫物体自有精粗，精粗谓之好恶；人心有所去取，去取谓之好恶。（上呼号、下乌故反。）此音见于葛洪、徐邈，而河北学士读《尚书》云，"好（呼号反）生恶（於谷反）杀"，是为一论物体，一就人情，殊不通矣。（《颜氏家训·音辞篇》）

陆德明曰：

> 夫质有精粗，谓之好恶（并如字）；心有爱憎，称为好恶（上呼报反、下乌路反）。当体即云名誉（音预），论情则曰毁誉（音余）。及夫自败（蒲迈反）败他（蒲败反）之殊，自坏（呼怪反）坏撤（音怪）之异。此等或近代始分，或古已为别，相仍积习，有自来矣。余承师说，皆辨析之。比人言者多为一例。……莫辨复

（扶又反，重）复（音服，反也），宁论过（古禾反，经过）过（古卧反，超过）。……如此之傅，恐非为得。

如斯之例，寻之于古字书及释文，为数极多。此之分别究为后起而古无之耶？抑古本有之，后来渐失，仅存若干例于书中耶？颜、陆对此，并无断定。颜氏举葛洪、徐邈为言，信旧有此别矣，乃同篇中论焉字两读云，"河北混同一音，虽依古读，不可行于今也。"又以"江南学士读《左传》，军自败曰败，打破人军曰败（补败反）……为穿凿"，似心中摇摇未定也。然《公羊传》成于西汉，有曰：

春秋伐者为客，伐者为主。

何休注曰：

伐人者为客，读伐长言之，齐人语也。见伐者为主，读伐短言之，齐人语也。

知此特质之存在早矣！何休以为齐人语者，非齐人造之，乃齐人承古未变耳。古者词句简，字中含此变化，后来表示语法作用之副词增多，如"见伐""所生""以告"之类，于是古汉语中此一特质逐渐消失，另以副词代此多项语法作用矣。

细审之，如此类者，不可以为一字有不类之两读，乃一词缘语法之作用，因其在句中之位置，而有两读。此两读者，乃一源而出之差异，或仅异其声调，或并微异其音质，或缘声调之异而微异其音质。颜说未彻，何例诚精，此固古汉语中之绝大问题，当俟语学家解决之也。

此类变化，所表者必为语法作用，可以无疑，其表示何种语法则未易理解。意者所表者乃多种之语法作用，不限一类，故其头绪不易寻也。如王之读去声（《孟子》可以王，《中庸》王天下之王），是一名用词、一动用词之差异也。伐之急言短言（此别必为声调的），是一主呼、一受呼之差异也。好恶之读去声，是一静用词（与名用本为一类）、一动用词之差异也。正字有征政二读（金文中三字不分），告字有入去二读，疑是一示动作一示所动作之结果之差异也。如斯之例，求之于释文，当甚多矣。

今所论生与性、令与命之音的关系，当不出上列诸类之一。幸有《荀子》一节可以证明此事。

> 生之所以然者谓之生（传本作性，今改正，说见本卷第八章，以下同）。生之和所生，精合感应，不事而自然谓之生。……心虑而能为之动谓之为（传本作伪，据郝氏说改正）。……所以知之在人者谓之知，知有所合谓之知（传本作智，据卢改）。所以能之在人者谓之能，能有所合谓之能。

上为字平声（远支切），下为字读伪，去声（于伪切）。上知字平声，下知字读智，去声。上能字平声，下能字据杨注读耐，去声。（按《乐记》"故人不耐无乐，乐不耐无形，形而不为道，不耐无乱。"郑注曰"耐，古书能字也，后世变之，此独存焉。"）同样句法皆如此，生之一字当不异。生字本有平去两读，则此处上生字当为平，下生字当为去，其读去之生字即后世所谓性字也。性与生字之异读，除声调外，性字多一齐齿介音，此介音如何来，或受声调改变之影响，或受前加仆音，如西藏语此种变化（李方桂先生疑其或如此），当俟语言学家解决之矣。

若言其语法上差异，则上文生，为，知，能，四字作平读者，动词之正格，表动作者也。下文同样四字作去读者，缘动词而成之名词，表动作之所成（resultative）者也。今可举其大齐简言之曰，"生（去读），所生（平读）也"，如以后代分化字体写之，则"性，所生也"。

古书中语法类此者甚多，如：

> 孔子对曰：君君、臣臣、父父、子子。公曰：善哉！信如君不君，臣不臣，父不父，子不子，虽有粟，吾得而食诸？（《论语·颜渊》。）
>
> 老吾老，以及人之老，幼吾幼，以及人之幼。（《孟子·梁惠王上》）
>
> 信信，信也；疑疑，亦信也。贤贤，仁也；贱不肖，亦仁也。（《荀子·非十二子》）

似此之例，如辑类之，可至于无穷。在后世摹拟此种文句者，固不辨其读音依语法而变化，在古初自是语言中之一自然现象，有音差可征。因汉字记音不细密，此等微细处未尝有别，乃为后人所不识耳。

依生与性之关系，以察令与命之关系，两者为一类。令字古有平去二读，如上文所说，韵部又同，所差在纽及介音耳。令开口而命合口者，疑命字之介音或出于纽之影响，纽变为重唇，乃出合口之介音。此处纽之差别为来、明二母。来、明二母古本交错，如来之为麦，繺之为蛮，是其例也。故令命两字之纽如此差异，本非不可想像者，然究缘何事有此差别，亦当虑及也。意者此一词两字之纽，古为复合仆音，或 ml 或 bl，受音调变化之影响，一失其 m 而为后世读令之音，一失其 l 而为后世读命之音，或本为 l，因语法变化加 m 为前支，久而前支 m 成为纽之本身，原有之纽 l，变后混于介音中。凡此涉想，吾将俟语言学家理之。

今可质言者，即令命实为一词，因语法变化，虽为一词而有两读，古者令命两体固为一词，亦各有lm两组，非令从l命从m，后来乃分化为断然不同之二音，复以二体分别表之耳。今依释生字之例，释令命两字之关系曰：令作平声读者，动词之正格，表动作者也，作去声读者（后为命字），缘动词而成之名词，表动作之所成者也。举其大齐简言之，"令（去声），所令（平读）也"，以后代分化字体写之，"命，所令也"。

尚有一事须提及者，即令命二字之收声在古必为n不为ŋ，此可以令命两字在《诗经》与天人诸字为韵求之。此两字在古音中应居段氏第十二真部，王氏第七真部，江有诰氏第十二真部，不与阳、庚、蒸等部相涉也。

兹附假定之图以明此变。

	主动词　动词主格 平声	所成名词　因主动词所示之动作，而成就者，亦即动词受格之变为名词用者。去声
生性一词	sa ŋ（平）	sa ŋ（去） 或 sia ŋ（去）
令命一词	mlin（平） 或 blin（平）	m ω in（去）

〔附志〕按，诸词之王音，其细密之分别与本节论旨无关，故仅用知其相近之音符书之，不必严格定之也。参看高本汉氏书。

三　字义

因形识字，因音识词，因一词之音之微变识词性之作用，因词性之作用可以辨字义矣。一词之众义，在枝蔓群生之后，似觉其离甚远，有时或并不觉其有关系，然由词性作用以求之，其关联多可通或皆可通也。令命之本义为发号施令之动词，而所发之号、所出之令（或命）亦为令（或命）。凡在上位者皆可发号施令，故王令、天令在金文中语法无别也。殷世及周初人心中之天令（或作天命）固"谆谆然命之"也，凡人之哲，吉凶，历年，皆天命之也（见《召诰》）。犹人富贵荣辱皆王命之也。王命不常，天命亦不常；王命不易，天命亦不易（解见次卷）。故天命王命在语法上初无别，在宗教意义上则有差。天命一词既省作命，后来又加以前定及超于善恶之意，而亡其本为口语，此即后来孔子所言之命，墨子所非之命。从此天命一词含义复杂，晚周德运之说，汉世识谶书之本，皆与命之一义相涉矣。

生之本义为表示出生之动词，而所生之本，所赋之质亦谓之生（后来以姓字书前者，以性字书后者）。物各有所生，故人有生，犬有生，牛有生，其生则一，其所以为生者则异。古初以为万物之生皆由于天，凡人与物生来之所赋，皆天生之也。故后人所谓性之一词，在昔仅表示一种具体动作所产之结果，孟、荀、吕子之言性，皆不脱生之本义。必确认此点，然后可论晚周之性说矣。

春秋时有天道人道之词，汉儒有天人之学，宋儒有性命之论。命自天降，而受之者人，性自天降，而赋之者人，故先秦之性命说即当时之天人论。至于汉儒天人之学，宋儒性命之论，其哲思有异同，其名号不一致，然其问题之对象，即所谓天人之关系者，则并非二事也。

中卷释义

第一章 周初人之"帝""天"

在论周人"上帝"、"皇天"之观念以前，宜先识太古之"帝"、"天"为何如之物。

上古中国人之"上帝"、"皇天"观念何自来乎？如何起源？如何演进？此一问题极大，非本书所能悉论。其专属于历史或古代民族学者，当于他处论之（此类文稿多写成于六七年以前，以后分期在本所集刊登载），其与周人天道观有涉各事，则于此章说之。此类问题待说者有三：一、抽象之帝天何自演出？二、殷人之"帝"是人王抑是天神？三、周初之"帝""天"是否袭自商人？此三问题中，以第三题为本章之基础，为解答此题，第一第二两题亦不可无说。

抽象之上帝皇天决不是原始时代之天神观念。早年之图腾标识，自然物与自然力，以及祖先，乃是初民崇拜之对象，从此演进，经若干步程，方有群神之主宰，方有抽象之皇天，方有普照之上帝。由宗神进为上帝，由不相干之群神进为皇天之系统，必经过甚多政治的、社会的、思想的变化，方可到达。此种发展之步程，可于印度、美索布达米、埃及、希腊、以色列各地古宗教史征之。就中国论，古来一切称帝之神王皆是宗神（tribal gods），每一部落有其特殊之宗神，因部落之混合，成为宗神之混合，后来复以大一统思想之发达，成为普遍的混合。《尧典》所载尧廷中诸人，舜、四岳、禹、弃、契、皋陶、垂、益、伯夷、夔、龙、以及殳斨、伯与、朱虎、熊罴，《左传》文十八年所载苍舒、隤敳、梼戭、大临、龙降、庭坚、仲容、叔达、伯奋、仲堪、叔献、季仲、伯虎、仲熊、虎豹、季狸以及帝鸿、少皞、颛顼、缙云，其来源皆是宗神，即部落之崇拜。后来或置之于一堂，或列之于多系，其混合方式要不出于战伐的，文化的，思想的。两民族或两部落攻战之后，一败一胜，征服人者之宗神固易为被征服者所采用，有时被征服者之宗神，亦可为征服人者所采用。文化高者之宗神固可为文化低者因文化接触而采用，有时亦可相反。本非一系一族之部落，各有其宗神，后来奉大一统思想者，亦可强为安置，使成亲属。此等实例累百累千，世界各地之古史皆有之，不以中国为限矣。今举三例以明其变化之大。古者中国南方有拜火教，诸部落奉此教者之宗神，以象物言之曰祝融（后称炎帝），以象功言之曰神农（农融古当为一词）。此一崇拜，其祠祀中心，原在江汉衡湘，后来秦岭山脉中姜姓部落（即上古之羌），奉此祠祀，于是有炎帝神农氏之混合号，于是神农为姜姓之祖矣（说别详）。又如鲧、禹平水土之创世论本为居处西土诸夏部落所奉信，后来以诸夏文化之声威远被，百越奉此祠祀，匈奴受此传说，于是勾践、冒顿皆祖夏禹，而胡、越一家矣。又如耶和华一神本是以色列诸部之一宗神，浸假而为以色列全族之宗神，复以犹太教耶稣教之抽象思想进展，耶和华一神，在后来全失其地域性，在今日为世上一切奉耶稣教各派者之普遍天父矣。

　　殷周人之帝天，其观念之演变及信奉之流传，自亦不免走此一路。余在《新获卜辞写本后记跋》中论此事较详（载《安阳发掘报告》第二期，民国十九年出版），兹移录其数段于下：

　　　　（周人）在这样的接受殷化中最重要的一件事，是竟自把殷人的祖宗也认成自己的祖宗了。周人认娘舅的祖宗本有明例。如："厥初生民，实为姜嫄。"这是认了太王的妻的祖宗。至于认商的始祖，尤其是中国人宗教信仰之进化上一个大关键。这话说来好像奇怪，但看其中的情形，当知此说大体是不误的。

初民的帝天，总是带个部落性的。旧约的耶和华，本是一个犹太部落的宗神。从这宗神演进成圣约翰福音中的上帝，真正费了好多的事，决不是一蹴而成的。商代的帝必是个宗族性的，这可以历来传说商禘帝喾为直证，并可以商之宗祀系统中以帝俊（即帝喾）为高祖为旁证。周朝的上帝，依然和人一样，有爱眷，有暴怒（见《诗·皇矣》），然而已经不是活灵活现的嫡亲祖宗，不过是"践迹"而生。且将在此一事上商周的不同观念作一比较：

商　"有娀方将，帝立子生商。"这是说，商为帝之子，即契为喾之子。

周　"履帝武敏歆。攸介攸止。载震载夙，载生载育，时维后稷。诞弥厥月，先生如达。不坼不副，无菑无害，以赫厥灵。上帝不宁，不康禋祀，居然生子。"这是说：稷为姜嫄之子，而与上帝之关系是较含糊的。

这样看来，虽说殷周的上帝都与宗姓有关系，然而周的上帝确是从东方搬到西土的，也有诗为证。

皇天上帝，临下有赫。监观四方，求民之莫。维此二国，其政不获。维彼四国，爰究爰度。上帝耆之，憎其式廓。乃眷西顾，此维与宅。

把这话翻译成后代的话，大致便是：

大哉上帝，明白的向下看着。监看四方的国家，求知道人民的疾苦。把这两国看，看得政治是不对的。把那四方之国再都一看，看来看去，考量了又考量，上帝觉得他们那样子真讨厌。于是转东西看，看中了意，便住在这里了。

这个上帝虽在周住下所谓"此维与宅"，然而是从东方来的（二国，《毛传》以为夏殷，当不误）。这话已经明说周人之帝是借自东土的了。进一步问，这个上帝有姓有名不呢？曰，有，便是帝喾。何以证之？曰，第一层，"履帝武敏歆"，《毛传》曰，"帝，高辛氏之帝也"。因为我们不能尽信《毛传》，这话还不算一个确证。第二层，《鲁语》上："商人禘喾而祖契，郊冥而宗汤。周人禘喾而郊稷，祖文王而宗武王。……上甲微，能帅契者也，商人报焉，高圉，大王，能帅稷者也，周人报焉。"这句话着实奇怪，照这话岂不是殷周同祖吗？然殷周同祖之说，全不可信，因其除禘帝喾以外全无同处。且周人斥殷，动日"戎商"、"戎殷"，其不同族更可知。然《鲁语》这一段话，又一定是可靠的，因为所说既与一切记载合，而商之禘喾，上甲之受报祭，皆可由殷虚卜辞证明。一个全套而单纯的东西，其中一部分既确切不移，则其他部分也应可信。那么，这个矛盾的现象，如何解释呢？惟一的可能，足以不与此两个都可信的事实矛盾者，即是：商人的上帝是帝喾，周人向商人借了帝喾为他们的上帝，所以虽种族不同，至于所禘者，则是一神。帝者，即所禘者之号而已。第三层，《世本》、《史记》各书皆以为殷周同祖帝喾。这个佐证若无《左传》、《国语》中的明确的记载，我们或者不相信的。但一有《国语》中那个已有若干部分直接证明了的记载，而我们又可以为这记载作一个不矛盾的解释，则《世本》、《史记》的旁证，也可引来张目了。

　　禘、帝是一个字，殷虚文字彝器刻词皆这样。帝郊祖宗报五者，人称，礼号，皆同字，所在地或亦然。帝之礼日帝（禘），帝（禘）时所享之神为帝。祀土之礼日土（社），祀土之所在日土（社），所祀之人亦日土，即相土。殷之宗教，据今人研究卜辞所得者统计之，除去若干自然现象崇拜以外，大体是一个祖先教，而在这祖先教的全神堂（Pantheon）中，总该有一个加于一切之上的。这一个加于一切之上的，总不免有些超于宗族的意义。所以由宗神的帝喾，变为全民的上帝，在殷商时代当已有相当的发展，而这上帝失去宗神性最好的机会，是在民族变迁中。乙民族用了甲民族的上帝，必不承认这上帝只是甲民族的上帝。《周诰》《周诗》是专好讲上帝三心二意的，先爱上了夏，后来爱上了殷，现在又爱上了周的。这样的上帝自然要抽象，要超于部落民族，然而毕竟《周诗》的作者，不是《约翰福音》的作者，也不是圣奥古斯丁，还只是说上帝是"谆谆然命之"的。

古经籍中之帝喾即甲骨卜辞中之夋（或曰"高祖夋"），而甲骨文中之夋，即《山海经》之帝俊，王国维已确证之（《观堂集林》九），在今日已成定论矣。试一统计甲骨卜辞中"帝"之出现数，尤觉殷人之单称"帝"者，必为其所奉为祖宗者之一，以其对此单称帝者并无祭祀也。据孙氏海波《甲骨文编》，共收帝字六十四，除重出者一条外，凡得六十三，其中单称"帝"者二十六：

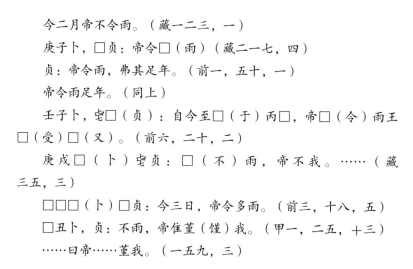

今二月帝不令雨。（藏一二三，一）

庚子卜，□贞：帝令□（雨）（藏二一七，四）

贞：帝令雨，弗其足年。（前一，五十，一）

帝令雨足年。（同上）

壬子卜，宅□（贞）：自今至□（于）丙□，帝□（令）雨王□（受）□（又）。（前六，二十，二）

庚戌□（卜）宅贞：□（不）雨，帝不我。……（藏三五，三）

□□□（卜）□贞：今三日，帝令多雨。（前三，十八，五）

□丑卜，贞：不雨，帝隹堇（馑）我。（甲一，二五，十三）

……曰帝……堇我。（一五九，三）

庚戌卜，贞：帝其降堇。（前三，二四，四）

□□卜，贞……帝……降□（堇）。（前四，十七，六）

我其巳（祀）宾，乍（则）帝降若。（前七，三八，一）

我勿巳宾，乍（则）帝降不若。（同上）

丙子卜，㱿贞：帝弗若。（藏六一，四）

帝弗若。（后下十四，四）

贞王乍（作）邑，帝若。（藏二二〇，三）

贞王乍（作）邑，帝若。（后下十六，十七）

贞勿伐𠃌，帝不我其受又（祐）。（前六，五八，四）

……伐𠃌方，帝受（授）我又。（甲一，十一，十三）

帝弗凸于王。（藏一九一，四）

贞帝弗其奠王。（后下二四，十二）

贞帝于令。（前三，二四，六）

庚戌卜，贞：山𤔲𤔲佳帝令伇（前五，二五，一）

贞帝弗□丝□。（前七，十五，二）

戊寅卜，宾贞：帝……（同上）

甲午卜，㱿贞：帝……（菁十，八）

其用为动词即后来之"禘"字者十七：

贞帝于王亥。（后上十九，一）

戊戌□（卜）帝黄夹二犬。（前六，二一，三）

帝黄夹三犬。（同上）

戊戌卜，帝于夹□。（甲一，十一，六）

甲辰卜，宾贞：帝于……（后上二六，五）

辛酉卜，亘贞：方帝，卯一牛，山南。（前七，一，一）

方帝。（甲一，十一，一）

勿方帝。（同上）

丁巳卜，贞：帝𤎼（㷨）。（前四，十七，五）

贞帝𤎼三羊三豕三犬。（同上）

癸酉贞：帝五丰，其三牢。（后上二六，十五）

丙戌卜，贞：叀犬山豕帝。（前七，一，二）

……帝既……于……豕二羊。（藏一七八，四）

帝隹癸其雨不（否）……（前三，二一，三）

……丝丁不隹帝曰……（藏二，一 戬三二，五）

贞帝。（甲一，十一，十八）

往隹帝（甲一，二九，十一）

其用为先王之名号者六：

□□卜，贞：大……王其又……文武帝（即文武丁，即文丁）……王受㞢。（前一，二二，二）

乙丑卜，□（贞）：其又久□□（文）武帝……三牢正□（王）□（受）㞢。（前四，十七，四）

……文武帝……（甲二，二五，三）

……王……久……帝……㞢。（前四，二七，三）

己卯卜，𡧊贞：帝甲（即祖甲）㺇……其眔且丁……（后上四，十六）

□酉卜，𡧊□（贞）：帝甲丁……其牢。（戬五，十三）

其词残缺或其义不详者十四：

隹帝……昌西：（藏八七，四）

……帝……（藏八九，三）

壬□卜，宾贞：帝……（藏一〇九，三）

贞帝……（藏二五七，三）

丁亥□（卜），䝱贞：□隹帝……（藏二六七，一）

隹帝臣令。（余七，二）

　　壬午卜，寮土从✠帝乎……（拾一，一）

　　……帝……李（前一，三一，一）

　　□子卜，贞：✿□帝……（前五，三八，七）

　　……帝于⿰亻皿□帝……（前六，三十，三）

　　贞……立……帝……（后下九，六）

　　……帝⿰弓丿艹⿰女⿱丿十……（后下三十，二）

　　□子卜……帝……（甲二，二五，五）

　　□□卜，贞……王其：帝……（后下三二，十五）

　　又有孙书收入合文之一片，关系重要，并列于此。

　　……兄……上帝……出……（后上，二十八）

　　依此统计（各条由同事胡福林君为我检出，谨志感谢。又，《甲骨文编》未收最近出版者及王氏襄书，故此统计不可谓备，然诸家著录之甲骨文多杂具各时代，皆非所谓"选择标样"，故在统计学的意义上，此一"非选择的标样"之代表性甚大。后来如广为搜罗，数量诚增加，若范畴之分配，则必无大异于此矣），知商人禘祭之对象有彼所认为高祖者，如王亥，有图腾，如⿰巾帝（此以字形知其为图腾）。其称先王为帝者，有祖甲，有文丁，皆殷商晚世之名王，虽无帝乙，帝乙之名必与此为同类也（当由纣时卜辞不在洹上之故）。先王不皆受禘祭，受禘祭者不皆为先王，先王不皆号帝，号帝者不皆为先王，知禘礼独尊，帝号特异，专所以祠威显，报功烈者矣。其第一类不著名号之帝，出现最多，知此"不冠字将军"，乃是帝之一观念之主要对象。既祈雨求年于此帝，此帝更能降馑，降若，授佑，此帝之必为上天主宰甚明。其他以帝为号者，无论其为神怪或先王，要皆为次等之帝，所谓"在帝左右"、"配天"、"郊祀"者也。意者最初仅有此不冠字之帝，后来得配天而受禘祭者，乃冠帝字，冠帝字者既有，然后加"上"字于不冠字之主宰帝上，而有"上帝"一名。此名虽仅一见于甲骨卜辞，载此之片，仅余一小块，"上帝"之上下文皆阙，然此上帝必即上文第一类不冠字之帝，亦必即周人之上帝，见于《周诰》、《雅》、《颂》大丰敦宗周钟者，按之情理，不容有别解也。此上帝之必为帝喾，即帝俊者。有一事足以助成此想：如此重要之上帝，卜辞中并无专祀合祀之记载，是此帝虽有至上之神权，却似不受人间之享祀者然，固绝无此理也。然则今日所以不见祀此不冠字帝之记载者，必此不冠字之帝即在商人祭祀系统中，祀时著其本名，不关祀事者乃但称帝（或依时期而变易）。此"上帝"既应于殷商祭祀系统中求其名称，自非帝俊无以当之，此帝俊固为商人称作"高祖"，亦固即经典中之帝喾也（商人祀典，自上甲以下，始有次序可考。此外称高祖者二，一为夋，一为亥。明知其非祖先者二，一曰河〔旧释姚乙〕，一曰岳〔即四岳之岳〕。此外每作动物形，此类似皆为自图腾演化而出之宗神，然其相互之关系则不易考也）。

周人袭用殷商之文化，则并其宗教亦袭用之，并其宗神系统中之最上一位曰"上帝"者亦袭用之。上帝经此一翻转移，更失其宗神性，而为普遍之上帝。于是周人以为"无党无偏"以为"其命无常"矣。今日读《诗》、《书》，心知其意者，或觉其酷似《旧约》矣。

一位治汉学之美国人语余曰，天之观念疑自周起，天子之称，疑自周人入主中夏始。按，周之文化袭自殷商，其宗教亦然，不当于此最高点反是固有者。且天之一字在甲骨文虽仅用于"天邑商"一词中，其字之存在则无可疑。既有如许众多之神，又有其上帝，支配一切自然力及祸福，自当有"天"之一观念，以为一切上神先王之综合名。且卜辞之用，仅以若干场所为限，并非记当时一切话言之物。《卜辞》非议论之书如《周诰》者，理无需此达名，今日不当执所不见以为不曾有也。《召诰》曰，"皇天上帝，改厥元子，兹大邦殷之命"，此虽周人之语，然当是彼时一般人共喻之情况，足征人王以上天为父之思想，至迟在殷商已流行矣。夫生称"天君"，死以"配天"之故乃称帝，是晚殷之骄泰也，生称天子，死不称帝，是兴周之竞竞也（天子之称，虽周初亦少见。今日可征者，仅周公敦中有天子一词，而作册大方鼎称王曰"皇天尹〔君〕"，其余称王但曰王。自西周中叶以后，天子之称始普遍，知称天以况王辟，必周初人承受之于殷商者也。然则天子之一思想，必不始于周人，其称谓如此，则虽周初亦未普遍也）。

第二章　周初之"天命无常"论

一　《周诰》、《大雅》之坠命受命论及其民监说人道主义之黎明

《周诰》之可信诸篇中，发挥殷丧天、命周受天命之说最详，盖周王受命说即是周公、召公、成王施政教民告后嗣之中央思想，其他议论皆用此思想为之主宰也。此思想之表见大致可分为反正两面，在反面则畅述殷王何以能保天之命，其末王何以失之，在正面则申说文王何以集大命于厥身。以此说说殷遗，将以使其忘其兴复之思想，而为周王之荩臣也；以此说说周人，将以使其深知受命保命之不易，勿荒逸以从殷之覆辙也；以此说训后世，将以使其知先人创业之艰难，后王守成之不易，应善其人事，不可徒依天怙天以为生也。虽出词之轻重有异，其主旨则一也。《周诰》诸篇及《大雅》若干篇皆反覆申明此义者，今引数节以明之，读者可就《周诰》反复诵思，以识其详焉（西周金文中亦言"受命"、"坠命"，引见上篇第一章，虽所说与《周诰》、《大雅》所说者为一事，而鲜有发挥，故今所举但以《周诰》、《大雅》为限）。

其论殷之坠命曰：

> 我闻惟曰，在昔殷先哲王，迪畏天，显小民，经德秉哲，自成

汤咸至于帝乙。成王畏（从孙诒让读。疑畏下脱天字。）相惟御事厥棐（《周语》中，裴字皆应作非或匪，孙说）。有恭（共）。不敢自暇自逸，矧曰其敢崇饮？……我闻亦惟曰，在今后嗣王酗身，厥命罔显，于民祇保（两句并从孙诒让读），越怨不易。诞惟厥纵淫佚于非彝，用燕丧威仪，民罔不尽伤心，惟荒腆于酒。不惟自息，乃逸，厥心疾很不克畏死，辜在商邑，越殷国灭无罹。弗惟德馨香祀登闻于天，诞惟民怨庶群自酒腥闻在上。故天降丧于殷，罔爱于殷，惟逸。天非虐，惟民自速辜。

王曰，封，予不惟若兹多诰，古人有言曰，人无于水监，当于民监。今惟殷坠厥命，我其可不大监抚于时。（以上《酒诰》）

周公曰：呜呼！我闻曰：昔在殷王中宗，严恭寅畏天命，自度，治民祇惧，不敢荒宁。肆中宗之亨国七十有五年。其在高宗，时旧劳于外，爰暨小人。作其即位，乃或亮阴，三年不言。其惟不言，言乃雍。不敢荒宁，嘉靖殷邦，至于小大，无时或怨。肆高宗之享国五十有九年。其在祖甲，不义惟王，旧为小人。作其即位，爰知小人之依，能保惠于庶民，不敢侮鳏寡。肆祖甲之享国卅有三年。自时厥后，立王生则逸。生则逸，不知稼穑之艰难，不闻小人之劳，惟耽乐之从。自时厥后，亦罔或克寿，或十年，或七八年，或五六年，或四三年。（《无逸》。此处汉石经在宋世犹存一块，洪氏据之，谓："独阙祖甲，计其字当在中宗之上。"段懋堂《尚书撰异》云："是《今文尚书》与《古文尚书》大异。……此条今文实胜古文。"此言诚是，然《隶释》所载仅一小块，无从据之恢复原文，兹仍用开成本。）

凡此皆谓殷之先王勤民毋逸，故足以负荷天命，及其末王，不述祖德，荒于政事，从于安乐，乃丧天命。

其论周之受命曰：

昔我丕显考文王，克明德慎罚，不敢侮鳏寡，庸庸，祗祗，畏威（今本作威威，据汉儒遗说改，即《诗》之"畏天之威"也。）显民，用肇造我区夏（周人每自称夏，除此处自称区夏以外，《立政篇》亦言"伻我有夏，式商受命"，《诗》亦言"我求懿德，肆于时夏"，"无此疆可界，陈常于时夏"。说详拙著《夷夏东西说》），越我一二邦以修我西土。惟时怙冒闻于上帝，帝休，天乃大命文王殪戎殷，诞受厥命。（《康诰》）

周公曰：呜呼！厥亦惟我周大王王季克自抑畏。文王卑服，即康功田功，徽柔懿共，怀保小人，惠于矜寡。（以上三句中字，据汉石经残片改。）自朝至于日中昃，不遑暇食，用咸和万民。文王不敢盘于游田，以庶邦维正之共。文王受命惟中身，厥享国五十年。（《无逸》）

昔君文王、武王，宣重光，奠丽陈教，则肄肄不违，用克达（挞也《诗·商颂》"挞彼殷武"）殷集大命。（《顾命》）

惟此文王，小心翼翼，昭事上帝，聿怀多福。厥德不回，以受方国。（方，西方。国，四国。《大雅·大明》）

凡此皆谓文王之所以受天大命者，畏天，恤民，勤政，节俭，以致之也。

其告嗣王以敬保天命之义（周公告成王）曰：

旦曰：……节性（生），惟日其迈，王敬作所不可不敬德。我不可不监于有夏，亦不可不监于有殷。我不敢知曰，有夏服天命惟有历年，我不敢知曰，不其延。惟不敬厥德，乃早坠厥命。我不敢知曰，有殷受天命惟有历年，我不敢知曰，不其延。惟不敬厥德，乃早坠厥命。今王嗣受厥命，我亦惟兹二国命嗣若功。王乃初服。呜呼！若生子，周不在厥初生，自贻哲命。今天其命哲，命吉凶，命历年。今我初服，宅新邑，肆惟王其疾敬德。王其德之用祈天永命。

此谓应以明德为永命之基，后王不可徒恃先王之受天命而不小心翼翼以将守之也。

其告亡国臣民以服事有周之理由曰：

王若曰：尔殷遗多士！弗吊旻天（吊，淑，古一字。）大降丧于殷。我有周佑命，将天明威致王罚，敕殷命终于帝。肆尔多士！非我小国敢弋（孙以弋为翼，本之《释文》，并以为训教。按：如训敬，文义难通。疑即代字。代字古当为入声，以从代之怂为入声也。高本汉说）殷命，惟天不畀允罔固（从孙读），乱弼我，我其敢求位？惟帝不畀，惟我下民秉为，惟天明畏。我闻曰，上帝引逸。有夏不适逸则，惟帝降格响于时。夏弗克庸帝，大淫佚有辞。惟时天罔念闻，厥惟废元帝，降至罚。乃命尔先祖成汤革夏，俊民，甸四方。自成汤至于帝乙，罔不明德恤祀。亦惟天丕建，保义有殷。殷王亦罔敢失帝，罔不配天其泽。在今后嗣王，诞罔显于天，矧曰其有听念于先王勤家？诞淫厥泆，罔顾于天，显民祗。惟时上帝不保，降若兹大丧。惟天不畀不明厥德，凡四方小大邦丧，罔非有辞于罚。（上文乱字，率之讹也。）

王若曰，尔殷多士！今惟我周王丕灵承帝事，有命曰，割殷，告敕于帝。惟我事不贰适，惟尔王家我适。予其曰，惟尔洪无度，我不尔动自乃邑。予亦念天，即于殷大庆肆不征。王曰，猷告尔多士！予惟时其迁居西尔。非我一人奉德不康宁，时惟天命。（以上《多士》。《多方》辞大同，旨无异。）

穆穆文王，于缉熙敬政。假哉天命，有商孙子。商之孙子，其
丽不亿，上帝既命，侯于周服。

侯服于周，天命靡常。殷士肤敏，裸将于京。厥作裸将，常服
黼冔。王之荩臣，无念尔祖。

无念尔祖，聿修厥德。永言配命，自求多福。殷之未丧师，
克配上帝。宜鉴于殷，峻命不易。（《大雅·文王》）。胡适之先
生谓"王之荩臣，无念尔祖"云云，皆对殷遗士言，勉此辈服事新
朝，无怀祖宗荣光之想，但求应天之新命，自求多福耳。其说甚
当。）

此以革命之解告示殷遗，谓昔者殷先王能尽人事，故能膺天命，今
既以淫佚遭天之罚，天既改其大命，命周以王业矣，尔辈不当犹恋恋前
王之烈也。凡此革命之解，以人事为天命之基础，以夏殷丧邦为有应得
之咎者，果仅周公对殷逸之词，用以慑服之，用以信喻之耶？抑此本是
周公之一贯思想耶？按之前所引《无逸》诸篇及《诗经·大雅》、《周
颂》之"峻命不易"论，当知周公对自己，对亡国，虽词有重轻，乃义
无二说。设若殷多士中有人起而问曰："准公所言，若周之后王不能畏
天显民，亦将臣服他姓乎？"周公如舍其征服者尊严之不可犯，必将应
之曰"然"。如此则类似清汗雍正与曾静之辩论矣。此等辩论究不可常
见，此辈殷多士中似鲜忠烈之人，方救死之不暇，不特不敢作此问，恐
亦无心作此想。然而周公以此语告其同姓同僚矣。《君奭篇》云：

周公若曰，君奭！弗吊天降丧于殷，殷既坠厥命，我有周既
受。我不敢知曰，厥基永孚于休？若天棐（非之借字也，孙诒让
说，见《骈枝》及《述林》）忱〔诚也，"天非忱（或作谌）"，
"天难谌斯"皆谓天不可信其必然也〕，我亦不敢知曰，其终出于

不祥？呜呼！君已曰时我，我亦不敢宁（安也）于上帝命，弗永远念天威越（与也，孙说）我民。周尤违，惟人。在我后嗣子孙，大弗克共上下，遏佚前人光，在家，不知天命不易，天难谌（难谌即棐忱也），乃其坠命，弗克经历嗣前人共明德（作一句读，孙说。余疑此十字应在"在家"下），在今予小子旦，非克有正，迪惟前人光施于我冲子。又曰天不可信（又曰有曰也，有人曰天不可信。孙说），我迪（原作道，迪之误字也。据王引之说改）惟宁（文之误字）王德延，天不庸释于文王受命。

此论现身说法，明切之至。此辞之作，盖当周公将归政于成王，勉召公以勤辅弼之，故下文历陈前代及周初之贤辅，而结以"祗若兹往，敬用治"也。伪书序以为"召公不悦，周公作《君奭》"，真闭眼胡说矣。

寻周公此论之旨，可以归纳于"天命靡常"一句中，所谓"峻命不易"，"其命匪谌"，亦皆此语之变化也。"天命靡常"者，谓天命不常与一姓一王也。"峻命不易"者，言固保天命之难也。〔按，《郑笺》云"天之大命不可改易"，《大诰》有"尔亦不知天命不易"句，《莽诰》作"岂亦不知命之不易乎"，师古曰："言不知天命不可改易"。今寻释《诗》、《书》中此类词句之上下文，知此解非是。《周颂·敬之章》曰："敬之敬之，天维显思，命不易哉！无曰高高在上，陟降厥士（疑本作土），日监在兹。"岂可以不易为不可改易乎？朱传，"不易，言其难也"，此用论语"为君难为臣不易"之训以解此。朱传超越毛郑者多矣，此其一事也。（按，朱从《释文》。）〕"天命匪谌"者（《大诰》"天棐忱辞"，《大明》"天难谌斯"，皆与此同义。孙说），言天命时依人事而变易，不可常赖，故曰"靡不有初，鲜克有终"也。周公将归政时，天下事既大定矣，周公犹不能信周之果能常保天眷也，而致其疑辞曰，殷既坠命，周既受命，果周基之可永耶？周其亦将出于不祥如殷商夏后之末世耶？复自答此问曰：我不敢安于上天之命，嗣王其永念天威，以民为监，毋尤人，毋违命，凡事皆在乎人为耳。设若我之后嗣子孙不能协恭上下，反遏失前王之光烈，而不知保固天命之不易，不知天命之难恃，则必丧其天命矣。凡此所云，可用求己勿尤人，民监即天监两语归纳之。如是之"人定胜天"说，必在世间智慧甚发达之后，足征周虽小邦，却并非野蛮部落也。

一切固保天命之方案，皆明言在人事之中。凡求固守天命者，在敬，在明明德，在保乂民，在慎刑，在勤治，在无忘前人艰难，在有贤辅，在远憸人，在秉遗训，在察有司，毋康逸，毋酣于酒。事事托命于天，而无一事舍人事而言天，"祈天永命"，而以为"惟德之用"。如是之天道即人道论，其周公之创作耶？抑当时人本有此论耶？由前一解，可以《周诰》为思想转变一大枢纽，由后一解，周公所言特是人道黎明中之一段记载，前此及同时相等之论不幸失其传耳。今有两证，足明后解之近实。

　　古人有言曰："人无于水监，当于民监。"《酒诰》有曰"天不可信"，我迪惟宁（文）王德延。（《君奭》。孙曰："谓有是言曰，犹云有言曰。"）

据此，知民监而上天难恃之说，既闻于当时，更传自先世，其渊源长矣，周公特在实际政治上发挥之耳。至于此古人为何时之人，谓"天不可信"者为何人，今固不可考，要以所谓商代老成人者为近是。商代发迹渤海，奄有东土，（说详拙著《东北史纲》卷一，及《夷夏东西说》载《历史语言研究所集刊》外编第一），臣服诸夏，载祀六百。其本身之来源固为北鄙杀伐之族，其内服外服中，则不少四方多识多闻之士。《多士》所谓"夏迪简在王庭，有服在百僚"者，其一类也。此辈饱经世变，熟识兴亡，非封建制度下之奴隶，而为守册守典之人，故有自用其思想之机会。不负实际政治之责任，故不必对任何朝代族姓有其恶欲。统治阶级不能改换思想，被统治阶级不能负任何思想之责任，赖他人启之，方成力量。凡思想之演变，其发端皆起于中流，世界史供给我辈以无数实例矣。殷墟记载所表示之思想系统乃当时王家之正统思想，虽凭借之地位至高。却不必为当时最进展之思想，且必较一部分王臣之思想为守旧。世已变矣，而统治者不能变其心也。变其心者，新兴之族，新兴之众，皆易为之，而旧日之宗主为难。按之历史，此理至显也。

虽然，周之兴也，亦有其特征焉。惟此特征决不在物质文明，亦未必在宗法制度耳。何以言之？中央研究院发掘殷墟之工作已历八年，于累经毁损之墓中获见不少殷商遗物，其冶金之术，琢玉之工，犹使今人为之惊佩。其品物形色之富，器用制作之精，兵器种类之众，亦未发掘前所不能预料者也。以此与世上已知之周初遗物，及中央研究院所发掘者比，知周之代商，绝不代表物质文化之进展。凡周初所有者，商人无不有之，且或因易代之际，战事孔炽，文化沉沦不少，凡商人所有者，周初人未必尽有之，或有之而未若商人之精也。从此之后，一切疑殷商文化不及周初之见解，应一扫而空。故曰，殷周之际，文化变转之特征，决不能在物质文明也。至于宗法制度，后人皆以为商人兄终弟及，周人长子承统矣。夷考其实，商末康祖丁、武乙、文武丁、帝乙、帝辛五世，皆传子，无所谓兄终弟及也。周初太王舍太伯而立王季，武王之兄伯邑考不得为大宗，周公且称王，则亦兄终弟及，仅立冲子为储有后来授政之诺言耳（如鲁隐公所说）。且武王之卒，已登大耄，其长子成王乃仅在冲龄，亦似非近情之说。晋公盆云：

晋公云，我皇祖唐公，□受大令，左右武王，□□百蛮，广嗣四方，至于大廷，莫不事□。（王）命唐公，□它京师。

唐公相传为成王之小弱弟，成王在武王殂落时尚在冲龄，则其小弱弟唐公必不能左右武王，征伐百蛮矣。唐公既能左右武王，则武王殂落时，唐公年岁至少在二十以上矣。然周公称王时成王实在冲龄，有《周诰》可证。是则唐公非成王之弟，乃成王之兄也（《召诰》，"有王虽小，元子哉。"此即同篇"皇天上帝改厥元子兹大邦殷之命"之元子，谓天之元子，非谓武王之元子也。观上下文自明）。唐公之上尚有封于邢者（见《左传》），足征成王之立，容为立嫡，决非立长，或周公不免有所作用于其间，于是管蔡哗然，联武庚以变耳。从此可知周人传长子之法，是后人心中之一理想标准，周初并未如此实行，而周公之称王，大有商人遗风焉。故曰，殷周之际大变化，未必在宗法制度也。既不在物质文明，又不在宗法制度，其转变之特征究何在？曰，在人道主义之黎明。

年来殷墟发掘团在清理历代翻毁之殷商墓葬群中所得最深刻之印象，为其杀人殉葬或祭祀之多。如此大规模之人殉，诚非始料所及，盖人殉本是历史上之常事，不足怪，所可怪者，其人殉人祭之规模如此广大耳。人殉之习，在西洋用之极长，不特埃及、美索不达米、小亚细亚等地行之，即至中世纪末，北欧洲犹存此俗。在中国则秦后不闻，而明初偶行之，明太祖诸妃皆殉，此习至英宗始革者，以承元之后，受胡化也（见《朝鲜实录》等）。清初未入关时亦行此制。人祭则久亡矣。殷商时期人殉人祭犹如此盛行，而后此三四百年《左传》所记，凡偶一用此，必大受责难。秦染于西戎之俗，始用此制，中国遂以夷狄遇之（据《史记》，秦武公卒，初以人从死，献公元年，止从死）。宋哀公偶以人祭，公子目夷乃曰，"得死为幸"。下至孔子，时代非遥，然《孟子》述孔子之言曰，"'始作俑者，其无后乎？'为其象人而用之也！"是春秋晚期已似完全忘却五六百年前有此广溥之习俗，虽博闻如孔子者，犹不得于此处征殷礼也。数百年中，如此善忘，其变化大矣，其变化之意义尤大。吾疑此一变化之关键在于周之代商，其说如下。

按之殷人以人殉以人祭之习，其用政用刑必极严峻，虽疆土广漠（北至渤海区域，西至渭水流域，南至淮水流域，说详《夷夏东西说》），政治组织弘大（"越在外服，侯田男卫邦伯，越在内服，百僚庶尹"），其维系之道，乃几全在武力，大约能伐叛而未必能柔服，能立威而未必能亲民。故及其盛世，天下莫之违，一朝瓦解，立成不可收拾之势。返观周初，创业艰难，"笃公刘，匪居匪康……乃裹糇粮……爰方启行……于胥斯原，（胥地名，胡适之先生说）……于豳斯馆，涉渭为乱"。"古公亶父，陶复陶穴，未有家室。……率西水浒，至于岐下。爰及姜女，聿来胥宇"。至于文王，"小心翼翼，昭事上帝"，"克明德慎罚，不敢侮鳏寡，庸庸祗祗，畏威显民"。综合数代言之，自"大王王季，克自抑畏，文王卑服，即康功田功，徽柔懿共，怀保小人，惠于矜寡"。如此微薄起家，诚合于所谓"旧为小人，作其即位，爰知小人之依，能保惠于庶民"者。盖周之创业，不由巨大之凭借，其先世当是诸夏之一小部，为猃狁压迫，流亡岐周，作西南夷中姜姓部落之赘婿，"险阻艰难，备尝之矣。民之情伪，尽知之矣"。一而固能整齐师旅，一而亦能收揽人心，于是"柔弱胜刚强"，斗力亦斗智，西自阻共，南被江汉，所有西南山中之部落"庸、蜀、羌、髳、微、庐、彭、濮人"皆为所用。东向戡黎，而殷王室恐矣。矢于牧野，无贰厥心，虽"殷商之旅，其会如林"，亦无济于事矣。此其所谓"善政（政古与征为一字，含戡定之义）不如善教之得民"耶？此其所谓"纣有亿兆人，离心离德，予有率（乱）臣十人，同心同德"者耶？凡此恤民而用之，慎刑以服之，其作用固为乎自己。此中是否有良心的发展，抑仅是政治的手腕，今亦不可考知。然既走此一方向，将数世积成之习惯，作为宝训，谆谆命之于子孙，则已启人道主义之路，已至良心之黎明，已将百僚庶民之地位增高。于是商人仲虺"侮亡"之诰，易之以周人史佚"勿犯众怒"之册。为善与为恶一般，无论最初居心何在，一开其端。虽假亦可成真，此亦所谓"久假而不归，恶知其非有也？"

此路既开，经数百年，承学之大儒孔丘、孟轲，竟似不知古有人殉人祭之事！

二　敬畏上帝之证据

或曰，如君所言，是周初之帝天观仅成一空壳，虽事事称天而道之，然既以为万事皆在人为而天命不可恃，其称天亦仅口头禅耳，其心中之天不过口中之一符号，实际等于零矣。其然，岂其然乎？

吾将申吾说曰，决无此事也。以为既信人力即不必信天力者，逻辑上本无此必要，且人类并非逻辑的动物，古代人类尤非逻辑的动物。周初人能认识人定胜天定之道理，是其思想敏锐处，是由于世间知识饱满之故，若以为因此必遽然丧其畏天敬天之心，必遽然以为帝天并无作用，则非特无此必然性，且无此可然性，盖古代人自信每等于信天，信天每即是自信，一面知识发达，一面存心虔敬，信人是其心知，信天是其血气，心知充者，血气亦每旺也。如苏格拉底，柏拉图，其智慧何如？其虔敬又何如？如牛顿，如戴嘉，其智慧何如？其虔敬又何如？后代哲人尚如此，遑论上古之皇王侯辟？遍观中国史，凡新兴之质粗部落几无不信天称天者，此适足以坚其自信，而为成功之一因也。所有关于匈奴、蒙古、满洲信天之记载今犹班班可考，今举饶有意味者一事。徐霆《黑鞑事略》云：

> 其卜筮则灼羊之枚子骨，验其文理之逆顺，而辨其吉凶。天弃天予，一决于此，信之甚笃，谓之烧琵琶。事无纤粟不占，占不再

四不已。（原注，霆随一行使命至草地，鞑主数次烧琵琶，以卜使命去留。想是琵琶中当归，故得遣归。烧琵琶，即燔龟也。）其常谈必曰："托着长生天的气力，皇帝的福荫。"彼所欲为之事，则曰"天教恁地"；人所已为之事，则曰"天识着"。无一事不归之天，自鞑主至其民无不然。

又云：

> 其行军……则先烧琵琶，决择一人统诸部。

此所说者，蒙古建国时之俗。玩其辞意，乃令人恍忽如在殷周之际。

《大雅》所载周王之虔敬帝天，事神，重卜，上帝皇天俨然"如在其上，如在其左右"者，今引数章以为证。其关于上帝"改厥元子大邦殷之命"，命周绍治下民者，如下：

> 皇矣上帝，临下有赫。监观四方，求民之莫（瘼）。维此二国，其政不获。维彼四国，爰究爰度。上帝耆之，憎其式廓。乃眷西顾，此维与宅。
>
> ……帝迁明德，串夷载路。天立厥配，受命既固。帝省其由，柞棫斯拔，松柏斯兑。帝作邦作对，自太王王季。
>
> ……帝谓文王，无然畔援，无然歆美，诞先登于岸。
>
> ……帝谓文王，予怀明德。不大声以色，不长夏以革，不识不知，顺帝之则。
>
> 帝谓文王，询尔仇方，同尔兄弟，以尔钩援，与尔临冲，以伐崇墉。（《皇矣》）

此真所谓"谆谆然命之矣"。似文王日日与上帝接谈者然，事无巨细，一听天语，使读者如读《旧约》，或读《启示录》，或读《太平洪王诏书》一般。其言上帝赫赫下监者则云：

> 明明在下，赫赫在上。天难忱斯，不易维王。天位殷适，使不挟四方。（"天难忱斯"，论天，"不易维王"，论人，正接上文之"在下"、"在上"。谓天不可恃其必为己，王业之创守并非易事，天位自殷他适，使其不复制四方也。）
>
> ……天监在下，有命既集。（《大明》）

其言文王翼翼、上承天命者则云：

> 维此文王，小心翼翼。昭事上帝，聿怀多福。厥德不回，以受方国。
>
> 殷商之旅，其会如林。矢于牧野，维予侯兴。上帝临女，无贰尔心！（《大明》）

此即金文所谓"严在上，翼在下"，言上令而下承也。其言先王在天在帝左右者则云：

> 文王在上，於昭于天。周虽旧邦，其命维新。有周不显，帝命不时。文王陟降，在帝左右。（《文王》）
>
> 下武维周，世有哲王。三后在天，王配于京。（《下武》）

其祈福之词则云：

昭兹来许，绳其祖武。于万斯年，受天之祜。（《下武》。《周语》中多祈天降福辞，不遍举。）

其用卜之辞则云：

爰始爰谋，爰契我龟。（《绵》）

考卜维王，宅是镐京。维龟正之，武王成之。武王烝哉！（《文王有声》）

其言"天命匪谌"者，则有《大明》之首章（引见前），《荡》之首章。

荡荡上帝，下民之辟。疾威上帝，其命多辟。天生烝民，其命匪谌，靡不有初，鲜克有终。（按，此为周初诗，下文皆载文王斥商之词，绝无西周晚期痕迹。荡荡即《洪范》"王道荡荡"之荡荡，亦即《诗》"汶水汤汤"之汤汤，言其浩大也。上辟字训君，《诗》、《书》之辟字多此训。下辟字训法，即"如何昊天，辟言不信"之辟。后世刑辟之辟，亦即此训所出。此章言：此广大之上帝，是下民之君也，此严威之上帝，其命多峻厉也。天之生斯民也，其命未尝固定。初曾眷顾者，后来皆弃之，夏殷是也。称上帝之严威，为下文斥商之张本；称天命匪谌，为下文殷鉴在于夏后之基论。"靡不有初，鲜克有终"二句，正以释"其命匪谌"者。如此解之，本章文义固顺，与下文尤顺，乃《毛传》、《郑笺》固执诗之次序，以为此诗既在《民劳》、《板》之后，必为西周晚年刺诗，于是改下辟字之音以为邪僻字。于是谓全篇之"文王曰咨"为设辞，以上帝为厉王，可谓"道在迩而求诸远，事在易而求诸难"矣。）

其言固守天眷之不易者，则有《周颂·敬之篇》：

> 敬之敬之，天维显思，命不易哉！无曰高高在上，陟降厥土，日监在兹。

所有天命匪谌，峻命不易，皆与《周诰》陈说之义全合。《雅》、《颂》中此若干篇与周公之《周诰》，论其世则为同时（此举大齐言），论其事则皆言殷周易命，故相应如此。其详略不同者，《周诰》为论政之书，《大雅》为庙堂之乐章，既以论政为限，故人事之说多；既以享祀为用，故宗教之情殷。若必强为分别，则《大雅》此若干篇，其时代有稍后于周公诰书之可能，决无先之之可能，岂有帝天已成空壳，忽又活灵活现之理乎？推此意而广之，吾辈今日亦不能据殷商卜辞认为殷人思想全在其中，以为殷无人谋，只有卜谋也。殷人"有册有典"，此典册若今日可得见者，当多人谋之词，而不与卜辞尽同其题质，亦因文书之作用不同，故话言有类别也。然则今日若遽作结论曰，殷商全在神权时代中，有神谋而无人谋，自属不可通。以不见不知为不存不在，逻辑上之大病也。

周初人之敬畏帝天，其情至笃，已如上所证矣。其心中之上帝，无异人王，有喜悦，有暴怒，忽眷顾，忽遗弃，降福降祸，命之讫之，此种之"人生化上帝观"本是一切早期宗教所具有，其认定惟有修人事者方足以永天命，自足以证其智慧之开拓，却不足以证其信仰之坠落。就《大诰》所载论之，周公违反众议，必欲东征，其所持之理由凡二，其一为周后嗣王必完成文王所受之天命，其二为东征之谋曾得吉卜，故不可违。其言曰：

已予惟小子不敢僭（不信也，又废也）上帝命。天休于宁
（文）王，兴我小邦周，宁（文）王惟卜用，克绥受兹命。今天其
相民，矧亦惟卜用。……天命不僭，卜陈惟若兹！

是则周公之大举东征，固用人谋，亦称天道（《周语》引《大誓》
云，"朕梦协朕卜，袭于休祥，戎商必克"，与此同义），所以坚人之
信，壮士之气，周公诰书中仅《大诰》一篇表显浓厚之宗教性，盖此为
成功以前表示决心之话言，其他乃既成功之后，谋所以安固周宗之思虑
也。然"尔亦不知天命不易"正在《大诰》中，天鉴下民以定厥命之恉
在《大雅》，《周颂》，《周诰》中弥往而不遇。参互考之，知敬畏上
帝乃周初人之基本思想，而其对于上帝之认识，则以为上帝乃时时向下
方观察着，凡勤民恤功者，必得上帝之宠眷，凡荒逸废事者，必遭上帝
之捐弃。周代殷命，即此理之证据，宜鉴于殷，知所戒惧，必敬德勤
民，然后可以祈祷皇天，求其永命不改也。必自身无暇，民心归附，然
后可以永命灵终也。《大学》引《康诰》"惟命不于常，"而释其义
曰，"道善则得之，不善则失之矣，"可谓一语道破。夫自我言之，则
曰"峻命不易"，就天言之，则曰"天命靡常"，盖亟畏上天，熟察人
事，两个原素化合而成如是之天人论。此诚兴国之气象，亦东周诸家思
想所导源，亦宋代以来新儒学中政论之立基点也。（明代之宝训有四
事，敬天，法祖，勤政，爱民，此种政本的"成文宪法"，非明太祖所
能为，乃是宋元以来儒家政治论之结晶，亦即《周诰》之总括语也。）

三 本章结语

总括上文所论，今日犹可推知周初统治阶级中之天道观为何如者。
此时此辈人之天道观，仍在宗教的范畴内，徒以人事知识之开展，
故以极显著的理性论色彩笼罩之，以为天人相应，上下一理，求天必先

求己，欲知天命所归，必先知人心所归。此即欧洲谚语所谓"欲上帝助尔，尔宜先自助"者也。此说有一必然之附旨，即天命无常是也。惟天命之无常，故人事之必修。此一天人论可称之曰："畏天威、重人事之天命无常论。"（下文引此论时，简称"命无常论"。）

此一命无常论是否为周宗统治阶级所独具，抑为当时一般上中社会所共信，今不可知。准以周之百僚多士，来源复杂，或为懿亲，或为姻亚，或为亡国之臣，其文化之背景不同，其社会之地位悬绝，自不易有同一思想。然金文所载祈福之词，每作"永令（命）灵终"者，人必信命之不易永，然后祈永命；人之不易灵终，然后乞灵终（即善终）。设永命灵终为当然之事，则无所用其祈祷矣。既用此为祈祷语，足征命无常论之流行广矣。

第三章　诸子天人论导源

古史者，劫灰中之烬余也。据此烬余，若干轮廓有时可以推知，然其不可知者亦多矣。以不知为不有，以或然为必然，既违逻辑之戒律，又蔽事实之概观，诚不可以为术也。今日固当据可知者尽力推至逻辑所容许之极度，然若以或然为必然，则自陷矣。即以殷商史料言之，假如洹上之迹深埋地下，文字器物不出土中，则十年前流行之说，如"殷文化甚低"、"尚在游牧时代"、"或不脱石器时代"、"《殷本纪》世系为虚造"等见解，在今日容犹在畅行中，持论者虽无以自明，反对者亦无术在正面指示其非是。差幸今日可略知"周因于殷礼"者如何，则"殷因于夏礼"者，不特不能断其必无，且更当以殷之可借考古学自"神话"中入于历史为例，设定其为必有矣。夏代之政治社会已演进至如何阶段，非本文所能试论，然夏后氏一代之必然存在，其文化必颇高，而为殷人所承之诸系文化最要一脉，则可就殷商文化之高度而推知之。殷商文化今日可据遗物遗文推知者，不特不得谓之原始，且不得谓之单纯，乃集合若干文化系以成者，故其前必有甚广甚久之背景可知也。即以文字论，中国古文字之最早发端容许不在中土，然能自初步符号进至甲骨文字中之六书具备系统，而适应于诸夏语言之用，决非二三百年所能达也。以铜器论，青铜器制造之最早发端固无理由加之中土，然制作程度与数量能如殷墟所表见者，必在中国境内有长期之演进，然后大量铜锡矿石来源之路线得以开发，资料得以积聚，技术及本地色彩得以演进，此又非短期所能至也。此两者最易为人觉其导源西方，犹且如是，然则殷墟文化之前身，必在中国东西地方发展若干世纪，始能有此大观，可以无疑。因其事事物物皆表见明确的中国色彩，绝不与西方者混淆，知其在神州土上演化长久矣。

殷墟文化系之发见与分析，足征殷商以前在中国必有不止一个之高级文化，经若干世纪之演进而为殷商文化吸收之。殷墟时代二百余年中，其文字与器物与墓葬之结构，均无显然变易之痕迹，大体上可谓为静止时代。前此固应有急遽变转之时代，亦应有静止之时代。以由殷商至春秋演进之速度比拟之，殷商时代以前（本书中言"殷商"者，指在殷之商而言，即商代之后半也。上下文均如此），黄河流域及其邻近地带中，不止一系之高级文化，必有若干世纪之历史，纵逾千年，亦非怪事也。（或以为夏代器物今日无一事可指实者。然夏代都邑，今日固未遇见，亦未为有系统之搜求。即如殷商之前身蒙亳，本所亦曾试求之于曹县、商丘间，所见皆茫茫冲积地，至今未得丝毫线索。然其必有，必为殷商直接承受者，则无可疑也。殷墟之发见，亦因其地势较高，未遭冲埋，既非大平原中之低地，亦非山原中之低谷，故易出现。本所调查之遗址虽有数百处，若以北方全体论之，则亦太山之一丘垤也。又，古文字之用处，未必各处各时各阶级一致。设若殷人不用其文字于甲骨铜器上，而但用于易于消毁之资料上，则今日徒闻"殷人有册有典"一语耳。）且就组成殷商文化之分子言之，或者殷商统治阶级之固有文化乃是各分子中最低者之一，其先进于礼乐者，转为商人征服，落在政治中下层（说见《夷夏东西说》、《新获卜辞写本后记跋》等）。商代统治者，以其武力鞭策宇内，而失其政治独立之先进人士，则负荷文化事业于百僚众庶之间。《多士》云"殷革夏命……夏迪简在王庭，有服在百僚"，斯此解之明证矣。周革殷命，殷多士集于大邑东国雒，此中"商之孙子"固不少，亦当有其他族类，本为商朝所臣服者，周朝若无此一套官僚臣工，即无以继承殷代王朝之体统，维持政治之结构。此辈人士介于奴隶与自由人之间，其幸运者可为统治阶级之助手，其不幸者则夷入皂隶之等，既不与周王室同其立场，自不必与之同其信仰。周初王公固以为周得天命有应得之道，殷丧天命亦有其应失之道，在此辈则吾恐多数不如此想，否则周公无须如彼哓哓也。此辈在周之鼎盛，安分慑服，骏臣新主而已。然既熟闻治乱之故实，备尝人生之滋味，一方不负政治之责任，一方不为贵族之厮养，潜伏则能思，忧患乃多虑，其文化程度固比统治者为先进，其鉴观兴亡祸福之思想，自比周室王公为多也。先于孔子之闻人为史佚，春秋时人之视史佚，犹战国时之视孔子。史佚之家世虽不可详，要当为此一辈人，决非周之懿亲。其时代当为成王时，不当为文王时，则以《洛诰》知之。《洛诰》之"作册逸"，必即史佚，作册固为众史中一要职，逸、佚则古通用。《左传》及他书称史佚语，今固不可尽信其为史佚书，然后人既以识兴亡祸福之道称之，以治事立身之雅辞归之，其声望俨如孔子，其书式俨如五千文之格言体，其哲学则皆是世事智慧，其命义则为后世自宋国出之墨家所宗，则此君自是西周"知识阶级"之代表，彼时如有可称为"知识阶级"者，必即为"士"中之一类无疑也。（按，史佚之书〔其中大多当为托名史佚者〕引于《左传》、《国语》、《墨子》者甚多，皆无以征其年代，可征年代者仅《洛诰》一事。《逸周书》克殷世俘两篇记史佚〔亦作史逸〕躬与杀纣之役，似为文武时之大臣。夫在文武时为大臣，在成王成年反为周公之作册〔当时之作册职略如今之秘书〕，无是理也。《逸周书》此数篇虽每为后人所引，其言辞实荒诞之至，至早亦不过战国时人据传说以成之书，不得以此掩《洛诰》。至于大小《戴记》所言，〔《保傅篇》，《曾子问篇》〕，乃汉人书，更不足凭矣。《论语·微子篇》，孔子称逸民，以夷逸与伯夷、叔齐、虞仲、朱张、柳下惠、少连并举。意者夷逸即史佚，柳下惠非不仕者，故史佚虽仕为周公之作册，仍是不在其位之人，犹得称逸士也。孔子谓"虞仲夷逸隐居放言，身中清，废中权"，果此夷逸即史佚，则史佚当是在作册后未尝复进，终乃退身隐居，后人传其话言甚多，其言旨又放达，不同习见也。"身中清"者，立身不失其为清，孟子之所以称伯夷也，"废中权"者，废，法也。"法中权"犹云论法则以权衡折中之，盖依时势之变为权衡也。凡此情景，皆与《左传》《国语》所引史佚之词合。果史佚即夷逸一说不误。则史佚当是出于东夷之人，或者周公东征，得之以佐文献之掌，后乃复废，而名满天下，遂为东周谈掌故、论治道者所祖述焉。）

当西周之盛，王庭中潜伏此一种人，上承虞夏商殷文化之统，下为后来文化转变思想发展之种子。然其在王业赫赫之日，此辈人固无任何开新风气之作用，平日不过为王朝守文备献，至多为王朝增助文华而已。迫王纲不振，此辈人之地位乃渐渐提高。暨宗周既灭，此辈乃散往列国，"辛有入晋，司马适秦，史角在鲁"（汪容父语），皆其例也。于是昔日之伏而不出，潜而不用者，乃得发扬之机会，而异说纷纭矣。天人论之岐出，其一大端也。

东周之天命说，大略有下列五种趋势，其源似多为西周所有，庄子所谓"古之道术有在于是者"也。若其词说之丰长，陈义之蔓衍，自为后人之事。今固不当以一义之既展与其立说之胎质作为一事，亦不便徒见后来之发展，遂以为古者并其本根亦无之。凡此五种趋势，一曰命定论，二曰命正论，三曰俟命论，四曰命运论，五曰非命论，分疏如下。

命定论者，以天命为固定，不可改易者也。此等理解，在民间能成牢固不可破之信念，在学人目中实不易为之辩护。逮炎汉既兴，民智复昧，诸子寝息，迷信盛行，然后此说盛传于文籍中。春秋时最足以代表此说者，如《左传》宣三年王孙满对楚子语：

> 成王定鼎于郏鄏，卜世三十，卜年七百，天所命也。周德虽衰，天命未改。鼎之轻重，未可问也。

此说之根源自在人民信念中，后世所谓《商书·西伯戡黎篇》载王纣语曰，"呜呼！我生不有，命在天"。此虽非真商书，此说则当是自昔流传者。《周诰》中力辟者，即此天命不改易之说。此说如不在当时盛行，而为商人思恋故国之助，则周公无所用其如是之喋喋也。

命正论者，谓天眷无常，依人之行事以降祸福，《周诰》中周公、召公所谆谆言之者，皆此义也。此说既为周朝立国之宝训，在后世自当得承信之人。《左传》《国语》多记此派思想之词，举例如下：

> 季梁……对曰："夫民，神之主也，是以圣王先成民而后致力于神。"（桓六年）宫之奇……对曰："臣闻之，鬼神非人实亲，惟德是依。故《周书》曰：'皇天无亲，惟德是辅。'又曰：'黍稷非馨，明德惟馨。'又曰：'民不易物，惟德繄物。'如是，则非德，民不和，神不享矣。神所凭依，将在德矣。"（僖五年）
>
> 是阴阳之事，非吉凶所生也。吉凶由人。（僖十六年）
>
> 惟有嘉功以命姓受祀，迄于天下。及其失之也，必有慆淫之心间之，故亡其氏姓。……夫亡者岂繄无宠？皆黄炎之后也。惟不帅天地之度，不顺四时之序，不度民神之义，不仪生物之则，以殄灭

无胤，至于今不祀。及其得之也，必有忠信之心间之，度于天地，而顺于时动，和于民神，而仪于物则。……其兴者必有夏吕之功焉，其废者必有共鲧之败焉。（《周语》下）

举此以例其他，谓此为周人正统思想可也。此说固为人本思想之开明，亦足为人生行事之劝勉，然其"兑现能力"究如何，在静思者心中必生问题。其所谓贤者必得福耶，则孝已伯夷何如？其所谓恶者必得祸耶，则瞽瞍、弟象何如？奉此正统思想者，固可将一切考终命、得禄位者说成贤善之人，古人历史思想不发达，可听其铺张颠倒，然谓贤者必能寿考福禄，则虽辩者亦难乎其为辞矣。《墨子》诸篇曾试为此说，甚费力，甚智辩，终未足以信人也。于是俟命之说缘此思想而起焉。

俟命论者，谓上天之意在大体上是福善而祸淫，然亦有不齐者焉，贤者不必寿，不仁者不必不禄也。夫论其大齐，天志可征，举其一事，吉凶未必。君子惟有敬德以祈天之永命（语见《召诰》），修身以俟天命之至也（语见《孟子》）。此为儒家思想之核心，亦为非宗教的道德思想所必趋。

命运论者，自命定论出，为命定论作繁复而整齐之系统者也。其所以异于命定者，则以命定论仍有"谆谆命之"之形色，命运论则以为命之转移在潜行默换中有其必然之公式。运，迁也。孟子所谓"一治一乱"，所谓"五百年必有王者兴，其间必有名世者"，即此思想之踪迹。《左传》所载论天命之思想多有在此议范围中者，如宋司马子鱼云："天之弃商久矣。君将兴之，弗可赦也已。"（僖二十二）谓一姓之命既讫不可复兴也。又如秦缪公云："吾闻唐叔之封也，箕子曰，其后必大，晋其庸可冀乎？"此谓命未终者，人不得而终之也。此一思想实根基于民间迷信，故其来源必古，逮邹衍创为五德终始之论，此思想乃成为复杂之组织，入汉弥盛，主宰中国后代思想者至大焉。

非命论者，《墨子》书为其明切之代表，其说亦自命正论出，乃变本加厉，并命之一词亦否认之。然墨子所非之命，指前定而不可变者言，《周诰》中之命以不常为义，故墨子说在大体上及实质上无所多异于周公也。

以上五种趋势，颇难以人为别，尤不易以学派为类，即如儒家，前四者之义兼有所取，而俟命之采色最重。今标此五名者，用以示天人观念之演变可有此五者，且实有此五者错然杂然见于诸子，而皆导源于古昔也。兹为图以明五者之相关如下：

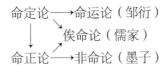

（相反以横矢表之，直承以直矢表之，从出而有变化以斜矢表之。）

第四章　自类别的人性观至普遍的人性观

以上三章论西周及其后来之天命观，本章所说，乃西周及东周开始时之人性观。

《墨子》曰："名，达、类、私。"三者之中，私名最为原始，次乃有类名，达名之生，待人智进步方有之矣。即如"人"之一普遍概念，在后代固为极寻常之理解，在初民则难有之。野蛮时代，但知有尔我，知有其自己之族姓与某某异族，普遍之人类一概念，未易有也。其实此现状何必以古为限，于今日犹可征之。在白人之殖民地中，日与土人接触者，每不觉土人与己同类也。忆英国诡趣文人且斯特有云："工人欲组织国际集合，殊不知英国工人只觉其自己为工人，只觉德国工人为德国人。"此虽言之过甚，然亦颇有此理也。岂特知识不广之工人如此，今日英国不犹有信其贵族为蓝血者乎？从此可知无上下之差等，无方土种性之类别，遍用"人"之一概念，以为圆颅方趾之达名者，必为人类知觉进步以后之事矣。

性之观念依人之观念以变化。古者以为上下异方之人不同，故其所以为人者不同，后世以为上下异方之人大同，故其所以为人者大同。以为人之所以为人者同，东周哲人之贡献也，前乎此者，虽当久有此动机，然如《墨子》、《孟子》明析肯定立论则未见也。盖必舍却"非我族类，其心必异"之思想，然后可有适用于一切人之性说也。今先述古初之类别的人观，以明人道主义之产生与演进盖非一蹴而至者焉。

古者本无"人"之一个普遍概念，可以两事征之。第一、征之于名号。"人""黎""民"在初皆为部落之类名，非人类之达名也。

人者，以字形论，其原始当为像人形者如商代之"人乍父己卣"（攈二之一十叶）作 ⺅ 形，"人作父戊卣"作 ⺅ ⺅ 二形（同十一叶），二器同时同类，而前者末笔似屈，后者则申，似后来以不屈者为人，以屈者为尸（夷）之分别，然在此两器则不当有异解也。又甲骨文字中有人方，为殷王施其征伐之对象，经典中不见人方，而夷为习见之词，意者此一人方固应释作夷方欤？最近发见可解决此事。本年春（民国二十六年），安阳发掘出见甲文甚多，在一未动之坑中多为整版，按之董作宾先生五期分类法，此一批董氏定为第一期，其中有一辞云："贞王惠侯告从正…… ⺅ 。"又一辞云："……正 ⺅ ……"（此虽皆作反形，然甲骨文中之人字亦皆正反互用。盖当时此等字何者为正，何者为反，尚未约定。故此二字必即后人认为尸（夷）字者无疑也。此二版乃胡福林君示我，于此志谢）。此二辞中之"尸"（夷）虽皆下文残阙，然当与习见之"人方"为一事，因时期不同，而书有异形耳。然则此足为人方当释作夷方之证矣。人方亦见金文。般甗"王图 ⺅ 方。"

（攗二之二，叶八六）小臣𨟳尊，"隹王来正𠂤方。"（攗十三，叶十。）前者近于夷，后者则为人字（此乃商器）。此亦足征人方、尸方可自由写也。据此各节，可知"人""尸"（夷）二字，在最早可见之文字中固无严界，皆象人形，一踞而一立，踞者后人以为尸（夷）字，立者后人以为人字，在其原始则无别也。其有别者，至西周中叶诸器始然，师西毁其例也。人夷二词，字本作同形，音亦为邻近，其在太初为一事明矣。（参看吴大澂《夷字说》。又古籍中每有以夷字误为人或仁者，如《山海经》"非仁羿莫能上"，此亦"夷羿"之误，盖原作尸耳。《山海经》中他处习见"夷羿"一词，不见"仁羿"）。意者此一词先为东方族落之号，种姓蕃衍，蔚然大部，后来多数为人所征服（当即夏商），降为下民之列，又以文化独为先进，遂渐为圆颅方趾者之标准的普遍的名称耳（古籍中每以东夷为贵。《说文》《后汉书·东夷传》皆然）。

　　黎之一词，初亦为族类之名，后来乃以为"老百姓"之称。《书·秦誓》云，"以保我子孙黎民"，后人托古之尧典云，"黎民于变时雍"，此处所谓"黎民"，等于今人所谓"老百姓"。然黎为地名，春秋时犹有黎国。《卫风·式微》相传为黎庄公失国，其大夫所作（见《列女传》）。杜预以为黎在上党壶关县，是则与殷卫仅一太行山脉之隔耳。书序以为"殷咎周，周人乘黎，祖伊恐，奔告于王。"意者黎之初域尚及上当之西耶？据《郑语》，黎为祝融系之北支，其南支为重（即董姓），果黎之一词为一切奉祀祝融之北方部族之通称，则其分布广矣（参看《新获卜辞写本后记跋》）。此族后来历为人所征服，成为社会之最下阶级，故相沿呼下人为黎民耳。

　　"民"之一词亦疑其亦本为族类之名。民、蛮、闽、苗诸字皆双声，似是一名之分化。《国语》，"百姓、千官、亿丑、兆民"。民最多，亦最下。

　　以上三词，由部落之类名成为人类之达名者，盖有同一之经历焉。其始为广漠之部族、曰人、曰黎、曰民，似皆为丁口众多之种类，及其丧师，夷为下贱，新兴者口少而居上。旧有者口多而居下，于是人也黎也民也皆成为社会阶级之名，即社会中之下层也。最后则黎民二字亦失其阶级性而为广泛的众庶之称，人乃更为溥被，成为圆颅方趾者之达名矣。自部落名变为阶级名，自阶级名变为达名，此足征时代之前进矣。

　　古者并无人之普遍概念，除征之于名号外，更可据典籍所载古昔论人诸说征之。盖古者以为圆颅方趾之辈，非同类同心者，乃异类异心者，下文所引《国语》、《左传》足为证也。

　　　　昔少典娶于有蟜氏，生黄帝炎帝。黄帝以姬水成，炎帝以姜水成。成而异德。故黄帝为姬，炎帝为姜。二帝用师以相济也，异德之故也。异姓则异德，异德则异类，异类虽近，男女相及，以生民也。同姓则同德，同德则同心，同心则同志，同志虽远，男女不相及，畏黩敬也。（《晋语》四）

　　　　史佚之志有之，曰："非我族类，其心必异。"（成四，此语又见僖十）

　　　　神不歆非类，民不祀非族。（僖十）

　　　　卫迁于帝丘。……卫成公梦康叔曰："相夺予享"。公命祀相。宁武子曰："不可，鬼神非其族类，不歆其祀。"（僖三十一。）

　　　　富辰谏曰："……耳不听五音之和为聋，目不别五色之章为昧，心不则德义之经为顽，口不道忠信之言为嚚。狄皆则之。"（僖二十四）

　　据此，知《左传》《国语》时代犹以此类别的人性论为流行见解也。《左传》中亦有与此相反之制，然春秋是一大矛盾时代，《左传》是一部大矛盾书，上所举之一说固当为当时通俗之论。盖用此说说人者，以为人因种族而异其类，异其类乃异其心，异其心乃异其行事，不特戎狄与华夏不同，即同为诸夏亦以异类而异心也。太古之图腾时代，以一大物之下为一类（物之始义即为图腾，说见《跋陈槃君》文，载《历史语言研究所集刊》第七本第二分），以为其为类不同者，其为人也亦不同。春秋时人道主义固已发达，此遗传观念仍自有力，亦彼时夷夏之辨，上下之等，有以维持之。若怪此等观念何以下至春秋尚存，则易不观乎今日中欧之桀纣，其议论有过于此图腾制下之思想者乎？

　　讨论至此，有一事可注意者，即经典中"姓"、"性"二字，依上文所说，既知其本是一字，且识其本为一词也。经典中所谓姓者，表种族者也，词指为血统。所谓性者，表禀赋者也，词指为质材，不相混也。然而其音则一也（两字在《广韵》同切），其字形又一也（两字在金文皆作生），其原始必为一词明矣。本书上篇释生性二字之关系曰，性，所生也，今益之曰，姓，所由生也。后来"姓"、"性"二字，在古皆为生之一词之文法变化，生为主动词，姓则自主动词而出之成由格名词（ablative），性则自主动词而出之成就格名词（resultative）。后来以此三字表三义，古则以此一词兼三事。后来以为血胤与禀赋非一事，古则以为本是一物之两面而已。

　　以上所说，似足证明古者本无人之普遍观念，但有人之类别观念。至于如何由此阶段进为墨子、孟子之普遍的人论，必非一蹴而至，其步步形态今已不可知矣。至其助成此一进化者，大体犹有下列三事可说。第一，自周初以来，既以爱民保民为政治口号矣，而所谓民者包括一切杂姓，其种类虽异，其阶级为一，积以时日，则同阶级者大混合。第二，当时王公贵族既用严格之外婚制，则所有母系，皆所谓"异类"也，如是混合，久则不易见其何谓"异类则异心"也。第三，当时负荷文化遗传者，并非新兴之姬姜，此辈乃暴发户，文化之熏染不深，而应为夏殷之遗士，此辈在当时居中间阶级，担当文物之运行（说见上章）。故孔子曰，"先进于礼乐，野人也，后进于礼乐，君子也。"先进者，谓先进于文化，在当时沦为田夫矣，后进者，谓后进于文化，在当时隆为统治者矣（说见《周东封与殷遗民》，载《集刊》第四本）。此辈虽不蔑视王朝，然亦必恶居下流，以为众民乃先代明德之胤，虽"湮替隶圉"，要"皆黄炎之后也"（见《周语》下）。后来思想之发展，多眷自此等阶级中人出，宜乎其不为上天独眷之谈，而为斯民一类之论矣。中国人道主义之发达，大同思想之展布，在东周为独盛，其来虽未骤，其进实神速，必有其政治的社会的凭藉，然后墨子之人类一家论，孟子之人性一般解，得以立根，得以舒张。学人诚有其自由，而其自由之范围仍为环境所定耳。

第五章　总叙以下数章

有思想改动在前，而政治改动随之者，有政治崩溃在前，思想因政治崩溃而改动者，历史无定例，天演非一途，故论史事宜乎不可必，不可固也。春秋时之思想，其若干趋势已与西周创业时期大不同，此可于《左传》所征引者证之。虽《左传》之编者仍为传统彩色所笼罩，然时代之变，粲然明白，正统派与若干非正统派并见于录，即正统派口中亦每自相矛盾。此变动自何时起乎？今以西周之文献不足，此事未易断言。西周晚期之钟鼎彝器文字虽多，足征此事者则甚少。虽《诗经》所记厉幽以来之辞，怨天尤人者居多，孔子亦言"不怨天不尤人"，似是针对当时怨天者而发，然此亦王政崩溃生命无所寄托时之自然现象，若谓西周晚期竟有怨天尤人之哲学，亦无征也。故本章所言不上于春秋之先，盖西周晚期只有政治史之材料遗于今日，此一小书所讨论者，却为思想史之一问题，既于此时代无所取材，则付之阙如耳。

虽然，西周王政之崩溃必影响及后来思想之分歧，则无疑者。当成周之盛，诸夏仅有一个政治中心，故亦仅有一个最高文化中心。及王政不逮，率土分崩，诸夏不仅有一个政治中心，自亦不仅有一个文化中心。即以物质事项论之，周代铜器，王室及王朝卿士大家之重器几尽在西周，而入春秋之后不闻焉（虢季子白盘，疑为平王时器，此周室大器之最后者。盖此器书手与曾伯霥簠之书手为一人，而曾伯簠又与晋姜鼎为同时，晋姜鼎可确知其为平王时器也。说别详）。列国宝器，时代可征者，绝多在宗周既灭之后，而属于西周鼎盛者甚少，此即物质文化之重心，由一元散为多元之证也。物质生活既如此，则凭藉物质生活而延绪而启发之思想，自当同其变化。且王室益贫，王官四散，辛有入晋（《左传》昭十五），史角在鲁（《墨子·所染篇》），抱其遗训以适应于新环境，自不免依新环境而异其端趋。兼以列国分政，各有新兴之士族，各育新变之社会，于是春秋时代东西诸大国在文化上乃每有其相互殊异之处焉。今取地理之观点，以推论春秋末下逮战国时诸派思想所由生。

论儒墨法道四派，分起于鲁宋晋齐，因社会的政治的环境不同，而各异其天人论

晚周之显学，儒、墨、名、法、老子，似皆起于不同的社会政治环境。盖自大体言之，儒出于鲁，墨出于宋，名、法出于晋，托名老子之学则导衍于齐也。此义余将别写一文以论之，今先于此举其崖略，以征战国诸子言性与天道之不同者，盖有其地理的差别为之启导焉。

鲁与儒学

儒出于鲁一说，自来即无问题，在今日更可识其出于鲁之意义。鲁人之大体为殷商遗民，盖殷民六族，条氏、徐氏、萧氏、索氏、长勺氏、尾勺氏之后也。其统治者则为周之宗姓，其助治者则封建时所锡之祝宗卜史，即殷周时代之智识阶级也（《左传》定四年）。此种殷商遗民实为鲁国人民之本干，故《左传》记阳虎盟鲁"公及三垣于周社，盟国人于亳社"，明"国人"所奉之祠祀，仍是殷商之国祀也（此说及以下儒家来源说均详拙著《周东封与殷遗民》）。然而鲁为周公冢子伯禽受封之明都，在西周已为东邦之大藩，至东周尤为文化之重镇，丰镐沦陷，成周兵燹，于是"周礼尽在鲁"，于鲁可睹"周公之德，与周之所以王"，盖典册差存，本朝礼乐制度犹未尽失之谓也。

孔子之先，来自宋国，家传旧礼（见《鲁语》），自称殷人（见《檀弓》），故早期儒教中，殷遗色彩甚浓厚，尤以三年之丧一事为明显。所谓三年之丧，乃儒家宗教仪式中之最要义，而此制是殷俗，非周制也。然孔子非如宋襄公专寄托精诚于一姓再兴者，其少长所居，在邹鲁而不在宋，其对今朝之政治，盖充分承认其权能而衷心佩服之。故曰，"周监于二代，郁郁乎文哉，吾从周"。又曰，"甚矣吾衰也，久矣吾不复梦见周公"。夫未衰则梦见周公，将死则曰"丘殷人也"，是其文政以"东周"为目标，其宗教以殷商为归宿，此其受鲁国地域性之影响大矣。故早期儒教实以二代文政遗训之调和为立场，其为鲁国产品，乃必然者也。

宋与墨家

东周列国中，宋人最富于宗教性，亦最富于民族思想，当时称愚人者皆归之宋人（此义刘台拱、刘师培皆言之，前说见其《遗著》，后说见《国粹学报》）。东周诸子学说中，亦以墨家最富于宗教性，《墨子》书中虽对三代一视同仁，然其称宋亦偶过其量。（《备城门》篇，"禽滑厘问于子墨子曰，'由圣人之言，凤鸟之不出，诸侯畔殷周之国，甲兵方起于天下，大攻小，强执弱，吾欲守小国，为之奈何？'"此设论当时事也，而曰"诸侯畔殷周之国"者，盖宋自襄公而后以商道中兴自命，故曰"于周为客"〔见《左传》〕，是居然以周之匹偶自待矣。此一运动，似亦发生相当效力，《春秋》之书会盟，于鲁国王人伯主而外，宋人永居前列，盖当时列国亦间有以东方大统归之者也。称当时天下主为殷商之国，其为宋人语明矣。）今试绎墨子之教义，在若干事上，似与宋人传说直接矛盾者，如宋人宝贵其桑林万舞，而墨子非乐，宋人惟我独尊，而墨子兼爱天下，宋人仍以公族执政，而墨子尚贤，且反亲亲之论（《尚同》上，"今王公大人之刑政则反此，政以为便譬，宗于〔族字之误〕父兄故旧，以为左右，置以为正长。"是墨子显以当时公族执政为不当，与孟子同姓卿说及其故国世臣说全相反也）。然此正激之如此，墨子决非但知承袭之教徒，而是革命的宗教家，若不在宋之环境中，其反应不易如是之强烈深切也。故墨子一面发挥其极浓厚之宗教信仰，不悖宋人传统，一面尽反其当世之靡俗，不作任何调和。犹之《新约》书中所载耶苏及保罗之讲说，力排犹太教之末流，其自身之绪，无论变化如何，仍自犹太出耳。

晋与名法

时代入于春秋，政治社会之组织在若干地域上有强烈之变动焉，即早年之家族政治突变为军国政治是也。此事可征者，一见于齐桓之朝，异姓为列卿；再见于曲沃之后，桓庄之族尽戮，晋无公族矣。此种转变，在小国不易出现，在新兴之大国亦不易出现，前者无所兼并，则尚功之义不能发达，后者组织未腐，则转变之机不易舒发。惟旧邦大国，可以兵戎之兴成此转变。晋自翼曲沃分立之后，两门相争，垂数十年，及曲沃为君，翼宗尽夷，献公又以士荐之助，尽杀桓庄群公子，"自是晋无公族"，而献公朝中干城拓地之功臣皆为异氏矣（庄二十三至二十五）。文公不废此制，识却縠以尚德，登先轸于下军，自是诸公子尽仕于外，不得安居于国。成公时表面上复公族之制，实则公族缘此制更不存在矣。

> 初，丽姬之乱，诅无畜群公子，自是晋无公族。及成公即位，乃宦卿之适子而为之田，以为公族，又宦其余子，以为余子，其庶子为公行。晋于是乎有公族，余子，公行。赵盾请以（赵）括为公族。……（公）使屏季以其故族为公族大夫。（宣二）

公族，余子，公行之名号虽复，其中乃尽是列卿之族，并无公室之子，列卿之宗据公族之位，而真正公族反须宦居于外。此一变动大矣。于是诗人讥之曰：

> ……彼其之子美无度。美无度，殊异乎公路。
> ……彼其之子美如英。美如英，殊异乎公行。
> ……彼其之子美如玉。美如玉，殊异乎公族。（《唐风·汾沮洳》）

盖以此辈"暴发户"，虽外貌美秀，而行止无法度，绝非世家风范，徒有公路公行公族之名，其实则非也。

晋国之政治结构既如此大变，其维系此种结构之原则，自亦当随之大变，于是尊贤尚功之义进，亲亲之义退，于是周代封建制度之正形，即一族统治者，从兹陵替，而代以军国之制矣。在此社会变化中，晋为先进，用此变化，以成伯业，天下莫强焉。

且晋自随武子问礼于周室，"归乃讲聚三代之典礼，于是乎修执秩以为晋法。"公孙周自周入承侯位，修范武子士荐之法，用以复霸。盖当时列国中，法令之修，未有如晋邦者也。下至战国，名法之学皆出三晋，吴起仕魏，申子在韩，卫鞅居梁，韩非又韩之诸公子也。即如儒家之荀卿，其学杂于法家，其人则生于赵土。名法之学，出于晋国明矣。法家多以为天道不必谈，其人性观则以为可畏以威，而不可怀以德，无论明言性恶与否，要非性善之论也。此一派思想之发展，固有待于晋国新政新社会之环境者焉。

齐与道家

老子为何如人，《老子》五千文为何人何时之作，皆非本文所论，兹所揭举者，乃谓战国末汉初黄老之学实为齐学，此学与管子学为一脉，而管子学又纯为齐人之学也。今先论管子学之当出于齐。

齐之为国，民众而土不广，国富而兵不强，人习于文华，好为大言，而鲜晋人之军法训练，故欲争雄于列国之间，惟有"斗智不斗力"之一术耳。试遍观《管子》一书，绝无一语如《左传》、《国语》所载之晋国武风，而多是奇巧谋略，操纵经济政策以制胜，利用地中富源以固国者，其中固颇有荒诞之辞，且间以阴阳禁忌，要其最特殊之义，则不出太史公所撮论者：

> 其为政也，善因祸而为福，转败而为功。贵轻重，慎权衡。……故曰："知'与之为取'政之宝也。"（《管晏列传》）

所谓"权衡"、"轻重"，皆计谋也。此与老子义固全合。《管子》书之释"与之为取"者，又云：

故刑罚不足以畏其意，杀戮不足以服其心。故刑罚繁而意不恐，则令不行矣，杀戮罪而心不服，则上位危矣。故从其四欲，则远者自亲，行其四恶，则近者叛之。故知"予之为取"者，政之宝也。

此正《老子》书中所谓"民不畏死，奈何惧之"者也。汉初，黄老之学盛极一时，其遗书自五千言外今鲜存者。然《管子》书中犹存若干当时奉持此学者之通义，曹相国孝文帝安民致富之术，皆有所取焉。《管子》在汉初为显学，故刘向所校"凡中外书五百六十四"，此中亦可识管老相邻，因而并盛之消息也。刘子政时，老学已变，管学已衰，刘氏犹识此派与申韩商君之不合，而列之道家，此亦足证此学之宗派也。后人乃竟以之列于法家，使与申韩商君并处，诚无识之极矣（《隋志》已然，《直斋书录解题》且谓管商用心同，直闭眼胡说也）。

且黄老之学中，不特托名《管子》之书出自齐地也，即老子学之本身在战国末汉初亦为齐学。《史记·乐毅列传》云：

而乐氏之族有乐瑕公、乐臣公。赵且为秦所灭，亡之齐高密。乐臣公善修黄帝、老子之言，显闻于齐，称贤师。乐臣公学黄帝、老子，其本师号曰河上丈人，不知其所出。河上丈人教安期生，安期生教毛翕公，毛翕公教乐瑕公，乐瑕公教乐臣公，乐臣公教盖公，盖公教于齐高密胶西，为曹相国师。

老子之天道说为自然论，管书老子之人性观，皆与三晋法家极度相反，此当于他处论之。

齐地出产此一大派思想之外，又出产一派极有影响于后世之《天道论》，即阴阳五行说是也。后一派之出于齐地，观汉《郊祀志》，知其亦非偶然。盖齐地之上层思想集合成一自然论，其下层信念混融成一天运说，此两派入汉朝皆极有势力，溶化一切方术家言者也。

初写此册时，欲并入道家阴阳家之天道论，故列此章。继以如是必将此书倍之，乃留待他日。此章所论，亦间与下文有关，遂不删也。

作者附记

第六章　春秋时代之矛盾性与孔子

春秋时代之为矛盾时代，是中国史中最明显之事实。盖前此之西周与后此之战国全为两个不同之世界，则介其间者二三百年之必为转变时期，虽无记载，亦可推想知之。况春秋时代记载之有涉政治社会者，较战国转为充富，《左传》一书，虽编定不出于当时，而取材实为春秋列国之语献，其书诚春秋时代之绝好证物也（《左传》今日所见之面目自有后人成分在内，然其内容之绝大部分必是战国初年所编，说别详）。春秋时代既为转变时代，自必为矛盾时代，凡转变时代皆矛盾时代也。

春秋时代之为矛盾，征之于《左传》、《国语》者，无往不然，自政治以及社会，自宗教以及思想，弥漫皆是。其不与本文相涉者，不具述，述当时天人论中之矛盾。

春秋时代之天道观，在正统派自仍保持大量之神权性，又以其在《周诰》后数百年，自亦必有充分之人定论。试看《左氏》、《国语》，几为鬼神灾祥占梦所充满，读者恍如置身殷商之际。彼自言"国之大事在祀与戎"，则正是殷商卜辞之内容也。此诚汪容甫所谓其失也巫矣。然亦偶记与此一般风气极端相反之说，其说固当时之新语，亦必为《左氏》、《国语》作者所认为嘉话者也。举例如下：

季梁……对曰："夫民，神之主也。"（桓六）

〔宫之奇〕对曰：……"如是，则非德民不和，神不享矣。神所凭依，将在德矣。"（僖五）

及惠公在秦，曰："先君若从史苏之占，吾不及此夫！"韩简侍曰："……先君之败德，其可数乎？史苏是占，勿从何益？"（僖十五）

〔周内史叔兴父〕对曰："……是阴阳之事，非吉凶所生也。吉凶由人。"（僖十六）

邾文公卜迁于绎。史曰："利于民而不利于君。"邾子曰："苟利于民，孤之利也。天生民而树之以君，以利之也。民既利矣，孤必与焉。"左右曰："命可长也，君何弗为？"邾子曰："命在养民。死之短长，时也。民苟利矣，迁也，吉莫如之！"遂迁于绎。五月，邾文公卒。君子曰："知命。"（文十三）

晋侯问于士弱曰："吾闻之，宋灾，于是乎知有天道，何故？"对曰："……商人阅其祸败之衅，必始于火，是以曰知其有天道也。"公曰："可必乎？"对曰："在道，国乱无象，不可知也。"（襄九）

楚师伐郑……〔晋〕董叔曰："天道多在西北，南师不时，必无功。"叔向曰："在其君之德也。"（襄十九）

有星孛于大辰。……郑裨灶言于子产曰："宋卫陈郑将同日火。若我用瓘斝玉瓒，郑必不火。"子产弗与。……戊寅，风甚。壬午，大甚。宋、卫、陈、郑皆火。……裨灶曰："不用吾言，郑又将火。"郑人请用之，子产不可。子大叔曰："宝以保民也。若有火，国几亡。可以救亡，子何爱焉？"子产曰："天道远，人道迩，非所及也，何以知之？灶焉知天道？是亦多言矣，岂不或信？"遂不与，亦不复火。（昭十七年至十八）

此中所论固与周召之诰一线相承，然其断然抹杀占梦所示及当时之天道论，实比托词吉卜之《大诰》犹为更进一步。此等新说固与时人之一般行事不合，《左传》自身即足证明之矣。

春秋时代之人论，在一般人仍是依族类而生差别之说。氏书既引史佚"非我族类其心必异"之语，又假郑小驷以喻之，以种言，则别夷狄华夏（富辰语，见僖二十四），以等言，则辨君子小人（阴饴甥语，见僖十五）。然"斯民同类"之意识，亦时时流露，既称晋文听舆人之诵，复美曹沫鄙肉食之言，对于庶民之观念已非如往昔之但以为"氓之蚩蚩"也。且其时族类间之界画已不甚严，"虽楚有才，晋实用之。"绛登狐氏，秦用由余。其于吴也，固贱其为断发之荆蛮，亦奉之为姬姓之长宗。其于秦也，犹未如魏邦既建田氏篡齐之时以夷狄遇之也。再就阶级言之。《周诰》之词，固已认人事胜天定，犹绝无君侯之设乃为庶民服务之说，然此说在《左传》则有之。师旷曰，"天之爱民甚矣，岂其使一人肆于民上？"宫之奇曰，"夫民，神之主也，是以圣王先成民而后致力于神。"郑文公曰，"命在养民。"由此前进一步，便是孟子民贵君轻之谈，其间可无任何过渡阶级矣。

括而言之，春秋时代，神鬼天道犹颇为人事之主宰，而纯正的人道论亦崭然出头。人之生也，犹辨夷夏之种类，上下之差别，而斯民同类说亦勃然以兴。此其所以为矛盾时代。生此时代之思想家，如不全仍旧贯，或全作新说，自必以调和为途径，所谓集大成者，即调和之别名也。

孔　子

孔子一生大致当春秋最后三分之一，则春秋时代之政治社会变动自必反应于孔子思想之中。孔子生平无著述（作《春秋》赞《周易》之说，皆不可信）。其言语行事在后世杂说百出，今日大体可持为据者，仅《论语》《檀弓》两书耳。《檀弓》所记多属于宗教范围，故今日测探孔子之天人论应但以《论语》为证矣。试绎《论语》之义，诚觉孔子之于天人论在春秋时代为进步论者，其言与上文所引《左传》所载之新说嘉话相同，而其保持正统遗训亦极有力量。然则孔子并非特异之学派，而是春秋晚期开明进步论者之最大代表耳。孔子之宗教以商为统，孔子之政治以周为宗。以周为宗，故曰："如有用我者，吾其为东周乎。"其所谓"为东周"者，正以齐桓管仲为其具体典范。故如为孔子之政治论作一名号，应曰霸道，特此所谓霸道，远非孟子所界说者耳。

孔子之言性与天道，一如其政治论之为过渡的，转变的。《论语》记孔子言性与天道者不详，此似非论语取材有所简略，盖孔子实不详言也。子夏曰："夫子之文章可得而闻也，夫子之言性与天道不可得而闻也已。"（据倭本增"已"字）《论语》又曰："子罕言利，与命，与仁。"（宋儒或以为与命、与仁之写字应作动字解，犹言许命许仁也。此说文法上实不可通。与之为连续词毫无可疑。《晋语》言："杀晋君，与逐出之，与以归之，与复之，孰利？"此同时书中语法可征者也）。今统计《论语》诸章，诚哉其罕言，然亦非全不言也。列举如下：

> 子曰："……五十而知天命。"（《为政》）
> 子曰："不知命，无以为君子也。"（《尧曰》）
> 子曰："君子有三畏，畏天命，畏大人，畏圣人之言。小人不知天命而不畏也，狎大人，侮圣人之言。"（《季氏》）
> 子曰："道之将行也与，命也。道之将废也与，命也。公伯寮其如命何？"（《宪问》）
> 子曰："天生德于予，桓魋其如予何？"（《述而》）
> 子畏于匡，曰："文王既殁，文不在兹乎？天之将丧斯文也，后死者不得于斯文也。天之未丧斯文也，匡人其如予何？"（《子罕》）

子曰："凤鸟不至，河不出图，吾已矣夫！"（《子罕》）

颜渊死，子曰："噫，天丧予，天丧予！"（《先进》）

伯牛有疾，子问之，自牖执其手，曰："亡之，命也夫！斯人也而有斯疾也，斯人也而有斯疾也！"（《雍也》）

子疾病，子路请祷，子曰："有诸？"子路对曰："有之。诔曰，'祷尔于上下神祇。'"子曰："丘之祷久矣。"（《述而》）

子夏曰："商闻之矣（此当是闻之孔子，故并引），'死生有命，富贵在天。'"（《颜渊》）

子曰："莫我知也夫！"子贡曰："何为其莫知子也？"子曰，"不怨天，不尤人，下学而上达，知我者，其天乎？"（《宪问》）

子曰："予欲无言。"子贡曰："子如不言，则小子何述焉？"子曰："天何言哉？四时行焉，百物生焉。天何言哉？"（《阳货》）

子不语怪、力、乱、神。（《述而》）

理会以上所引，知孔子之天道观有三事可得言者：

其一事曰，孔子之天命观念，一如西周之传说，春秋之世俗，非有新界说在其中也。孔子所谓天命，指天之意志，决定人事之成败吉凶祸福者，其命定论之彩色不少。方其壮年，以为天生德于予，庶几其为东周也。及岁过中年，所如辄不合，乃深感天下事有不可以人力必成者，乃以知天命为君子之德。颜回、司马牛早逝，则归之于命；公伯寮、桓魋见谋，则归之于命；凤鸟不至，而西狩获麟，遂叹道之穷矣。在后人名之曰时，曰会合，在今人名之曰机会者，在孔子时尚不用此等自然名词，仍本之传统，名之曰天命。孔子之所谓天命，正与金文《周诰》之天令（或作天命）为同一名词，虽彼重言命之降，此重言命之不降，其所指固一物，即吉凶祸福成败也。

其二事曰，孔子之言天道，虽命定论之彩色不少，要非完全之命定论，而为命定论与命正论之调和。故曰，"一日克己复礼，天下归仁焉。"又曰，"知我者其天乎！"夫得失不系乎善恶而天命为前定者，极端命定论之说也。善则必得天眷，不善则必遭天殃，极端命正论之说也。后说孔子以为盖不尽信，前说孔子以为盖无可取，其归宿必至于俟命论。所谓俟命论者，谓修德以俟天命也。凡事求其在我，而不责其成败于天，故曰"不怨天"，尽人事而听天命焉，故曰"丘之祷久矣"。此义孟子发挥之甚为明切，其辞曰，"修身以俟之"，又曰，"顺受其正"，又曰，"尽其道而死者，正命也"。此为儒家天人论之核心，阮芸台言之已详，今不具论。

其三事曰，孔子之言天道，盖在若隐若显之间，故罕言之，若有所避焉，此与孔子之宗教立场相应，正是脱离宗教之道德论之初步也。夫罕言天道，是《论语》所记，子贡所叹。或问禘之说，孔子应之曰，"不知也，知其说则于天下犹运之掌。"是其于天也，犹极虔敬而尊崇，盖以天道为礼之本，政事为礼之用。然而不愿谆谆言之者，言之详则有时失之诬，言之详则人事之分量微，此皆孔子所不欲也。与其详言而事实无征，何如虔敬以寄托心志？故孔子之不详言，不可归之记录有阙，实有意如此耳。子不语"怪、力、乱、神"，然而"祭如在，祭神如神在"。又曰，"吾不与祭，如不祭"。其宗教之立场如此，其道德论之立场亦复一贯。孔子之道德观念，其最前假定仍为天道，并非自然论，亦未纯是全神论（Pantheism），惟孔子并不盘桓于宗教思想中，虽默然奉天以为大本，其详言之者，乃在他事不在此也。

如上所言，其第一事为古昔之达名，其二三两事亦当时贤智之通识，孔子诚是春秋时代之人，至少在天道论上未有以超越时代也。在彼时取此立场固可得暂时之和谐，然此立场果能稳定乎？时代既已急转，思想主宰既已动摇，一发之势不可复遏，则此半路之立场非可止之地。故墨子对此施其攻击，言天之明明，言命之昧昧，而孟子亦在儒家路线上更进一步，舍默尔而息之态，为深切著明之辞。孔子能将春秋时代之矛盾成一调和，却不能使此调和固定也。

孔子之天论立于中途之上，孔子之人论亦复如是。古者以为人生而异，族类不同而异，等差不同而异，是为特别论之人性说。后世之孟子以为人心有其同然，圣人先得人心之同然者也，是为普遍论之人性说，孔子则介乎二者之间。今引《论语》中孔子论人之生质诸事。

> 子曰："性相近也，习相远也。"（《阳货》）
> 子曰："惟上智与下愚不移。"（《阳货》）
> 子曰："中人以上可以语上也，中人以下不可以语上也。"（《雍也》）
> 孔子曰："生而知之者上也，学而知之者次也，困而学之又其次也，困而不学，民斯为下矣。"（《季氏》）
> 子曰："民可使由之，不可使知之。"（《泰伯》）
> 子曰："惟女子与小人为难养也。近之则不逊，远之则怨。"（《阳货》）

孔子以为人之生也相近，因习染而相远，足征其走上普遍论的人性说已远矣，然犹未至其极也。故设上智下愚之例外，生而知，学而知，困而学之等差，犹以为氓氓众生，所生之凭借下，不足以语于智慧，女子小人未有中上之素修，乃为难养，此其与孟子之性善论迥不侔矣。

在人论上，遵孔子之道路以演进者，是荀卿而非孟子。孔子以为人之生也，大体不远，而等差亦见，故必济之以学，然后归于一路。孔子认为尽人皆须有此外工夫，否则虽有良才，无以成器，虽颜回亦不是例外，故以克己复礼教之。此决非如孟子所谓"万物皆备于我，反身而诚，乐莫大焉"者也。引《论语》如下：

> 子曰："我非生而知之者，好古敏以求之者也。"（《述而》）
>
> 子曰："……好仁不好学，其蔽也愚。好知不好学，其蔽也荡。好信不好学，其蔽也贼。好直不好学，其蔽也绞。好勇不好学，其蔽也乱。好刚不好学，其蔽也狂。"（《阳货》）
>
> 孔子对曰："有颜回者好学，不迁怒，不贰过。"（《雍也》）
>
> 颜渊问仁。子曰："克己复礼为仁。一日克己复礼，天下归仁焉。为仁由己，而由人乎哉？"颜渊曰："请问其目。"子曰："非礼勿视，非礼勿听，非礼勿言，非礼勿动。"（《颜渊》）
>
> 颜渊喟然叹曰："……夫子循循然善诱人，博我以文，约我以礼。"（《子罕》）
>
> 子贡问曰："孔文子，何以谓之文也。"子曰："敏而好学，不耻下问，是以谓之文也。"（《公冶长》）

孔子以为人之生也不齐，必学而后志于道。荀子以为人之生也恶，必学而后据于德。其人论虽有中性与极端之差，其济之之术则无异矣。兹将孔、孟、荀三氏之人性说图以明之。

	类　别	工　夫
孔子材差说 {	孟子性善说	以扩充内禀成之。
		以力学济之。
	荀子性恶说	以力学矫之。

后人以尊德性道问学分朱陆，其实此分辩颇适用于孟子、荀卿，若孔子，与其谓为尊德性，勿宁谓之为道问学耳。

孔子之地位，在一切事上为承前启后者，天人论其一焉。

第七章　墨子之非命论

《墨子》一书不可尽据，今本自《亲士》至《三辩》七篇宋人题作经者，虽《所染》与吕子合，《三辩》为《非乐》余义，《法仪》为《天志》余义，《七患》《辞过》为《节用》余义（皆孙仲容说），大体实甚驳杂。《修身》一篇全是儒家语，《亲士》下半为《老子》作注解，盖汉人之书也。《经》上下、《经说》上下，自为一种学问，不关上说下教之义。《大取》至《公输》七篇，可称墨家杂篇，其多精义。壹如《庄子杂篇》之于《庄子》全书。若其教义大纲之所在，皆含于《尚贤》至《非儒》二十四篇中，据此可识墨义之宗宰矣。

读《墨子》书者，总觉其宗教彩色甚浓，此自是极确定之事实，然其辩证之口气，有时转比儒家更近于功利主义。墨子辩证之方式有所谓三表者，其词曰：

> 子墨子言曰："有本之者，有原之者，有用之者。于何本之？上本之于古者圣三之事。于何原之？下原察百姓耳目之实。于何用之？发以为刑政，观其中国家百姓人民之利。此所谓三表也。"（《非命》上）

"本之"即荀子所谓"持之有故"，"原之"即荀子所谓"言之成理"，前者举传训以为证，后者举事理以为说。至于"用之"，则纯是功利论之口气，谓如此如此乃是国家百姓万人之大利也。孔子以为自古皆有死，孟子以为舍生而取义，皆有宗教家行其所是之风度，墨子乃沾沾言利，言之不已，虽其所谓利非私利，而为万民之公利，然固不似孟子之譬头痛绝此一名词也。其尤甚者，墨子以为鬼纵无有，亦必须假定其有，然后万民得利焉。

> 虽使鬼神请（诚）无，此犹可以合欢聚众，取亲于乡里。（《明鬼》下）

此则俨然服而德氏之说，虽使上帝诚无，亦须假设一个上帝。此虽设辩之词，然严肃之宗教家不许如此也。甚矣中国人思想中功利主义之深固，虽墨家亦如此也。然此中亦有故，当时墨家务反孔子，而儒家自始标榜"君子喻于义，小人喻于利"，"喻犹晓也"。故墨子乃立小人之喻以为第三表，且于三表中辞说最多焉，墨子固以儒家此等言辞为伪善者也。孟子又务反墨说，乃并此一名词亦排斥之。此节虽小，足征晚周诸子务求相胜，甲曰日自东出，乙必曰日自西出，而为东西者作一新界说，或为方位作一新解，以成其论。识此则晚周诸子说如何相反相生，有时可得其隐微，而墨子之非命论与儒如何关系，亦可知焉。

又有一事，墨子极与孔子相反者，孔子"博学而无所成名"，"无可无不可"，墨子则为晚周子籍中最有明白系统者。盖孔子依违调和于春秋之时代性中，墨子非儒，乃为断然的主张，积极的系统制作，其亦孔子后学激之使然耶？

墨子教义以宗教为主宰，其论人事虽以祸福利害为言，仍悉溯之于天，此与半取宗教之孔子固不同，与全舍宗教之荀子尤极端相反也。今试将墨子教义图以明之：

```
教义
 ↑                天志（正面说）            人伦 ┌ 兼爱（正面说）
证据：明鬼 ┤                  ├─→ 引申 ┤    └ 非攻（背面说）
                非命（背面说）                  ┌ 尚同（言体）
                                        政治 ┤ 尚贤（言用）
                                              └ 节用（言戒）非乐节
                                                葬并为节用之例。
```

《墨子·鲁问篇》云：

> 　　国家昏乱，则语之尚贤，尚同。国家贫，则语之节用，节葬。
> 国家喜音耽湎，则语之非乐，非命。国家淫僻无礼，则语之尊天，
> 事鬼。国家务夺侵凌，则语之兼爱，非攻。（《鲁问》）

　　此虽若对症下药，各自成方，而寻绎其义理，实一完固之系统，如上图所形容也。墨孟荀三氏之思想皆成系统，在此点上，三家与孔子不同，而墨子之系统为最严整矣。墨义之发达全在务反儒学之道路上。当时儒家对鬼之观念，立于信不信之半途，而作不信如信之姿势，且儒家本是相对的信命定论者，墨家对此乃根本修正之。今引其说：

> 　　儒以天为不明，以鬼为不神，天鬼不说（问禘，答曰不知，
> 性与天道不可得闻，皆孔子不说或罕说天鬼之证也。说读如字）。
> 此足以丧天下。……又以命为有，贫富，寿夭，治乱，安危，有极
> 矣，不可损益也。为上者行之，必不听治矣，为下者行之，必不从
> 事矣，此足以丧天下。（《公孟》）
> 　　公孟子曰：“无鬼神。”又曰：“君子必学祭祀。”（毕沅
> 曰，祀当为礼）子墨子曰：“执无鬼而学祭礼，是犹无客而学客礼

也，是犹无鱼而为鱼罟也。"（《公孟》）

立命而怠事，不可使守职。（《非儒》）

此皆难儒斥儒之词，既足以见墨义之宗旨，更足以证墨学之立场。儒家已渐将人伦与宗教离开，其天人说已渐入自然论，墨者乃一反其说，复以宗教为大本，而以其人事说为其宗教论之引申。墨家在甚多事上最富于革命性，与儒家不同，独其最本原之教义转似走上复古之道路，比之儒家，表面上为后于时代也。

然墨子之宗教的上天，虽抛弃儒家渐就自然论渐成全神论之趋势，而返于有意志有喜怒之人格化的上天，究非无所修正之复古与徒信帝力之大者所可比也。墨子之天实是善恶论之天神化，其上天乃一超于人力之圣人，非世俗之怪力乱神也。如许我以色列教统相比拟，《旧约》中尚少此等完全道德化之帝天，四福音中始见此义耳。是则墨子虽以宗教意识之重，较儒家为复古，亦以其上天之充分人格化道德化，转比儒家之天道说富于创造性。盖墨子彻底检讨人伦与宗教之一切义，为之树立上下贯彻之新解，虽彼之环境使以宗教为大本，而彼之时代亦使彼为一革新的宗教家，将道德理智纳之于宗教范畴之下，其宗教之本身遂与传统者有别。墨子立论至明切，非含胡接受古昔者也。《天志》三篇为彼教义之中心，其所反复陈言者：一则以为天有志，天志为义，义自天出。二则以为天兼有天下之人，故兼爱天下之人。三则以为从天之意者必得赏，背天之意者必得罚，人为天之所欲，则天为人之所欲，人为天之所恶，则天为人之所恶。四则以为天为贵，天为智，自庶人至于天子，皆不得次已而为政，有天政之。据此，可知墨子之天，乃人格化道德化之极致，是圣人之有广大权能在苍苍上者，故与怪、力、乱、神不可同日语也。

兹将墨义系统如前图所示者再解说之，以明其条贯。墨子以为天非不言而运行四时者，乃有明明赫赫之意志者，人非义不生，而义"自天出"。天意者，"上尊天，中事鬼神，下爱人"。行如此则天降之福，行不如此则天降之祸。墨子又就此义之背面以立论，设为非命之辨，以为三代之兴亡，个人之祸福，皆由自身之行事，天无固定之爱憎，即无前定之命焉，果存命定之说，万人皆怠其务，"是覆天下之义"，而"灭天下之人矣"。今知天志非命为墨义系统中之主宰者，可取下引为证：

> 子墨子言曰："我有天志，譬如轮人之有规，匠人之有矩，轮匠执其规矩，以度天下之方圜，曰，中（读去声，下同）者是也，不中者非也。"（《天志上》）
>
> 故子墨子之有天之意也，上将以度天下之王公大人为刑政也，下将以量天下之万民为文学出言谈也。……故置此以为法，立此以为仪，将以量度天下之王公大人卿大夫之仁与不仁，譬之犹分黑白也。（《天志中》）

今又知墨子论人事诸义为天志非命之引申者，可取下引为证：

> 子墨子曰："天之意不欲大国之攻小国也，大家之乱小家也，强之暴寡，诈之谋愚，贵之傲贱，此天之所不欲也。不止此而已，欲人之有力相营，有道相教，有财相分也。又欲上之强听治也，下之强从事也。"（《天志中》）
>
> 顺天之意者兼也，反天之意者别也。兼之为道也义正，别之为道也力正。曰："义正者何若？"曰："大不攻小也，强不侮弱也，众不贼寡也，诈不欺愚也，贵不傲贱也，富不骄贫也，壮不夺老也。是以天下之庶国莫以水火毒药兵刃以相害也。……"曰："力正者何若？"曰："大则攻小也，强则侮弱也，众则贼寡也，

> 诈则欺愚也，贵则傲贱也，富则骄贫也，壮则夺老也。是以天下之庶国方以水火毒药兵刃以相贼害也。"（《天志下》）

据此，则兼爱非攻皆天之意向，墨子奉天以申其说。尚同则壹天下人之行事以从天志，虽尚贤亦称为天之意焉。其言曰：

> 故古圣王以审以尚贤便能为政，而取法于天。虽天亦不辨贫富、贵贱、远近、亲疏、贤者举而尚之，不肖者抑而废之。（《尚贤中》）

故天志非命为墨义系统之主宰，无可疑也。

墨子之天道观对儒家为反动者，已如上文所论，其对《周诰》中之天道论，则大体相同，虽口气有轻重，旨命则无殊也。此语骤看似不可通，盖《周诰》中历言天不可信，而墨子以天之昭昭为言，《周诰》以为修短由人，墨子以为志之在天。然疏解古籍者，应识其大义，不可墨守其名词。墨子所非之命，指命定之论而言，以祸福有前定而不可损益者也，此说亦《周诰》中所力排者也。墨子所主张之天志，乃作善天降祥，作不善天降殃之说，谓天明明昭昭，赏罚可必，皆因人之行事而定，而非于人之行事以外别有所爱憎，此说正《周诰》所力持者也。《非命篇》全是《周诰》中殷纣丧命汤武受命说之注脚，而《天志篇》虽口气有轻重，注意点有不同，其谓天赏劳动善行，罚荒佚暴政，则无异矣。《周诰》为政治论，墨义为宗教论，其作用原非一事，故词气不同，若其谓天命之祸福皆决之于人事，乃无异矣。（参看本篇第二章）

墨子之天道论固为周初以来（或不止于周初）正统天道论一脉中在东周时造成之极峰，其辞彩焕发，引喻明切，又为东周诸子所不及。（希腊罗马之散文体以演说为正宗，中国之古演说体仅存于《墨子》。

其陈义明切，辩证严明，大而不遗细，守而能攻击，固非循循讷讷之孔子，强辞夺理之孟子所能比，即整严之荀子，深刻之韩子，亦非其匹，盖立义既高，而文词又胜也。）然亦有其缺陷，易为人攻陷者，即彼之福善祸淫论在证据上有时不能自完其说，其说乃"无征不信，不信民弗从"也。请证吾说。

　　有游于子墨子之门者，谓子墨子曰："先生以鬼神为明知（智），能为祸福（据王孙二氏校），为善者富之，为暴者祸之。今吾事先生久矣，而福不至，意者先生之言有不善乎？鬼神不明乎？我何故不得福也？"子墨子曰："虽子不得福，吾言何遽不善？而鬼神何遽不明？子亦闻乎匿徒有刑乎？"（从俞校）对曰："未之得闻也。"子墨子曰："今有人于此，什子，子能什誉之而一自誉乎？"对曰："不能。""有人于此，百子，子能终身誉其善而子无一乎？"对曰："不能。"子墨子曰："匿一人者犹有罪，今子所匿者若此其多，将有厚罪者也，何福之求？"

　　子墨子有疾，跌鼻进而问曰："先生以鬼神为明，能为祸福，为善者赏之，为不善者罚之。今先生圣人也，何故有疾？意者先生之言有不善乎？鬼神不明知（智）乎？"子墨子曰："虽使我有病，（鬼神）何遽不明？人之所得于病者多方，有得之寒暑，有得之劳苦。百门而闭一门焉，则盗何遽无从入？"（《公孟》）

　　此真墨说之大缺陷矣。弟子不得福，则曰汝尚未善也，若墨子有其早死之颜回，则又何说？且勉人以善更求善，一般人之行善固有限度者，累善而得祸，其说必为人疑矣。《旧约》记约百力行善，天降之祸，更善，更降之祸，虽以约百之善人，终不免于怨天焉。墨子自身有疾，则曰，病由寒暑劳苦也，此非得自天焉，且以一对百比天意与他故之分际，此真自降其说矣。不以天为全智全能，则天志之说决不易于动听也。夫耶稣教之颇似墨义，自清末以来多人言之，耶稣教有天堂地狱之说，谓祸福不可但论于此世，将以齐之于死后也。故善人得福在于天堂，恶人得祸在于地狱，恶人纵得间于生前，必正地火之刑于死后，至于世界末日，万类皆得平直焉。此固无可证其必有，亦无可证其必无之说。然立说如此乃成一完全之圆周，无所缺漏。如墨子之说，虽宗教意识极端发达，而不设身后荣辱说以调剂世间之不平，得意者固可风从，失意者固不肯信矣。墨家书传至现在者甚少，当年有无类于天堂地狱之说，今固不可确知，然按之《墨子》书，其反复陈说甚详，未尝及此也。其言明鬼，亦注重在鬼之干预世间事，未言鬼之生活也。墨子出身盖亦宋之公族（颉刚语我云，墨氏即墨夷氏，公子目夷之后。其说盖可信），后世迁居于鲁，与孔子全同，亦孔融所谓"圣人之后不得其位而亡于宋"者也。其说虽反儒家之尚学，其人实博极群书者，言必称三代，行乃载典籍，亦士大夫阶级之人也。其立教平等，舍亲亲尊尊之义，而惟才是尚，其教也无类，未有儒家"礼不下庶人"之恶习，故其教徒中所吸收者，甚多工匠及下层社会中人，而不限于士流，于是显然若与儒学有阶级之差异者。其人之立身自高于孔子甚远，然而其自身究是学问之士，兼为教训政治之人，非一纯粹之宗教家也。此其为人所奉信反不如张角者欤？

第八章　孟子之性善论及其性命一贯之见解

墨子亟言天志，于性则阙之，是亦有故。大凡以宗教为思想之主宰者，所隆者天也，而人为藐小，故可不论。务求脱去宗教色彩之哲学家，不得不立其大本，而人适为最便于作此大本者。此虽不可一概论，然趋向如是者多矣。墨学以宗教为本，其不作人论也，固可假设以书缺有间，然墨义原始要终，今具存其旨要，辩说所及，枝叶扶疏，独不及于人论者，绝不似天人之论失其一半，盖墨子既称天而示行，则无所用乎称人以载道也。

孟子一反墨家自儒反动之路，转向儒家之本而发展之，其立场比孔子更近于全神论及自然论，即比孔子更少宗教性。夫立于全神论，则虽称天而天实空；立于自然论，则天可归之冥冥矣。此孟子不亟言天而侈论性之故与？

孟子之言天道也，与孔子无殊，在此一界中，孟子对孔子，无所增损，此义赵岐已言之：

> 宋桓魋害孔子，孔子称"天生德于予"。鲁臧仓毁隔孟子，孟子曰："臧氏之子，焉能使余不遇哉？"旨意合同，若此者众。

其谓际合成败有待于天命者如此。虽然，孔子孟子之所谓天命，非阴阳家之天命，其中虽有命定之义，亦有命正之义焉，所谓"修身以俟之"，"尽其道而死者正命也"（《尽心》上）。此以义为命之说，自谓述之于孔子：

> 弥子谓子路曰："孔子主我，卫卿可得也。"子路以告。孔子曰"有命"。孔子进以礼，退以义，得之不得曰有命。而主痈疽与侍人瘠环，是无义无命也。（《万章》上）

且以为天命之降否纵一时有其不可知者，结局则必报善人：

> 苟为善，后世子孙必有王者矣。君子创业垂统，为可继也。若夫成功，则天也。君如彼何哉？强为善而已矣。（《梁惠王》下）

其命正论之趋向固如是明显，然命运论之最早见于载籍者亦在《孟子》中：

> 天下之生久矣，一治一乱。（《滕文公》下）
> 五百年必有王者兴，其间必有名世者。（《公孙丑》下）

此则微似邹衍矣。孟子固不自知其矛盾也。

今于说孟子性善论之前，先述孟子思想所发生之环境。墨翟之时，孔学鼎盛，"墨子学儒者之业，受孔子之术，以为其礼烦扰而不悦，厚葬靡财而贫民，久服伤生而害事，故背周道而用夏政。"（《淮南·要略》）盖务反儒者之所为也。孟轲之时，"杨朱墨翟之言盈天下，天下之言不归杨则归墨。"孟子以为杨朱之言性（生），徒纵口耳之欲，养其一体即忘其全也，遂恶养小以失大，且以为性中有命焉。今杨义不存，孟子言之激于杨氏而出者，不可尽知，然其激于墨氏而出者，则以墨义未亡，大体可考。墨子立万民之利以为第三表，孟子则闻利字若必洗耳然，以为此字一出乎心，其后患不可收拾。其务相反如此。墨子以为上天兼有世人，兼而食之，遂兼而爱之。孟子以为"人之于身也兼所爱，兼所爱则兼所养。"其受墨说影响之辞气又如此。此虽小节，然尤足证其影响之甚也。若夫孔子，以为杞宋不足征，周监于二代，乃从后王之政。墨子侈言远古，不信而征，复立仪范虞夏之义，以为第一表。孟子在墨子之后，乃不能上返之于孔子，而下迁就于墨说，从而侈谈洪荒，不自知其与彼"尽信书则不如无书"之义相违也。故孟子者，在性格，在言谈，在逻辑，皆非孔子之正传，且时与《论语》之义相背，彼虽以去圣为近，愿乐孔子，实则纯是战国风习中之人，墨学磅礴后激动以出之新儒学也。

在性论上，孟子全与孔子不同，此义宋儒明知之，而非宋儒所敢明言也。孔子之人性说，以大齐为断，以中性为解，又谓必济之以学而后可以致德行，其中绝无性善论之含义，且其劝学乃如荀子。孟子舍宗教而就伦理，罕言天志而侈言人性，墨子以为仁义自天出者，孟子皆以为自人出矣。墨孟皆道德论者，道德论者，必为道德立一大本，墨子之大本，天也，孟子之大本，人也，从天志以兼爱，与夫扩充性端以为仁义，其结构同也。是则孟子之性善说，亦反墨反宗教后应有之一种道学态度矣。

　　当孟子时，论人生所赋之质者不一其说，则孟子之亟言性也，亦时代之所尚，特其质言性善者是其创作耳。当时告子以为"性无善无不善"，此邻于道家之说。又或以为"性可以为善，可以为不善，是故文武兴则民好善，幽厉兴则民好暴"，此似同于孔子之本说。又或以为"有性善，有性不善，是故以尧为君而有象，以瞽瞍为父而有舜"，此则孔子所指上智下愚不移之例外也（以上或说皆见《告子篇》上）。今孟子皆非之，与孔子迥不侔矣。

　　告子性超善恶之说，以为仁义自外习成，非生之所具，欲人之仁义，必矫揉之然后可。孟子性善之说，以为仁义礼智皆出于内心，即皆生来之禀赋，故以性为善，其为恶者人为也，《孟子》书中立此义者多，引其辨析微妙者一章：

　　　　孟季子问于公都子曰："何以为义内也？"曰："行吾敬，故谓之内也"。

　　　　"乡人长于伯兄一岁。则谁敬？"曰："敬兄"。

　　　　"酌则谁先？"曰："酌乡人"。

　　　　"所敬在此，所长在彼，果在外，非由内也。"

　　　　公都子不能答，以告孟子。孟子曰："敬叔父乎？敬弟乎？彼将曰敬叔父。曰，弟为尸则谁敬？彼将曰敬弟。子曰，恶在其敬叔父也。彼将曰，在位故也。子亦曰，在位故也。庸敬在兄，斯须之敬在乡人。"

季子闻之，曰："敬叔父则敬，敬弟则敬，果在外，非由内也"。

公都子曰："冬日则饮汤，夏日则饮水，然则饮食亦在外也"。

义者，是非之辩，所以论于行事者也，孟季子重言行事之本身，以为因外界之等差而异其义方，故认为义外，孟子重言其动机，以为虽外迹不齐，而其本自我，故认为义内。自今日视之，此等议论，皆字面之辩耳。虽然，欧洲哲学家免于字面之辩者又几人乎？

今更引《孟子》论性各章中最能代表其立说者之一章：

孟子曰："乃若其情，则可以为善类，乃所谓善也。若夫为不善，非才之罪也。"

"恻隐之心，人皆有之；羞恶之心，人皆有之；恭敬之心，人皆有之；是非之心，人皆有之。恻隐之心，仁也；羞恶之心，义也；恭敬之心，礼也；是非之心，智也。仁、义、礼、智，非由外铄我也，我固有之也。弗思耳矣。故曰，求则得之，舍则失之，或相倍蓰而无算者，不能尽其材者也。"（《告子》上）

夫曰"可以为善"，即等于说不必定为善也，其可以为善者，仁义礼智之端皆具于内，扩而充之，斯善矣。其不为善者，由于不知扩充本心，外物诱之，遂陷于不义，所谓不能尽其材也。此说以善为内，以恶为外，俨然后世心学一派之说，而与李习之复性之说至近矣。孟子既以人之为善之动机具于内，乃必有良知良能论：

孟子曰："人之所不学而能者，其良能也，所不虑而知者，其良知也。孩提之童，无不知爱其亲也，及其长也，无不知敬其兄也。亲亲，仁也，敬长，义也。无他，达之天下也。"（《尽心》上）

而此良知良能又是尽人所有者，人之生性本无不同也。

孟子曰："富岁子弟多赖，凶岁子弟多暴，非天之降才尔殊也，其所以陷溺其心者然也。今夫麰麦，播种而耰之，其地同，树之时又同，勃然而生，至于日至之时皆熟矣。虽有不同，则地有肥硗，雨露之养，人事之不齐也。

"故凡同类者举相似也，何独至于人而疑之？圣人与我同类者。故龙子曰，"不知足而为屦，我知其不为蒉也。"屦之相似，是天下之足同也。

"故曰，口之于味也，有同耆焉，耳之于声也，有同听焉，目之于色也，有同美焉，于心独无所同乎？心之所同然者何也？谓理也，义也。……故义理之悦我心，犹刍豢之悦我口。"（《告子》上）

既以为天下之人心同，又以为万物皆备于我。以为万物皆备于我，而孟子之性善论造最高峰矣。

孟子曰："万物皆备于我矣。返身而诚，乐莫大焉。强恕而行，求仁莫近焉。"（《尽心》上）

古无真字，后世所谓真，古人所谓诚也。
至于为恶之端，孟子皆归之于外物：

　　孟子曰："牛山之木尝美矣，以其郊于大国也，斧斤伐之，可以为美乎？是其日夜之所息，雨露之所润，非无萌蘖之生焉，牛羊又从而牧之，是以若彼濯濯也。人见其濯濯也，以为未尝有材焉，此岂山之性也哉？虽存乎人者，岂无仁义之心哉？其所以放其良心者，亦犹斧斤之于木也。旦旦而伐之，可以为美乎？其日夜之所息，平旦之气，其好恶与人相近也者几希。则其旦昼之所为，有梏亡之矣。梏之反覆，则其夜气不足以存。夜气不足以存，则其违禽兽不远矣。人见其禽兽也，而以为未尝有才焉者，是岂人之情也哉？故苟得其养，无物不长，苟失其养，无物不消。孔子曰，'操则存，舍则亡，出入无时，莫知其乡。'惟心之谓与！"（《告子》上）

　　孟子既以善为内，以恶为外，故其教育论在乎养心放心，而不重视力学，其言学问亦仅谓"求其放心而已矣。"此亦性善说之所必至，犹之劝学为性恶论者之所必取也。

　　孟子之论性如此，自必有尽心之教育说，养生之社会论，民贵之政治论，此三事似不相干，实为一贯。盖有性善之假定，三义方可树立也。不观乎《厄米尔》之作者与《民约论》之作者在欧洲亦为一人乎？

孟子之性命一贯见解

　　依本书上卷字篇所求索，命字之古本训为天之所令，性字之古本训为天之所生。远古之人，宗教意识超过其他意识，故以天令为谆谆然命之，复以人之生为天实主之，故天命人性二观念，在其演进之初，本属同一范域。虽其后重言宗教者或寡言人性，求摆脱宗教神力者或重言人性，似二事不为一物然，然在不全弃宗教，而又走上全神论自然论之道路之儒家，如不求其思想成一条贯则已，如一求之，必将二事作为一系，此自然之理也。孟子以前书缺不可知，孟子之将二事合为一论者今犹可征也。

> 孟子曰："口之于味也，目之于色也，耳之于声也，鼻之于臭也，四肢之于安佚也，性也。有命焉，君子不谓性也。
>
> "仁之于父子也，义之于君臣也，礼之于宾主也，知之于贤者也，圣人之于天道也，命也。有性焉，君子不谓命也。"（《尽心》）

此章明明以性命二字相对相连为言，故自始为说性理者所注意。然赵岐（《孟子注》）、朱子（《孟子章句》或问语类）、戴震（《孟子字义疏证》第二十八条）、程瑶田（《论学小记》）诸氏所解，虽亦或有精义，究不能使人感觉怡然理顺者，则以诸氏或不解或不注意此处之性字乃生字之本训，一如告子所谓"生之为性"之性（孟子在此一句上，并不驳告子，阮氏已详言之矣），此处之命字乃天令之引申义，一如《左传》所称邾子"知命"之命，故反复不得其解也。此一章之解，程、朱较是，而赵氏、戴震转误。程氏最近，又以不敢信孔孟性说之异，遂昧于宋儒分辩气质义理二性之故。兹疏此章之义如下。

孟子之亟言性善，非一人独提性之问题而谓之善，乃世人已侈谈此题，而孟子独谓之善以辟群说也。告子之说，盖亦当时流行性说之一也。其言以为"生之谓性"，孟子只可訾其无着落，不能谓此语之非是，此语固当时约定俗成之字义也（如墨子訾儒之"乐以为乐"，谓之说等于不说则可，谓之非是则不可）。故孟子之言性，亦每为生字之本训，荀子尤甚（参看本书上卷第七八章）。

孟子之言命，字面固为天命，其内含则为义，为则，不尽为命定之训也。其为义者，"孔子进以礼，退以义，得之不得曰有命；而主痈疽与侍人瘠环，是无义无命也。"此虽联义与命言，亦正明其相关为一事也。其为则者，孟子引《诗》，"天生烝民，有物有则"，而托孔子语以释之曰："有物必有则。"孟子之物则二解皆非本训（物之本训为大物，今所谓图腾也。则之本训为法宪，今所谓威权也，说别详），然既以为天降物与则，是谓命中有则也，故谓"尽其道而死者，正命也"。

字义既定，今疏此一章曰，口之好美味，目之好好色，耳之乐音声，鼻之恶恶臭，四肢之欲安佚，皆生而具焉者也，告子所谓"食色，性也"。然此亦得之于天者。"天生烝民，有物有则，民之秉彝，好是懿德"（均从孟子所解之义）。天命固有其正则焉，故君子不徒归口、耳等于生之禀赋中，故不言"食色，性也"。仁者得以恩爱施于父子，义者得以义理施于君臣，好礼者得以礼敬施于宾主，圣者得以智慧明于天道，此固世所谓天命之正则也，然世人之能行此也，亦必由于生而有此禀，否则何所本而行此？"仁、义、礼、智，非由外铄我也，我固有之也。"故君子不取义外之说，不徒言"义自天出"（墨义），而忘其亦自人出也。

故此一章亦是孟子与墨家及告子及他人争论中之要义，而非凭空掉换字而以成玄渺之说。识性命二字之本训，合《孟子》他章而观之，其义至显矣。此处孟子合言性命，而示其一贯，无异乎谓性中有命，命中有性，犹言天道人道一也，内外之辩妄也。（孟子云"尽其心者，知其性也，知其性则知天矣。存其心，养其性，所以事天也。夭寿不贰，修身以俟之，所以立命也。"亦言天道人道为一物一事之义者。口之于味一章既识其义，此章可不解而明矣。）西汉博士所著之《中庸》云，"天命之谓性"，盖孟子后儒家合言天人者已多，而西京儒学于此为盛焉。

古宗教立天以制人，墨子之进步的宗教，则将人所谓义者归之于天，再称天以制人。孟子之全神论的、半自然论的人本主义，复以人道解天道，而谓其为一物一则一体，儒家之思想进至此一步，人本之论成矣。

附论赵岐注

赵岐解此章，阮芸台盛称之，然赵氏释命字作命定之义，遂全不可通。赵云：

> ……此（口耳等）皆人性之所欲也。得居此乐者，有命禄，人不能皆如其愿也。凡人则触情从欲而求可乐，君子之道则以仁义为先，礼节为制，不以性欲故而苟求之也。故君子不谓性也。
>
> ……皆（仁义等）命禄遭遇，乃得居而行之，不遇者不得施行。然亦才性有之，故可用也（按此语不误）。凡人则归之命禄，任天而已，不复谓性，以君子之道，则修仁、行义、修礼、学知、庶几圣人，亹亹不倦，不但坐而听命。故曰君子不谓命也。
>
> 〔章指〕尊德乐道，不任佚性。治性勤礼，不专委命。君子所能，小人所病。

此真汉儒之陋说，于孟子所用性命二字全昧其义。至以性为"性欲"，且曰，"治性"，"佚性"，岂孟子道性善者之义乎？汉儒纯以其时代的陋解解古籍，其性论之本全在性善情恶之二元论（详下卷）。而阮氏以为古训如此，门户之见存也。

第九章　荀子之性恶论及其天道观

以荀卿、韩非之言为证，孟子之言，彼时盖盈天下矣。荀子起于诸儒间，争儒氏正统，在战国风尚中，非有新义不足以上说下教，自易于务反孟子之论，以立其说。若返之于孔子之旧谊，尽弃孟氏之新说，在理为直截之路，然荀子去孔子数百年，时代之变已大，有不可以尽返者。且荀卿赵人，诸儒名家，自子游而外，大略为邹鲁之士，其为齐卫人者不多见，若三晋，则自昔有其独立之学风（魏在三晋中，较能接受东方学风），乃法家之宗邦，而非儒术之灵土。荀卿生长于是邦，曾西游秦，南仕楚，皆非儒术炽盛之地，其游学于齐，年已五十，虽其响慕儒学必有直接或间接之邹鲁师承，而其早岁环境之影响终不能无所显露。今观荀子陈义，其最引人注意者为援法入儒。荀氏以隆礼为立身施政之第一要义，彼所谓礼实包括法家所谓法（《修身篇》，"礼者，法之大分，类之纪纲也。"如此界说礼字，在儒家全为新说。）彼所取术亦综核名实，其道肃然，欲一天下于一政权一思想也。其弟子有韩非李斯之伦者，是应然，非偶然。今知荀子之学，一面直返于孔子之旧，一面援法而入以成儒家之新，则于荀子之天人论，可观其窍妙矣。荀子以性恶论著闻，昔人以不解荀子所谓"人性恶，其为善者伪也"之字义，遂多所误会。关于"伪"字者，清代汉学家已矫正杨注之失，郝懿行以为即是为字，其说无以易矣，而《性恶》《天论》两篇中之性字应是生字，前人尚无言之者，故荀子所以对言性伪之故犹不显，其语意犹未澈也。今将两篇中之性字一齐作生字读，则义理顺而显矣。（参看上卷第八章）

荀子以为人之生也本恶，其能为善者，人为之功也，从人生来所禀赋，则为恶，法圣王之制作以矫揉生质，则为善。其言曰：（文中一切性字皆应读如生字，一切伪字皆应读如为字，荀子原本必如此。）

人之性（生）恶，其善者伪（为）也。今人之性（生），生而有好利焉，顺是，故争夺生而辞让亡焉。生而有疾恶焉，顺是，故残贼生而忠信亡焉。生而有耳目之欲，好声色焉（好上原衍"生"字，据王先谦说删），顺是，故淫乱生而礼义文理亡焉。然则从人之性（生），顺人之情，必出于争夺，合于犯分乱理而归于暴。故必将有师法之化，礼义之道，然后出于辞让，合于文理而归于治。用此观之，然则人之性（生）恶明矣，其善者伪（为）也。故枸木必将待隐括烝矫然后直，钝金必将待砻厉然后利。今人之性（生）恶，必将待师法然后正，得礼义然后治。

孟子曰："人之学者其性（生）善。"曰："是不然，是不及知人之性（生），而不察乎人之性（生）伪（为）之分者也。凡性（生）者，天之就也，不可学，不可事。礼义者，圣人之所生也，人之所学而能，所事而成者也。不可学，不可事，而在人者，谓之性（生）；可学而能，可事而成之在人者，谓之伪（为）；是性（生）伪（为）之分也。……问者曰，人之性（生）恶，则礼义恶生？应之曰，凡礼义者，是生于圣人之伪（为），非故生于人之性（生）也。故陶人埏埴而为器，然则器生于工人之伪（为），非故生于陶（据王念孙说补'陶'字）人之性（生）也。故工人斲木而成器，然则器生于工人之伪（为），非故生于工（据王念孙说补'工'字）人之性（生）也。圣人积思虑，习伪（为）故，以生礼义，而起法度，然则礼义法度者，是生于圣人之伪（为），非故生于人之性（生）也。若夫目好色，耳好声，口好味，心好利，骨体理肤好愉佚，是皆生于人之情性（生）者也，感而自然，不待事而后生之者也。夫感而不能然，必且待事而后然者，谓之（之下'生于'二字据王说删）伪（为）。是性（生）伪（为）之所生，其不同之征也。故圣人化性（生）而起伪（为）。伪（为）起而生礼义，礼义生而制法度。然则礼义法度者，是圣人之所生也。故圣人之所以同于众，其不异于众者，性（生）也，所以异而过众者，伪（为）也。……凡人之欲为善者为性（生）恶也。……"故性（生）善则去圣王，息礼义矣，性（生）恶，则与圣王，贵礼义矣。故隐括之生，为枸木也，绳墨之起，为不直也，立君上，明礼义，为性（生）恶也。……"（《性恶篇》）。篇中若干性字尽读为

生字，固似勉强，然若一律作名词看，则无不可矣。说详上卷）

既知《荀子》书中之性字本写作生字，其伪字本写作为字，则其性恶论所发挥者，义显而理充。如荀子之说，人之生也其本质为恶，故必待人工始可就于礼义，如以为人之生也善，则可不待人工而自善，犹之乎木不待矫揉而自直，不需乎圣王之制礼义，不取乎学问以修身也，固无是理也。无是理，则生来本恶明矣。彼以"生"、"为"为对待，以恶归之天生，以善归之人为。若以后代语言达其意，则荀子盖以为人之所以为善者，人工之力，历代圣人之积累，以学问得之，以力行致之，若从其本生之自然，则但可趋于恶而不能趋于善也。此义有其实理，在西方若干宗教若干哲学有与此近似之大假定。近代论人之学，或分自然与文化为二个范畴（此为德国之习用名词），其以文化为扩充自然者，近于放性主义，其以文化为克服自然者，近于制性主义也。

孟子曰："乃若其情，则可以为善矣，若夫为不善，非才之罪也。"如反其词以质孟子曰："乃若其情，则可以为恶矣，若夫不为恶，非才之功也"，孟子将何以答之乎？夫曰："可以"，则等于说"非定"，谓"定"则事实无证，谓"非定"，则性善之论自摇矣。此等语气，皆孟子之逻辑工夫远不如荀子处。孟子之词，放而无律，今若为卢前王后之班，则孟子之词，宜在淳于髡之上，荀卿之下也。

其实荀子之说，今日观之亦有其过度处。设若诘荀子云，人之生质中若无为善之可能，则虽有充分之人工又焉能为善？木固待矫揉然后可以为直，金固待冶者然后可以为兵，然而木固有其可以矫揉以成直之性，金固有其可以冶锻以成利器之性，木虽矫揉不能成利器，金虽有良冶不能成珠玉。夫以为性善，是忘其可以为恶，以为性恶，是忘其可以为善矣。吾不知荀子如何答此难也。荀子之致此缺陷，亦有其故，荀子掊击之对象，孟子之性善说，非性无善无不善之说也。设如荀子与道家辩论，或变其战争之焦点，而稍修改其词，亦未可知也。此亦论生于反之例也。（《礼论篇》云："性者本始材朴也，伪者文理隆盛也。无性则伪之无所加，无伪则性不能自美。……性伪合而天下治。"已与性恶论微不同。）自今日论之，生质者，自然界之事实，善恶者，人伦中之取舍也。自然在先，人伦在后，今以人之伦义倒名自然事实，是以后事定前事矣。人为人之需要而别善恶，天不为人之需要而生人，故善恶非所以名生质者也。且善恶因时因地因等因人而变，人性之变则非如此之速而无定也。虽然，自自然人变为文化人，需要累世之积业，无限之努力，多方之影响，故放心之事少，克己之端多，以大体言，荀说自近于实在，今人固不当泥执当时之词名而忽其大义也。

有荀子之性恶论，自必有荀子之劝学说。性善则"求其放心"，斯为学问之全道，性恶则非有外工克服一身之自然趋势不可也。孟荀二氏之性论为极端相反者，其修身论遂亦极端相反，其学问之对象遂亦极端相反。此皆系统哲学家所必然，不然，则为自身矛盾矣。

寻荀子之教育说，皆在用外功克服生质，其书即以劝学为首（此虽后人编定，亦缘后人知荀学之首重在此）。

此《劝学》之一篇在荀书中最有严整组织，首尾历陈四义。其一义曰，善假于物而慎其所立：

> 干越夷貉之子，生而同声，长而异俗，教使之然也，……吾尝终日而思矣，不如须臾之所学也（此述孔子语）。吾尝跂而望矣，不如登高之博见也。登高而招，臂非加长也，而见者远；顺风而呼，声非加疾也，而闻者彰。假舆马者，非利足也，而致千里；假舟楫者，非能水也，而绝江河。君子生非异也，善假于物也。（《性恶篇》云："尧舜之与桀跖，其性一也，君子之与小人，其性一也。"）……西方有木焉，名曰射干，茎长四寸，生于高山之

上，而临百仞之渊，木茎非能长也，所立者然也。……故君子居必择乡（《论语》，"里仁为美。"），游必就士（此亦孔子损友益友之说），所以防邪僻而近中正也。……平地若一，水就湿也，草木畴生，禽兽群焉，物各从其类也。……君子慎其所立乎？

此言必凭借往事之成绩，方可后来居上，必立身于良好之环境，方可就善远恶。其二义曰，用心必专一，此言治学之方也。

锲而舍之，朽木不折；锲而不舍，金石可镂。螾无爪牙之利，筋骨之强，上食埃土，下饮黄泉，用心一也；蟹六跪而二螯，非蛇蟺之穴无可寄托者，用心躁也。是故无冥冥之志者，无昭昭之明；无惛惛之道者，无赫赫之功。……目不能两视而明，耳不能两听而聪。……故君子结于一也。

其三义曰隆礼，此言治学之对象也。

学恶乎始？恶乎终？曰：其数则始乎诵经，终乎读礼，其义则始乎为士，终乎为圣人。真积力久则入学，至乎没而后止也。……礼者，法之大分，类之纲纪也，学至乎礼而止矣。……将原先王，本仁义，则礼正其经纬蹊径也。……不道（王念孙曰，"道者由也。"）礼宪，以诗书为之，譬之犹以指测河也，以戈舂黍也，以锥飧壶也，不可以得之矣。故隆礼虽未明，法士也，不隆礼虽察辩，散儒也。

其四义曰贵全，贵全者，谓不为一曲之儒，且必一贯以求其无矛盾，此言所以示大儒之标准也。

君子知夫不全不粹之不足以为美也，故诵数以贯之，思索以通之，为其人以处之，除其害者以持养之。使目非是无欲见也，使耳非是无欲闻也，使口非是无欲言也，使心非是无欲虑也。……是故权利不能倾也，群众不能移也，天下不能荡也。生由乎是，死由乎是，夫是之谓德操。德操然后能定，能定然后能应，能定能应，夫是之谓成人。天见其明，地见其光，君子贵其全也。

此虽仅示大儒之标准，其词义乃为约律主义所充满，足征荀子之教育论，乃全为外物主义，绝不取内心论者任何一端以为说。

荀子既言学不可以已，非外功不足以成善人，此与尽心率性之说已极相反，至于所学之对象，孟子以为求其放心，荀子则以为隆礼，亦极端相反。荀子所谓礼者兼括当时人所谓法（《修身》篇曰，"故学也者，礼法也，"又曰，"故非礼是无法也。"），凡先圣之遗训，后王之明教，人事之条理，事节之平正，皆荀子所谓礼也（参见《修身》《正名》《礼论》各篇）。故荀子之学礼，外学而非内也，节目之学而非笼统之义也。孟子"反身而观，乐莫大焉"，荀子乃逐物而一一求其情理平直，成为一贯，以为学问之资（在此义上，程、朱之格物说与荀子为近）。至其论学问之用于身也，无处不见约律主义，无处不是"克己复礼"之气象，与孟子诚如冰炭矣。

荀子之论学，虽与孟子相违，然并非超脱于儒家之外，而实为孔子之正传，盖孟子别走新路，荀子又返其本源也（参见本书下卷）。自孔子"克己复礼"之说引申之到极端，必有以性伪分善恶之论。自"非生而知之，好古敏以求之"之说发挥之，其义将如《劝学》之篇。颜渊曰，"夫子博我以文，约我以礼"，此固荀子言学之方也（参见《劝学》《修身》等篇）。若夫"非礼勿视，非礼勿听，非礼勿言，非礼勿动"，以及好仁不好学其蔽也愚，好知不好学其蔽也荡……等语，皆是荀学之根本。孟子尊孔子为集大成，然引其说者盖鲜，其义尤多不相干，若荀子，则为《论语》注脚者多篇矣。虽荀子严肃庄厉之气象非如孔子之和易，其立说之本质则一系相承者颇多耳。

言学言教，孔荀所同，言性则孔荀表面上颇似不类。若考其实在，二者有不相干，无相违也。孔子以为性相近，而习相远，此亦荀子所具言也。孔子别上智下愚，中人而上，中人而下，此非谓生质有善恶也，言其材有差别也。盖孔子时尚无性善性不善之问题，孔子之学论固重人事工夫，其设教之本仍立天道之范畴，以义归之于天，斯无需乎以善归之于性，故孔子时当无此一争端也。迨宗教之义既衰，学者乃舍天道而争人性，不得不为义之为物言其本源，不能不为善之为体标其所出，于是乃有性善性恶之争。言性善则孟子以义以善归于人之生质，言性恶则荀子以义以善归之先王后圣之明表。孔子时既无此题，其立说亦无设此题之需要。故孔荀在此一事上是不相干而不可谓相违也。若其克己复礼之说，极度引申可到性恶论，则亦甚有联系矣。

荀子之天道观

荀子之性论，舍孟子之新路而返孔子之旧域，已如上文所述，其天道论则直向新径，不守孔丘孟轲之故步，盖启战国诸子中积极人生观者最新派之天道论，已走尽全神论之道路，直入于无神论矣。请证吾说。早年儒家者，于天道半信半疑者也，已入纯伦理学之异域，犹不肯舍其宗教外壳者也。孔子信天较笃，其论事则不脱人间之世，盖其心中之天道已渐如后世所谓"象"者，非谆谆然之天命也。孟子更罕言天，然其决意扫尽一切功用主义，舍利害生死之系念，一以是非为正而毫无犹疑，尤见其宗教的涵养，彼或不自知，而事实如此。自孟子至于荀子，中经半世纪，其时适为各派方术家备极发展之世。儒家之外，如老子、庄周，后世强合为一，称之曰道家者，其天道论之发展乃在自然论之道路上疾行剧趋。老子宗天曰自然，庄子更归天于茫茫冥冥。荀子后起，不免感之而变，激之而厉，于是荀子之天道论大异于早年儒家矣。其言曰：

> 天行有常，不为尧存，不为桀亡。应之以治则吉，应之以乱则凶。强本而节用，则天不能贫，养备而动时，则天不能病，循道而不二，则天不能祸。故水旱不能使之饥渴，寒暑不能使之疾，妖怪不能使之凶。本荒而用侈，则天不能使之富，养略而动罕，则天不能使之全，倍道而妄行，则天不能使之吉。……惟圣人为不求知天。……
>
> 故君子敬其在己者而不慕其在天者，小人错其在己者而慕其在天者。君子敬其在己者而不慕其在天者，是以日进也。小人错其在己者而慕其在天者，是以日退也。……
>
> 雩而雨，何也？曰：无何也，犹不雩而雨也。日月食而救之，天旱而雩，卜筮然后决大事，非以为得求也，以文之也。故君子以为文，而百姓以为神。以为文则吉，以为神则凶也。……
>
> 大天而思之，孰与物畜而裁之？从天而颂之，孰与制天命而用之？望时而待之，孰与应时而使之？（《天论》）

读此论，使人觉荀子心中所信当是无神论，夫老子犹曰"天道好还"，"天道无亲，常与善人"，此所言比之老子更为贬损天道矣。

虽然，荀子固儒家之后劲，以法孔子自命，若于天道一字不提，口号殊有不便，于是尽去其实而犹存其名，以为天与人分职，复立天情、天君、天官、天养、天政等名词。此所谓天，皆自然现象也。荀子竟以自然界事实为天，天之为天者乃一扫而空矣。

《荀子·天道论》立说既如此，斯遭遇甚大之困难。夫荀子者，犹是积极道德论中人，在庄子"舍是与非"，固可乐其冥冥之天，在荀子则既将天之威灵一笔勾销矣，所谓礼义者又何所出乎？凡积极道德论者，不能不为善之一谊定其所自，墨子以为善自天出，孟子以变善自人之生质出，荀子既堕天而恶性，何以为善立其大本乎？

于是荀子立先王之遗训，圣人之典型，以为善之大本，其教育法即是学圣人以克服己躬之恶。如以近代词调形容之，荀子盖以为人类之所以自草昧而进于开明，自恶而进于善者，乃历代圣人之合力，古今明王之积功，德义之成，纯由人事之层累。故遗训自尧舜，典型在后圣，后圣行迹具存，其仪范粲然明白而不诬也。（耶稣教亦性恶论者之一种，其称道"先天孽"，是性恶论之极致。然耶教信天帝，归善于天帝，故无荀子所遭逢之困难也。）

第十章　本卷结语

以上九章，具述先秦儒家性命说之来源、演成及变化，而墨家之天道观以类附焉。此一线外，犹有阴阳一派，老庄一流，今不详说者，以其与古儒家虽有关系，终非一物，非本书范围所应具也（参看本书叙语）。

先秦儒家较纯一，荀子虽援法家精义以入儒术，其本体仍是儒术，非杂学也。孟子虽为儒术中之心学，亦非杂学也。荀子訾孟子以造作五行之说，然《孟子》书中虽有天运之说（如其"一治一乱"及"五百年必有王者兴"诸语），终与五行论相去差远。《孟子》书辞遗传至今日者，在战国诸子中最为完纯无伪托，如造作五行，不容无所流露，然则五行是阴阳家托名子思、孟轲者耳。纵使孟子有世运之论，究非五德终结之说，五德论始于孟子后，太史公明言为邹衍一流人所创作也。

自阴阳家、儒家相混而有《易·系词》，易学非儒家所固有也。今本《论语》有"五十以学易，可以无大过矣"之语，乃所谓古文将鲁论之亦字改作易字而变其句读者，文理遂不可通（见《经典释文·论语篇》），此一改字，盖据太史公语而发，《史记·孔子世家》："孔子晚而喜《易》，韦编三绝，曰，假我数年，若是我于《易》则彬彬矣。"然若史迁所见之《论语》作易字，何遽不引，转作此摹仿语耶？又《儒林传》所记易家传授年代地理皆不可通，盖田何伪造也）。孟子绝无一语及《易》，荀子偶道之，亦缘荀子博学多方，然所引既无关弘旨，而卜筮又荀子所弃斥，斯可不论也。吾疑儒与阴阳之混合，始于阴阳而非始于儒，儒家本自迷信天道中步步解放出来，其立学之动机先与阴阳家根本违异，不容先离后合也。阴阳家之援儒而入，于史有证。《始皇本纪》记坑儒士，所坑乃阴阳神仙之士，而谓之坑儒，太子扶苏曰，诸生皆诵法孔子。据此可知战国末阴阳杂说之士以儒者自称也。自秦燔六经，卜筮不禁，儒者或亦不得已而杂入于阴阳。汉兴，儒术弛禁，而阴阳之感化已深。世或有不杂儒学之阴阳家，乃鲜有不杂阴阳之儒学，此类杂儒学亦著书立说，其成就者第一为《易·系》，第二为《中庸》（《中庸》一篇，自子曰"中庸之为德"，至"父母其顺矣乎"，当为先秦遗文，其"天命之为性"一段导语，及下篇大言炎炎之词，皆西京之作也。至于《大学》，虽成书或在汉武帝时，实祖述孟子一派者。以上各说，皆详余十年前致顾颉刚书中，见《中山大学语言历史学周刊》），其含义多非先秦儒家所固有。故汉武名为罢黜百家，实则定于阴阳家之一尊。西汉学人自贾谊以来，亦无一不是杂家也。于是自迷信中奋斗而出之儒道两派天道观，急遽退化，再沦于一般民众之信仰中，人固有其司命之神而朝代兴亡亦有符命天数。故西汉之儒学实为阴阳化之儒学，其天道论多为民间信仰传自远古未经古儒家之净化者。清代汉学家知周邵易说之不古，缘何不明汉代易学之非儒耶？（孙星衍之说性命，即用此等汉儒杂说。）

　　道家一名，亦汉代所立，循名责实，老子之学盖有不同之三期。

其一曰关老，《庄子·天下篇》所述，盖老学之本体，道德之正宗，与庄周非一物者也。其二曰黄老，周末汉初权谋之士所宗奉。用世之学，君相南面之术也。其教则每忘五千文之积极方面（如"天道好还"、"佳兵不祥"等），力求发挥其消极方面（如"欲取姑与"、"守如处女"等），此以老子释黄帝也。（道与法本不相通，老子云"太上不知有之，其次亲而誉之，其次畏之"，此岂韩非之旨耶。然在汉世则两派连合矣。）其三曰庄老，尽舍五千文中用世之义，而为看破一切与时俯仰之人生观也。此以老子释庄周，魏晋之风习也（干宝《晋纪·总论》"学者以庄老为宗"，明庄在老前）。五千言中之天道观，徘徊于仁不仁善不善之间，虽任自然，亦并不抹杀德义，惟以世儒为泥守不达耳（"上德不德，是以有德，下德不失德，是以无德"，是犹以有德为祈向耳）。庄子则逍遥于德义之外，为极端之自然论，二者之天道说，亦大有不同处也。

西汉杂儒学与晚周儒学之天人论不同，而"性命古训"应以早年儒学为域，故本篇所论止于荀卿，荀卿而后，政治挟学术以变矣。（凡先秦诸子，立说皆有问题，出辞多具对象，非文人铺排之文，而是思想家辩证之文也。西汉则反是，磅礴其词，立意恍惚，不自觉其矛盾。自董仲舒以下，每有此现象，故其天人论虽言之谆谆，而听之者当觉其谬乱不一贯耳。）

下卷释绪

第一章　汉代性之二元说

先汉儒家之言性命也，皆分别言之：命谓天道，天道谓吉凶祸福也（钱竹汀曰："经典言天道者，皆以吉凶祸福言。"〔《潜研堂文集》

卷九〕。此言其初义狭义）。性（无此一独立之性字，后人分生写之。说见上卷）谓人禀，人禀谓善恶材质也。孟子虽言其相联，言其合，未遽以为一名词也。以性命为一词而表一事者，始见于汉儒之书。《乐记》云：

> 方以类聚，物以群分，则性命不同类。

如言品物之生，所禀各有别，言材质而非言祸福也，言性（生）而非言命也。在先秦以一字表之，或曰性（生），或曰材（才），或曰情者，此处以性命二字表之，其实一也。《中庸》亦云（《中庸》之时代，说见前）：

> 天命之谓性，率性之谓道，修道之谓教。

"天命之谓性"者，谓人所禀赋乃受之于天，此以天命释性，明著其为一事，此解近于古训，古训性即生也，然亦有违于古训处，此所谓命非谓吉凶祸福也。"率性之谓道"者，率、循也，遵也（经典古注多用此训），言遵性而行者谓之道，此解差近于孟氏。"修道之谓教"者，修、治也（《中庸》郑注），夫言道之待治，治之在教，则又近于荀子矣。孔子所谓中庸者，取乎两端之中也，汉儒所谓中庸者，执两端而熔于一炉，强谓之为中和也。汉儒好制作系统，合不相干甚且相反者以为一贯，此其一例也。

汉人吉凶祸福之天道说虽为宗教思想史上一大问题，然与后来性命之学差少相干。后来所谓性命者，乃但谓性之一义，其中虽间联以不涉吉凶祸福之天体论，然主旨与其谓是论天，不如谓是论人。本卷拟为宋学探其原，故不论汉儒之言天道（此为整理纬学中事，盖汉人之天道说，乃以阴阳家言为主者也），姑以讨论性说为限焉。

汉儒性说之特点为其善恶二元论，此义今可征者，最早之书有《春秋繁露》（按《淮南子》一书中，所言性情皆是道家任自然之论，此二元论之性说尚不可见。其语性则曰"全性"，"率性"，"便性"，"返性"，"通性"，"守性"，"存性"，"乐性"等，且曰"太上曰我其性与"，复比性于斗极。其语情则曰"适情"而已，未尝以恶归之。此所谓情与《孟子》书中所谓情一也。故今以《春秋繁露》为具此说之最早者）。《深察名号篇》云：

> 今世暗于性，言之者不同，胡不试反性之名？性之名非生与？如其生之自然之资谓之性，性者质也。诘性之质于善之名，能中之与？既不能中矣，而尚谓之质善，何哉？……栣众恶于内，弗使得发于外者，心也，故心之为名，栣也。人之受气苟无恶者，心何栣哉？吾以心之名得人之诚。人之诚有贪有仁，仁贪之气两在于身。身之名取诸天，天两，有阴阳之施，身亦两，有贪仁之性。天有阴阳禁，身有情欲栣，与天道一也。……
>
> 必知天性不乘于教，终不能栣（苏舆以荀子解此义，是也）。察实以为名，无教之时性何遽若是？故性比于禾，善比于米。米出禾中，而禾未可全为米也。善出性中，而性未可全为善也。善与米，人之所继天而成于外，非在天所为之内也。天之所为有所至而止，止之内谓之天性，止之外谓之人事。事在性外，而性不得不成德。
>
> 民之号取之瞑也，使性而已善，则何故以瞑为号？以霣者言，弗扶将则颠陷猖狂，安能善？性有似目。目卧幽而瞑，待觉而后见。当其未觉，可谓有见质而不可谓见。今万民之性，有其质而未能觉，譬如瞑者待觉教之然后善，当其未觉，可谓有善质而不可谓善，与目之瞑而觉一概之比也（此是修正荀子义）。静心徐察之，

其言可见矣。性而瞑之未觉，天所为也。效天所为为之起号，故谓之民，民之为言固犹瞑也。随其名号以入其理则得之矣。是正名号者于天地。天地之所生谓之性情，性情相与为一瞑，情亦性也。谓性已善，奈其情何？故圣人莫谓性善。累其名也，身之有性情也，若天之有阴阳也。言人之质而无其情，犹言天之阳而无其阴也。……

天生民性有善质而未能善。于是为之立王以善之。此天意也。民受未能善之性于天，而退受成性之教于王，王承天意以成民之性为任者也（董于以为王承天，人兼爱，亦受墨学影响者也）。……今万民之性待外教然后能善，善当与教不当与性。与性则多累而不精，自成功而无贤圣（此全是荀义。《实性篇》词义大同，不具引）。

董子此论有两事可注意，其一为探字原以明义训，于是差若返于告子之说。然用此法以为史之研究则可，以为义之当然则不可。文字孳乳而变，思想引伸而长，后起之说，不得以古训诂灭之。深察名号者，可以为语言历史之学，不足以立内圣外王之论。性善性恶之说皆有其所故，不寻其故而执字训以抹杀哲人之论，董子之敝也。其第二事大体取自荀义，而反复以驳孟子（驳孟子文未引）。然孟子之言性善，为善立其本也，今不为善立本，而言性未即善。若董子之立点为超于善恶也，则足以自完其说矣，若犹未超于善恶，而以善为祈向，则董子虽立阴阳善恶之二本，乃实无本矣。于是在彼之善之必然论中又援他义以入。《玉杯篇》云：

人受命于天，有善善恶恶之性，可养而不可改，可豫而不可去，若形体之可肥而不可得革也。

此则颇邻于孟子，甚远于荀义矣。夫孟、荀二氏之极端主张，其是非姑不论，其系统则皆为逻辑的，坚固的。孟子以为善自性出，其教在于扩内，荀子以为善自圣人出，其教在于治外。孟子以为恶在外，荀子以为恶在内。今董子虽大体从荀，然又不专于荀，盖荀氏犹是儒家之正传，董子则以阴阳家之二元说为其天道论，将善恶皆本于天也（两汉儒学义之不关阴阳者，多出自荀子，少出自孟子。即如《礼运》云："何谓人情？喜、怒、哀、乐、爱、恶、欲七者，弗学而能。何谓人义？父慈，子孝，兄良，弟弟，夫义，妇听，长惠，幼顺，君仁，臣忠，十者谓之义。讲信修睦，谓之人利。争夺相杀，谓之人患。故圣人所以治七情，修十义，讲信修睦，尚辞让，去争夺，舍礼何以治之？"此亦荀子义也）。

董子之阴阳善恶二元论，上文所引足以明之，夫曰："人亦两，有贪仁之性。"谓性中兼具善恶也。曰："天两，有阴阳之施。"谓天道兼具两相反义也。谓人之必象天，则董子一切立论之本也。谓天人一贯，人有善恶犹天之有阴阳，则此篇中固明言其"与天道一也"。

汉代性二元说之流行，参看后于董子之文籍乃大明。许慎《说文》曰：

> 性、人之阳气，性善者也（按"性善"之性字，当为生字，谓人之阳气所以出善者也。传写既误，而段氏欲于性下断句，"阳气性"殊不解），情、人之阴气有欲者。

郑玄《毛诗笺》云：

> 天之生众民，其性有物象，谓五行仁义礼知信也。其情有所法，谓喜怒哀乐好恶也。（《烝民笺》）

《白虎通德论·情性篇》云：

> 情性者，何谓也？性者阳之施，情者阴之化也。人禀阴阳气而生，故内怀五性六情。情者静也，性者生也，此人所禀六气以生者也。
>
> 故《钩命决》曰，"情生于阴，欲以时念也。性生于阳，以就理也。阳气者仁，阴气者贪，故情有利欲，性有仁也。"
>
> 五性者何谓？仁义礼智信也。……六情者何谓也？喜怒哀乐爱恶谓六情，所以扶成五性。性所以五，情所以六何？本含六律五行之气而生，故内有五脏六腑，此性情之所由出入也。乐动声仪曰："官有六府，人有五脏。"

以上经师之说也，再看《纬书》。《纬书》在东汉与经师之说相互为证者也。

《孝经援神契》云：

> 情者魂之使，性者魄之王。情生于阴以计念，性生于阳以理契（《御览·妖异部》二引。《诗烝民·正义》引作"性生于阳以理执，情生于阴以系念"。又《孝经·钩命决》所云与此大同，已见引《白虎通》一节中）。性者，生之质，命者，人所禀受也。情者，阴之数，精内附着生流通也。（《〈诗·烝民〉正义》引）

进而检讨鸿儒之论。王充《论衡》云（《论衡·率性篇》，《初禀篇》，《本性篇》，皆论性道，多属陈言，辞亦拙劣，今但引其有承前启后之用者）：

周人世硕以为人性有善有恶，举人之善性养而致之，则善长。性恶养而致之，则恶长，知此则性各有阴阳善恶，在所养焉。故世子作《养书》一篇。（世硕《书佚》）

宓子贱、漆雕开、公孙尼子之徒亦论情性，与世子相出入，皆言性有善有恶。（《书佚》）

孟子作性善之篇，以为人性皆善，及其不善，物乱之也。谓人生于天地，皆禀善性，长大与物交接者，放纵悖乱，不善日以生矣。……

告子与孟子同时，其论性无善恶之分，譬之湍水，决之东则东，决之西则西。夫水无分于东西，犹人无分于善恶也。……

孙卿有反孟子，作《性恶》之篇，以为人性恶，其善者伪也。性恶者，以为人生皆得恶性也，伪者，长大之后勉使为善者也。……刘子政非之曰："如此，则天无气也，阴阳善恶不相当，则人之为善安从生。"

陆贾曰："天地生人也以礼义之性，人能察己所以受命则顺，顺之谓道。"（《书佚》）

董仲舒览孙孟之书，作情性之说，曰："天之大经，一阴一阳。人之大经，一情一性。性生于阳，情生于阴。阴气鄙，阳气仁。曰性善者，是见其阳也，谓恶者，是见其阴也。……"（今存《繁露》诸篇中无此语）

刘子政曰："性、生而然者也，在于身而不发。情、接于物而然者也，出形于外。形外则谓之阳，不发者则谓之阴。……"（原书不可考）

自孟子以下，至刘子政，鸿儒博生闻见多矣。然而论情性竟无定是，惟世硕儒公孙尼子之徒颇得其正。……实者，人性有善有恶，犹人才有高有下也。高不可下，下不可高，谓性无善恶，是谓人才无高下也。禀性受命，同一实也。命有贵贱，性有善恶，谓性无善恶，是谓人命无贵贱也。九州田土之性，善恶不均，故有黄赤黑之别，上中下之差。水潦不同，故有清浊之流，东西南北之趋。人禀天地之性，怀五常之气，或仁或义，性术乖也。动作趋翔，或重或轻，性识诡也。面色或白或黑，身形或长或短，至老极死不可变易，天性然也。余因以孟轲言人性善者，中人以上者也，孙卿言人性恶者，中人以下者也，扬雄言人性善恶混者，中人也。若反经合道，则可以为教，尽性之理则未也。

荀悦《申鉴》云：

或问天命人事。曰："有三品焉，上下不移，其中则人事存焉尔。命相近也，事相远也，则吉凶殊矣。故曰，穷理尽性以至于命。"（此以三品说命，取孔子说性者以说命也）。

孟子称性善。荀卿称性恶。公孙子曰："性无善恶"（见《孟子》）。扬雄曰："人之性善恶浑"（《法言·修身篇》云："人之性也善恶混，修其善则为善人，修其恶则为恶人，气也者，所以适善恶之焉也欤"），刘向曰："性情相应，性不独善，情不独恶。"（说无考）曰："问其理。"曰："性善则无四凶，性恶则无三仁。人（应作性）无善恶，文王之教一也，则无周公管蔡。性善情恶，是桀纣无性而尧舜无情也。性善恶皆浑，是上智怀惠，而下愚挟善也，理也未究矣。惟向言为然。"或曰："仁义，性也，好恶，情也，仁义常善而好恶或有恶。故有情恶也。"曰："不然。好恶者，性之取舍也。实见于外，故谓之情耳，必本乎性矣。仁义者，善之诚者也，何嫌其常善？好恶者，善恶未有所分也，何怪其有恶？凡言神者，莫近于气。有气斯有形，有神斯有好恶喜怒之情矣。故人有情，由气之有形也。气有白黑，神有善恶，形与白黑偕，情与善恶偕。故气黑非形之咎，情恶非情之罪也。

……有人于此，嗜酒嗜肉，肉胜则食焉，酒胜则饮焉。此二者相与争，胜者行矣。非情欲得酒、性欲得肉也。有人于此，好利好义，义胜则义取焉，利胜则利取焉。此二者相与争，胜者行矣，非情欲得利、性欲得义也。其可兼取者则兼取之，其不可兼者，则只取重焉。若苟只好而已，虽（疑是难字）可兼取矣。若二好钧平，无分轻重，则一俯一仰，乍进乍退（按，此解所以辨性情善恶二元说之不当，最为精辟）。

……昆虫草木皆有性焉，不尽善也。天地圣人皆称情焉，不主恶也。……

或曰："善恶皆性也，则法教何施？"曰："性虽善，待教而成，性虽恶，待法而消。唯上智下愚不移。其次善恶交争，于是教扶其善，法抑其恶。得施之九品，从教者半，畏刑者四分之三，其不移大教九分之一也。一分之中又有微移者矣。然则法教之于化民也，几尽之矣。及法教之失也，其为乱亦如之。"

或曰："法教得则治，法教失则乱，若无得无失，纵民之情，则治乱其中乎？"曰："凡阳性升，阴性降，升难而降易。善，阳也，恶，阴也，故善难而恶易，纵民之情使自由之，则降于下者多矣。"（此驳道家）

相干之资料既已排比，则汉儒性说之分野粲然明白。分性情为二元，以善归之于性，以恶归之于情，简言之虽可以性包情，故亦谓性有善恶犹天之有阴阳，析言之则性情为二事，一为善之本，一为恶所出者，乃是西汉一贯之大宗，经师累世所奉承，世俗所公认，纬书所发扬，可称为汉代性论之正宗说者也。此说始于何人，今不可确知，然既以二元为论，似当在荀卿反孟之后，秦代挟策为禁，宜非秦代所能作，董子反复言之，若其发明之义，或竟为董子所创，亦未可知，不然，则汉初阴阳家之所为。是说至汉末犹为经师所遵守者，有许叔重、郑康成为证。是说与纬书相应者，纬学乃阴阳家后学假托儒术者，两汉经师皆深化于阴阳家，而东汉之纬学尤极一时之盛，故群儒议定五经同异于白虎观，采其说为性论之通义焉。今揭此说之源，并明其在两汉之地位者，缘此说之影响甚大，与宋儒之造为气质之性者，亦不无关系也。

此说虽磅礴一世者四百年，成为汉家一代之学。通人硕儒稽古籍而考事情，则亦不能无疑，故刘向之性情相应说，扬雄之善恶混说，王充之三品说，荀悦之性情相应兼三品说，皆对此正统说施其批评，献其异议。彼虽差异于正统说，然既皆以此说为其讨论之对象，则此说之必为当时风行者可知矣。

汉代硕儒之反此说者，大体有同归焉，即皆返于孟荀分道之前也。《论衡》诸篇所反复陈说者，谓人性有差别，一如命运之前定，上贤下恶皆不移，中人则皆因习待教以别善恶者也。荀悦所论者，谓未可尽以善恶分性情，而人性一如天命，有三品之不同。王荀二氏虽词气有不同，轻重或别异，其祈求以孔子品差的性论代汉代之二元的性论则一也，其认上智下愚不移，中人待教而化则一也。论性之风气，在东汉如此变转者，亦有故。持善恶以论性之群说，左之右之皆备矣，若超于善恶以为言，犹有可以翻新其说者，然超于善恶乃道家之途，非儒学所能至，变极则反，孔子固儒者之宗也。故王充曰，"孔子道德之祖，诸子之中最尊者也，而曰上智下愚不移，故知告子之言未得实也。"群说势穷，则反其朔以从至上之权威，亦思想演流之一式也。

括则言之，自晚周至魏晋之思想有三世。在晚周，学者认事明切，运思严密，各奋其才以尽其极，可谓为分驰之时代，性善性恶之异论皆此时生。在西汉以至东汉之初，百家合流，而不觉其矛盾，糅杂排合而不觉其难通，诸家皆成杂家，诸学皆成杂学，名曰尊诸孔子，实则统于阴阳。此时可谓为综合之时代，性情二元论此时为盛，自东汉下逮魏晋，人智复明，拘说迂论以渐荡扫，桓谭张衡奋其始，何晏、王弼成其风，不特道家自愚妄中解放，即儒言亦自拘禁荒诞中脱离。此时可谓为净化之时代，在儒家，三品之性说以渐代二元之性说。

此后三品之性说乃为儒者之习言。《颜氏家训·教子篇》云："上智不教而成，下愚虽教无益，中庸之人不教不知也。"此虽述孔子之旧文，亦缘王荀之说在汉晋间已占上风，性论资以复古，历传至于梁隋也。至韩昌黎始用三品之名于其《原性》一文中。韩氏此文直是《论衡·本性篇》之节要约旨（韩昌黎受王充影响颇深，见其后汉三贤传），乃沾沾以新异自居者，唐代佛老盛行，韩氏复古者，转似创作。后人不寻其所自出，亦以为新说，陋矣（韩氏此文，今日犹可逐句以汉儒说注其来源）。

第二章　理学之地位

理学者，世以名宋元明之新儒学，其中程朱一派，后人认为宋学正统者也。正统之右不一家，而永嘉之派最露文华，正统之左不一人，而陆王之派最能名世。陆王之派，世所谓心学也，其前则有上蔡，渊源程门，其后则有泰州龙溪，肆为狂荡，公认为野禅矣。程朱深谈性理，以为"如有物焉，得于天而具于心"，（戴震讥词）然其立说实为内外二本，其教则兼"尊德性"与"道问学"，尤以后者为重，故心学对朱氏备致不满之词，王文成竟以朱子为其学问才气著作所累，复妄造朱子晚年悔悟之说（见《传习录》）。然则清代汉学家自戴震以降攻击理学者，其最大对象应为心学，不应为程朱。然戴氏之舍去陆王力诋程朱则亦有故。王学在明亡后已为世人所共厌弃，程朱之学在新朝仍为官学之正宗，王学虽与清代汉学家义极端相反，然宗派式微，可以存而不论，朱学虽在两端之间，既为一时上下所宗，故辩难之对象在于此也。虽然，理学心学果于周汉儒学中无所本源，如戴氏所说者欤？

　　凡言德义事理自内发者，皆心学之一式也。今如寻绎自《孟子》迨《易·系》、《乐记》、《中庸》诸书之说，则知心学之原，上溯孟氏，而《乐记》、《中庸》之陈义亦无可疑。夫性理之学，为得为失，非本文所论，然戴氏既斥程朱矣，《孟子》以及《易·系》、《乐记》、《中庸》之作者，又岂能免乎？如必求其"罪人斯得"，则"作俑"者孟子耳。有《孟子》，而后有《乐记》、《中庸》之内本论，有《乐记》、《中庸》之内本论，而后有李翱、有陆王、有二程，虽或青出于蓝，冰寒于水，其为一线上之发展则无疑也。孟子以为："万物皆备于我矣，反身而诚，乐莫大焉。"又以为："人之所不学而能者，其良能也，所不虑而知者，其良知也。"又以为："仁义礼智非由外铄我也，我固有之也。""操则存，舍则亡，凡相倍蓰而无算者，不能尽其才者也。"又以为："学问之道无他，求其放心而已矣。"又以为："存其心养其性，所以事天也。"（凡此类者不悉引）凡此皆明言仁义自内而发，天理自心而出，以染外而沦落，不以务外而进德，其纯然为心学，陆王比之差近，虽高谈性理之程朱犹不及此，程叔子以为孟子不可学者此也。戴氏名其书曰《孟子字义疏证》，乃无一语涉及《孟子》字义，复全将孟子之思想史上地位认错，所攻击者，正是孟子之传，犹去孟子之泰甚者也，不亦颠乎？

　　设为程朱性气之论寻其本根，不可不先探汉儒心学之源。自孟子创心学之宗，汉儒不能不受其影响，今以书缺有间，踪迹难详，然其纲略犹可证也。《乐记》云（按《乐记》为汉儒之作，可以其抄袭《荀子》诸书为证）：

> 人生而静，天之性也。感于物而动，性之欲也。物至知知，然后好恶形焉。好恶无节于内，知诱于外，不能反躬，天理灭矣。夫物之感人无穷，而人之好恶无节，则是物至而人化物也，人化物也者，灭天理而穷人欲者也。

夫理者，以其本义言之，固所谓"分理，肌理，腠理，文理，条理"也（参看《孟子字义疏证》第一条）。然表德之词皆起于表质，抽象之词皆原于具体，以语学之则律论之，不能因理字有此实义遂不能更为玄义（玄字之本义亦为细微，然《老子》书中之玄字，则不能但以细微为训）。既曰天理，且对人欲为言，则其必为抽象之训，而超于分理条理之训矣。必为"以为如有物焉"，而非但谓散在万物之别异矣。故程朱之用理字，与《乐记》相较，虽词有繁简，义无殊也（郑氏注"天理"云，"理犹性也"，康成汉儒戴氏所淑，亦未以理为"分理"也）。夫曰不能反躬则天理灭，明天理之在内也。以为人生而静天之性，人化物者灭天理，明义理之皆具于心，而非可散在外物中求之者也。《乐记》所言，明明以天理属之内，亦以修道之功夫（所谓反躬）属之内也。

《中庸》云（按《中庸》一篇非一时所作，其首尾当为汉儒手笔，说见前）：

> 喜怒哀乐之未发，谓之中，发而皆中节，谓之和。中也者，天下之大本也，和也者，天下之达道也。致中和，天地位焉，万物育焉。

夫喜怒哀乐之未发，是何物乎？未有物焉，何所谓中乎？设若《中庸》云，"发而皆中节谓之中"，乃无内学之嫌疑。今乃高标其义于喜怒哀乐未发之前，其"探之茫茫索之冥冥"，下视宋儒为何如乎？心学色彩如此浓厚，程叔子不取也，更未尝以为天地位万物育于此也。《遗书》记其答门人云：

> 苏季明问："喜怒哀乐未发之前求中，可否？"曰："不可，既思于喜怒哀乐未发之前求之，又却是思也，既思即是已发。才发便谓之和，不可谓之中也。"又问："吕学士言，当求于喜怒哀乐未发之前，如何？"曰："若言存养于喜怒哀乐未发之前则可，若言求中于喜怒哀乐未发之前，则不可。"又问："学者于喜怒哀乐发时，固当勉强裁抑，于未发之前，当如何用功？"曰："于喜怒哀乐未发之前更怎生求？只平日涵养便是。涵养久，则喜怒哀乐发自中节。"曰："当中之时，耳无闻目无见否？"曰："虽耳无闻目无见，然见闻之理在始得，贤且说静时如何？"曰："谓之无物则不可，然自有知觉处。"曰："既有知觉，却是动也，怎生言静？人说'复'其见天地之心，皆以为至静能见天地之心，非也。'复'之卦下面一画，便是动也。安得谓之静？"或曰："莫是于动上求静否？"曰："固是，然最难。释氏多言定，圣人便言止。如为人君止于仁，为人臣止于敬之类是也。《易》之'艮'言止之义曰：艮其止，止其所也。人多不能止。盖人，万物皆备，遇事时各因其心之所重者，更互而出，才见得这事重便有这事出，若能物各付物，便不出来也。"或曰："先生于喜怒哀乐未发之前，下动字，下静字？"曰："谓之静则可，然静中须有物始得，这里便是难处，学者莫若且先理会得敬，能敬则知此矣。"或曰："敬何以用功？"曰："莫若主一。"季明曰："昞尝患思虑不定，或思一事未了，他事如麻又生，如何？"曰："不可，此不诚之本也。须是习，习能专一时便好。不拘思虑与应事，皆要求一。"

此段最足表示程子之立点，程子虽非专主以物为学者，然其以心为学之分际则远不如《中庸》此说为重，盖《中庸》在心学道路上走百步，程子又退回五十步也。程子此言，明明觉得《中庸》之说不安，似解释之，实修正之。彼固以为喜怒哀乐未发之前，无中之可求，其用功处，广言之，则平日涵养，狭言之，则主敬致一，此与今日所谓"心理卫生"者微相近，绝非心本之学，尤绝非侈谈喜怒哀乐未发之前者，所可奉为宗也。

《中庸》章末极言诚。所谓诚，固孟子所谓反身而诚之训，然《中庸》言之侈甚矣。

> 诚者，天之道也，诚之者，人之道也。诚者，不勉而中，不思而得，从容中道，圣人也。诚之者，择善而固执之者也。……
>
> 自诚明，谓之性，自明诚，谓之教，诚则明矣，明则诚矣。
>
> 惟天下至诚为能尽其性，能尽其性则能尽人之性，能尽人之性则能尽物之性，能尽物之性则可以赞天地之化育，可以赞天地之化育则可以与天地参类。

《中庸》成书远在《孟子》之后，其首尾大畅玄风，虽兼采外物内我两派之说，终以内我派之立点为上风，是盖由于孟子之后，反对之说有力，而汉儒好混合两极端以为系统也。其曰"诚者天之道"，犹云上乘也，曰"诚之者人之道"，犹云下乘也。曰"诚则明明则诚"，犹云殊途而同归也，曰"自诚明谓之性，自明诚谓之教"，亦示上下床之别也。其曰"天下之至诚"也，由己性以及人性，由人性以及物性，其自内而外之涂术可知矣。故如以此言论宋儒，则程叔子、朱文公之学皆"自明诚谓之教"者也。此义可于朱子补《大学·格物章》识之。

朱子之补《大学·格物章》，宋代以来经学中之大问题也。自今日思之，朱子所补似非作《大学》者之本心。然程朱之言远于心学而近于物学，比《孟子》、《乐记》、《中庸》更可免于戴氏之讥者，转可于错误中见之。《大学》原文云，"……欲诚其意者先致其知，致知在格物，物格而后知至，知至而后意诚……"郑注云，"格，来也。物，犹事也。其知于善深，则来善物，其知于恶深，则来恶物，言事缘人所好来也。"此解虽若上下文义不贯通，然实是格字之正训。《诗》所谓"神之格思"，《书》所谓"格于上下"，皆此训也。格又以正为训，《论语》所谓"有耻且格"，《孟子》所谓"格其君心之非"，皆谓能正之也。从前一义，则格物应为致物，从后一义，则格物应为感物（王文成所用即此说）。若朱子所补者，周汉遗籍中无此一训。上文有"物有本末，事有终始，知所先后，则近道矣"一言，似朱子所补皆敷陈此义者，然此语与格字不相涉，《大学》作者心中所谓格物究竟与此语有涉否，未可知也。汉儒著论好铺陈，一如其作词赋，后人以逻辑之严义格之，自有不易解处。程朱致误之由来在于此。朱子将此语移之下方，复补其说云：

> 右传之五章，盖释格物致知之义，而今亡矣。间尝窃取程子之意以补之曰：
>
> 所谓致知在格物者，言欲致吾之知，在即物而穷其理也。盖人心之灵莫不有知，而天下之物莫不有理，惟于理有未穷，故其知有不尽也。是以《大学》始教，必使学者即凡天下之物莫不因其已知之理而益穷之，以求至乎其极。至于用力之久而一旦豁然贯通焉，则众物之表里精粗无不到，而吾心之全体大用无不明矣。此谓物格，此谓知之至也。

试看格物致知在《大学》之道之系统中居诚意正心之前，即等于谓是修道之发轫。朱子将此根本之地说得如此，则准以王学称心学之例，朱学称"物学"自无不可（朱子之究心训诂，名物，礼数，一如清代朴学家，"物学"之采色极重。朱子门人及其支裔诚多舍此但讲性命者。然东发深宁竟为清代朴学之远祖。此不磨之事实也。清代朴学家之最大贡献，语学耳〔兼训诂音声〕，至于经学中之大题，每得自宋儒，伪古文《尚书》其一也，其对于《诗经》一书之理解乃远不如宋人。五十年后，人之量衡两大部经解者，或觉其可传者，未必如通志堂之多也）。朱子如此解格物，自非孟子之正传，聪明之王文成岂肯将其放过？（见《传习录》）然而朱子之误释古籍，正由其乐乎"即物而穷其理"，而非求涂路于"喜怒哀乐未发之前"也。清代朴学家之立场，岂非去朱子为近，去孟子为远乎？

程朱之学兼受陆王及戴氏之正面攻击者，为其二层性说。是说也，按之《孟子》之义，诚相去远矣，若求其思想史上之地位，则是绝伟大之贡献，上承孔子而详其说，下括诸子而避其矛盾。盖程朱一派之宗教观及道德论皆以此点为之基也。程伯子曰（《遗书》卷一）：

> "生之谓性"，性即气，气即性，生之谓也。人生气禀，理有善恶，然不是性中元有此两物相对而生也。有自幼而善，有自幼而恶，是气禀自然也。善固性也，然恶亦不可不谓之性也。盖"生之谓性"，"人生而静"以上不容说，才说性时便已不是性也。凡人说性，只是说"继之者善也"，孟子言人性善是也。夫所谓继之者善也者，犹水流而就下也。皆水也，有流而至海，终无所污，此何烦人力之为也？有流而未远固已渐浊，有出而甚远，方有所浊，有浊之多者，有浊之少者，清浊虽不同，然不可以浊者不为水也。如此则人不可以不加澄治之功。故用力敏勇则疾清，用力缓怠则迟清，及其清也，则却只是元初水也。亦不是将清来换却浊，亦不是

取出浊来置在一隅也。水之清则性善之谓也。故不是善与恶在性中为两物相对，各自出来。此理，天命也。顺而循之，则道也。循此而修之，各得其分，则教也。自天命以至于教，我无加损焉，此舜有天下而不与焉者也。

性出于天，才出于气。气清则才清，气浊则才浊。才则有善有不善，性则无不善。

朱子于此义复发明之云（《语类》四）：

孟子言性。只说得本然底，论才亦然。荀子只见得不好底，杨子又见得半上半下底。韩子所言却是说得稍近。盖荀杨说既不是，韩子看来，端的见有如此不同，故有三品之说，然惜其言之不尽，少得一个气字耳。程子曰："论性不论气，不备，论气不论性，不明。"盖谓此也。

孟子未尝说气质之性，程子论性，所以有功于名教者，以其发明气质之性也。以气质论，则凡言性不同者，皆冰释矣。退之言性亦好，亦不知气质之性耳。

道夫问："气质之说始于何人？"曰："此起于张程。某以为极有功于圣门，有补于后学，读之使人深有感于张程，前此未曾有人说到此。如韩退之《原性》中说三品，说得也是，但不曾分明说是气质之性耳。性那里有三品来？孟子说性善，但说得本源处，下面却不曾说得气质之性，所以亦费分疏。诸子说性恶，与善恶混。使张程之说早出，则这许多说话自不用纷争。故张程之说立，则诸子之说泯矣。因举横渠'形而后有气质之性，善反之，则天地之性存焉。故气质之性，君子有弗性者焉。'又举明道云，'论性不论气不备，论气不论性不明'，二之则不是。且如只说个仁义礼智是性，世间却有生出来便无状底是如何？只是气禀如此。若不论那气，这道理便不周匝，所以不备。若只论气禀，这个善，这个恶，却不论那一原处只是这个道理，又却不明。此自孔子、曾子、子思、孟子理会得后，都无人说这道理。"

程朱是说也，合孟轲韩愈以为论，旁参汉晋之性情二元说，以求适于孔子所谓"性相近习相远"，唯"上智与下愚不移"者也。孟子者，宗教的意气甚强大，宗教的形迹至微弱之思想家也。唯其宗教的意气甚强大，故抹杀一切功利论，凡事尽以其所信为是非善恶者为断。惟其宗教的形迹至微弱，故不明明以善归之天，而明明以善归之人，义内之辨，所以异于墨子之"义自天出"者也。故孟子之性善说，谓人之生质本善也，孟子之所谓才（例如"非才之罪也"之才字），与所谓情（例如"乃若其情则可以为善矣"之情字），皆性之别称也。当时生性二词未全然分立，孟子偶用比性（生）字更具体之各词以喻其说，故或曰才，或曰情，其实皆性（生）之一而之称也（关于此点，戴氏辩程朱与孟氏异者，不易之说也）。故程朱之将气禀自性中分出，或名曰"气质之性"（参看《论语集注》），或竟名之曰"才"（程伯子语），以为兼具善恶，与"性之本"、"皆善"者不同，诚不可以为即是孟子之正传，朱子于此点亦未尝讳言之。然则程朱之"性之本"果何物乎？

程朱之"性之本"，盖所谓"天命之谓性"也。程朱学之宗教的色彩虽与古儒家大致相同，即属于全神论的宗教观，而非活灵活现之鬼神论，然比之孟子，宗教之气息为重矣（程朱之主敬即为其宗教的工夫）。故程朱之天亦有颇异于孟子之天者也。孟子之天，孟子未尝质言其为全仁也。且明言其"未欲平治天下"，而使其不遇鲁侯也，程朱之天则全仁也，全理也，故天命之性，必为全善者也（详见《语类》卷四）。然则程朱复为善之一物立其大本于天，而名之曰"本性"，又曰："性即理也"。在此点上，程朱之立场恰当墨孟之中途，不过墨子言之极具体，程朱言之极抽象耳。且墨子未尝以义字连贯天人，程朱则以理字连贯天人物（墨子虽言义自天出，人应以天志为志，然其口气是命令的，所指示为应然的，未尝言天人一贯之理，如程朱之说理字也）。故程朱之言"理"，性与天道皆在其中，而为"天命之谓性"一语作一抽象名词以代表之也。既连贯天人于一义之中矣，则道德之本基当立于是，故程朱以为本性善。此一本性虽与孟子所言性不尽为一物，其为道德立本则一，其自别于释道者亦在此也（参看程朱辟佛诸说）。

然而性善之说，如孟子之兼括才质而言者，究竟不易说通。孟子之性善说恰似卢梭之生民自由论，事实上绝不如此，唯一经有大才气者说之，遂为思想史上绝大之动荡力，教育之基础观点受其影响，后人虽以为不安者，有时亦不能不迁就之也。韩文公即不安于性善说者最有力之一人，其三品说实等于说性不同耳。此所谓性，绝无天道论在其中，而是专以才质为讨论对象者也。扬雄之"善恶混"说，亦自有其道理，盖善恶多不易断言，而人之一生发展恒不定也。程朱综合诸说，作为气质之性，于是孟子性善说之不易说圆处，扬韩诸子说之错综处，皆得其条理。朱子以为张程此说出则"诸子之说泯"，此之谓也。

戴震以为气质之性说与孟子不合，是固然矣，然孟子固已与孔子大相违异，而张程此说，转与孔子为近。孔子之词短，张程之论详，故张程之论果皆合于孔子相近不移之用心否，今无从考知，然张程之立此说，固欲综合诸子，求其全通，调和孔孟，求无少违，移孟子之性说，于天道上，而努力为孔子之"性相近习相远"说"上智下愚不移"说寻其详解，斯固集儒家诸子之大成，而为儒家天人论造其最高峰矣。过此以往，逃禅篡道则有之矣，再有所发明则未有也。故戴氏以程朱与孟子不合，诚为事实，设若此为罪过，则戴氏与程朱惟均，若其以此说归之儒家思想直接发展之系统外，则全抹杀汉代儒家之著作，且不知程朱之说乃努力就孔子说作引申者也。（按，程朱与孟子之关系甚微妙。所有孟子道统之论，利义之辨，及其"儒者气象"，皆程朱不能不奉为正宗者。然孟子宗教气少，程朱宗教气较多，故其性论因而不同。此处程朱说根本与孟子不同，然程朱犹力作迁就之姿势，故朱子注《孟子》，遇性善论时，便多所发挥，似推阐而实修正，内违异而外迁就，或问亦然。两者治学之方亦大不同，若程朱之格物说，决非孟子所能许，或为荀子所乐闻，此非本书所能详论，姑志大意于此。）

兹列图以明程朱性说在儒家系统中之地位。

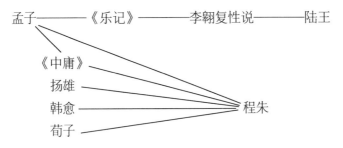

附：论李习之在儒家性论发展中之地位

李习之者，儒学史上一奇杰也。其学出于昌黎，而比昌黎更近于理学，其人乃昌黎之弟子，足为其后世者也（韩云，"从吾游者李翱、张籍，其尤也"，李则于诔韩文中称之曰兄。盖唐人讳以人为师〔见昌黎《进学解》〕，实则在文章及思想上李习之皆传韩氏者也）。北宋新儒学发轫之前，儒家唯李氏有巍然独立之性论，上承《乐记》《中庸》，下开北宋诸儒，其地位之重要可知。自晋以降，道、释皆有动人之言，儒家独无自固之论。安史之乱，人伦道尽，佛道风行，乱唐庶政，于是新儒学在此刺激下发轫（新儒学起于中唐，此说吾特别为一文论之）。退之既为圣统说（即后世道统说所自来），又为君权绝对论，又以"有为"之义辟佛老，自此儒家乃能自固其藩篱，向释道反攻。习之继之，试为儒教之性论，彼盖以为吾道之缺，在此精微，不立此真文，则二氏必以彼之所有人于我之所无。李氏亦辟佛者，而为此等性说，则其动机当在此。遍览古籍，儒家书中，谈此虚高者，仅有《孟子》、《易·系》及戴记之《乐记》、《中庸》、《大学》三篇，于是将此数书提出，合同其说，以与二氏相角，此《复性书》之所由作也。戴记此三篇，在李氏前皆不为人注意，自李氏提出，宋儒遂奉之为宝书。即此一端论之，李氏在儒学史上之重要已可概见。清儒多讥其为禅学玄宗者，正缘其历史的地位之重要。夫受影响为一事，受感化为又一事，变其所宗、援甲入乙为又一事，谓《复性书》受时代之影响则可，谓其变换儒家思想而为禅学，则言不可以若是其亟也。

《复性书》三篇中，下篇论人之一生甚促，非朝夕警惕不足以进于道。此仅为自强不息之言，与性论无涉，可不论。至其上中两篇，立义所在，宜申详焉。

《复性书》上篇之要义可以下列诸点括之：

其一为性情二本，性明情昏说。此说乃汉代之习言，许、郑所宗述，而宋儒及清代朴学家皆似忘之，若以为来自外国，亦怪事也。此论渊源，本书下篇第一章已详叙之，今知其实本汉儒，则知其非借禅学也。禅学中并无此二元说，若天台宗性恶之论，则释家受儒家影响也。果必谓李习之受外国影响，则与其谓为逃禅，毋宁谓为受祆教景教摩尼之影响，此皆行于唐代之善恶二元论者。然假设须从其至易者，汉儒既有二元论，则今日不必作此远飏之假设矣。

其二为复性之本义。此义乃以《乐记》"人而生静至灭天理而穷人欲者也"一节为基本，连缀《易·系》、《中庸》、《大学》之词句而成其说也。所谓"寂然不动，感而遂通"者，《易·系》之词也。所谓"尽性"者，《孟子》之词、《中庸》之论也。所有张皇之词虚高之论，不出《易·系》则出《中庸》。铺张反复，其大本则归于制人之情以尽天命之性，犹《乐记》之旨也。今既已明辩古儒家有唯心一派之思想，则在李氏性说固未离于古儒家。李氏沾沾自喜，以为独得尼父之心传，实则但将《中庸》、《大学》等书自戴记中检出而高举之，其贡献在于认出此一古代心学之所在，不在发明也。

《复性书》中篇则颇杂禅学，此可一望而知者。此篇设为问答之词，仍是以《易·系》、《中庸》为口号，然其中央思想则受禅学感化矣。此篇列问答十二，末一事问鬼神，以不答答之，自与性论无干，其前十一问则或杂禅学，或为《复性书》上之引申。其杂禅者，第一问"弗思弗念"，第二问"以情止情"，皆离于儒说，窃取佛说以入者。第三问"不睹不闻"，第四问格物，第五问"天命之谓性"，第六问"事解心解"，皆推阐古心学之词。如认清古之心学一派，知其非借禅学以立义矣。第七问凡人之性与圣人之性，第八问"尧舜岂有不情"，皆《复性书》上之引申义，第九问嗜欲之心所由生，乃是禅说。第十问性未灭，似禅而实是《孟子》义。第十一问亦近禅。意者《复性》三书非一时所作，即此十一问恐亦非一时所作，故不齐一耶？

约言之，《复性》上下两书皆不杂禅学者，中篇诸问则或杂或不杂。李氏于古儒学中认出心学一派，是其特识，此事影响宋儒甚大。若其杂禅则时代为之，其杂禅之程度亦未如阮元等所说之甚也。戴、阮诸氏皆未认明古有心学之宗，更忽略汉濡之性情二元说，故李氏说之与禅无关于儒有本者，号称治汉学者反不相识矣。

与顾颉刚论古史书

颉刚足下：

  我这几年到欧洲，除最初一时间外，竟不曾给你信，虽然承你累次的寄信与著作。所以虽在交情之义激如我们，恐怕你也轻则失望，重则为最正当之怒了。然而我却没有一天不曾想写信给你过，只是因为我写信的情形受牛顿律的支配，"与距离之自成方之反转成比例"，所以在柏林朋友尚每每通信以代懒者之行步，德国以外已少，而家信及国内朋友信竟是稀得极厉害，至于使老母发白。而且我一向懒惰，偶然以刺激而躁动一下子，不久又回复原状态。我的身体之坏如此，这么一个习惯实有保护的作用，救了我一条命。但因此已使我三年做的事不及一年。

我当年读嵇叔夜的信，说他自己那样懒法，颇不能了解，现在不特觉得他那样是自然，并且觉得他懒得全不尽致。我日日想写信给你而觉得拿起笔来须用举金箍棒之力，故总想"明天罢"。而此明天是永久不来的明天，明天，明天……至于今天；或者今天不完，以后又是明天，明天，明天……这真是下半世的光景！对于爱我的朋友如你，何以为情！

私事待信末谈，先谈两件《努力周报》上事物。在当时本发愤想写一大篇寄去参加你们的论战，然而以懒的结果不曾下笔而《努力》下世。我尚且仍然想着，必然写出寄适之先生交别的报登，窃自比季子挂剑之义，然而总是心慕者季子，力困若叔夜，至今已把当时如泉涌的意思忘到什七八，文章是做不成的了，且把尚能记得者寄我颉刚。潦草，不像给我颉刚的信，但终差好于无字真经。只是请你认此断红上相思之字，幸勿举此遐想以告人耳。

第一件是我对于丁文江先生的《历史人物与地理的关系》一篇文章的意见（以下见《评丁文江〈历史人物与地理的关系〉》文，不复载）。

其二，论颉刚的古史论。三百年中，史学、文籍考订学，得了你这篇文字，而有"大小总汇"。三百〔年〕中所谓汉学之一路，实在含括两种学问：一是语文学；二是史学、文籍考订学。这两以外，也更没有什么更大的东西：偶然冒充有之，也每是些荒谬物事，如今文家经世之论等。拿这两样比着看，量是语文学的成绩较多。这恐怕是从事这类的第一流才力多些，或者也因为从事这科，不如从事史学、文籍考订者所受正统观念限制之多。谈语言学者尽可谓"亦既觏止"之觏为交媾，"握椒"之为房中药。汉宋大儒，康成、元晦，如此为之，并不因此而失掉他的为"大儒"。若把"圣帝明王"之"真迹"布出，马上便是一叛道之人。但这一派比较发达上差少的史学考订学，一遇到颉刚的手里，便登时现出超过语文学已有的成绩之形势，那么你这个古史论价值的大，还等我说吗？这话何以见得呢？我们可以说道，颉刚以前，史学考订学中真正全是科学家精神的，只是阎若璩、崔述几个人。今文学时或有善言，然大抵是些浮华之士；又专以门户为见，他所谓假的古文，固大体是假；他所谓真的今文，亦一般的不得真。所有靠得住的成绩，只是一部《古文尚书》和一部分的左氏《周官》之惑疑（这也只是提议，未能成就）；而语文那面竟有无数的获得。但是，这语文学的中央题目是古音，汉学家多半"考古之功多，审音之功浅"，所以最大的成绩是统计的分类通转，指出符号来，而指不出实音来。现在尚有很多的事可作，果然有其人，未尝不可凌孔顨轩而压倒王氏父子。史学的中央题目，就是你这"累层地造成的中国古史"，可是从你这发挥之后，大体之结构已备就，没有什么再多的根据物可找。前见《晨报》上有李玄伯兄一文，谓古史之定夺要待后来之掘地。诚然掘地是最要事，但不是和你的古史论一个问题。掘地自然可以掘出些史前的物事、商周的物事，但这只是中国初期文化史。若关于文籍的发觉，恐怕不能很多（殷墟是商社，故有如许文书的发现，这等事例岂是可以常希望的）。而你这一个题目，乃是一切经传子家的总锁钥，一部中国古代方术思想史的真线索，一个周汉思想的摄镜，一个古史学的新大成。这是不能为后来的掘地所掩的，正因为不在一个题目之下。岂特这样，你这古史论无待于后来的掘地，而后来的掘地却有待于你这古史论。现存的文书如不清白，后来的工作如何把它取用。偶然的发现不可期，系统的发掘须待文籍整理后方可使人知其地望。所以你还是在宝座上安稳的坐下去罢，不要怕掘地的人把你陷了下去。自然有无量题目要仔细处置的，但这都是你这一个中央思想下的布列。犹之乎我们可以造些动力学的Theorem，但这根本是Newton的。我们可以研究某种动物或植物至精细，得些贯通的条理，但生物学的根本基石是达尔文。学科的范围有大小，中国古史学自然比力学或生物学小得多。但它自是一种独立的，而也有价值的学问。你在这个学问中的地位，便恰如牛顿之在力学，达尔文之在生物学。去年春天和志希、从吾诸位谈，他们都是研究史学的。"颉刚是在史学上称王了，恰被他把这个宝贝弄到手；你们无论再弄到什么宝贝，然而以他所据的地位在中央的原故，终不能不臣于他。我以不弄史学而幸免此危，究不失为'光武之故人也'。几年不见颉刚，不料成就到这么大！这事原是在别人而不在我的颉刚的话，我或者不免生点嫉妒的意思，吹毛求疵，硬去找争执的地方；但早晚也是非拜倒不可的。"

　　颉刚，我称赞你够了么！请你不要以我这话是朋友的感情；此间熟人读你文的，几乎都是这意见。此时你应做的事，就是赶快把你这番事业弄成。我看见的你的文并不全，只是《努力》、《读书杂志》9、10、11、12、14（13号未见过，14后也未见过）所登的。我见别处登有你题目，14号末又注明未完；且事隔已如此之久，其间你必更有些好见解，希望你把你印出的文一律寄我一看。看来禹的一个次叙，你已找就了，此外的几个观念，如尧、舜、神农、黄帝、许由、仓颉等等，都仔细照处理禹的办法处置它一下子。又如商汤、周文、周公虽然是真的人，但其传说也是历时变的。龟甲文上成汤并不称成汤。《商颂》里的武王是个光大商业，而使上帝之"命式于九围"的，克夏不算重事。《周诰》里周公说到成汤，便特别注重他的"革夏"，遂至结论到周之克殷，"于汤有光"的滑稽调上去（此恰如满酋玄晔诔孝陵的话）。到了孟子的时代想去使齐梁君主听他话，尤其是想使小小滕侯不要短气，便造了"汤以七十里兴，文王以百里兴"的话头，直接与《诗・颂》矛盾。到了嵇康之薄汤武，自然心中另是一回事。至于文王、周公的转变更多。周公在孔子正名的时代，是建国立制的一个大人物。在孟子息邪说距诐行的时代，是位息邪说距诐行的冢相。在今文时代，可以称王。在王莽时代，变要居摄。到了六朝时，真个的列爵为五，列卿为六了，他便是孔子的大哥哥，谢夫人所不满意事之负责任者（可惜满清初年不文，不知"文以诗书"，只知太后下嫁。不然，周公又成满酋多尔衮，这恐怕反而近似）。这样变法，岂有一条不是以时代为背景。尤其要紧的，便是一个孔子问题。孔子从《论语》到孔教会翻新了的梁漱溟，变了真正七十二，而且每每是些剧烈的变化，简直摸不着头脑的。其中更有些非常滑稽的，例如苏洵是个讼棍，他的《六经论》中的圣人（自然是孔子和其他），心术便如讼棍。长素先生要做孔老大，要改制，便做一部《孔子改制托古考》其实新学伪经，便是汉朝的康有为做的。梁漱溟总还勉强是一个聪明人，只是所习惯的环境太陋了，便挑了一个顶陋的东西来，呼之为"礼乐"，说是孔家真传：主义是前进不能，后退不许，半空吊着，简直使孔丘活受罪。这只是略提一二例而已，其实妙文多着哩。如果把孔子问题弄清一下，除去历史学的兴味外，也可以减掉后来许多梁漱溟，至少也可以使后来的梁漱溟但为梁漱溟的梁漱溟，不复能为孔家店的梁漱溟。要是把历来的"孔丘七十二变又变……"写成一本书，从我这不庄重的心思看去，可以如欧洲教会教条史之可以解兴发噱。从你这庄重的心思看去，便一个中国思想演流的反射分析镜，也许得到些中国历来学究的心座（Freudian Complexes）来，正未可料。

　　你自然先以文书中选择的材料证成这个"累层地"，但这个累层地的观念大体成后，可以转去分析各个经传子家的成籍。如此，则所得的效果，是一部总括以前文籍分析，而启后来实地工作的一部古史，又是一部最体要的民间思想流变史，又立一个为后来证订一切古籍的标准。这话是虚吗？然则我谓它是个"大小总汇"，只有不及，岂是过称吗？

　　大凡科学上一个理论的价值，决于它所施作的度量深不深，所施作的范围广不广，此外恐更没有甚么有形的标准。你这个古史论，是使我们对于周汉的物事一切改观的，是使汉学的问题件件在它支配之下的，我们可以到处找到它的施作的地域来。前年我读你文时，心中的意思如涌泉。当时不写下，后来忘了一大半。现在且把尚未忘完的几条写下。其中好些只是你这论的演绎。

一 试想几篇《戴记》的时代

大小《戴记》中，材料之价值不等，时代尤其有参差，但包括一部古儒家史，实应该从早分析研究一回。我从到欧洲来，未读中国书，旧带的几本早已丢去。想《戴记》中最要四篇，《乐记》、《礼运》、《大学》、《中庸》，当可背诵，思一理之。及一思之，恨《乐记》已不能背。见你文之初，思如涌泉，曾于一晚想到《大学》、《中庸》之分析。后来找到《戴记》一读，思想未曾改变。又把《礼运》一分量，觉得又有一番意思。今写如下：

《**大学**》　孟子说："人有恒言，皆曰天下国家。天下之本在国，国之本在家，家之本在身。"可见孟子时尚没有《大学》一种完备发育的"身家国天下系统哲学"。孟子只是始提这个思想。换言之，这个思想在孟子时是胎儿，而在《大学》时已是成人了。可见孟子在先，《大学》在后。《大学》老说平天下，而与孔子、孟子不同。孔子时候有孔子时候的平天下，"九合诸侯，一匡天下"，如桓文之霸业是也。孟子时候有孟子时候的平天下，所谓"以齐王"是也。列国分立时之平天下，总是讲究天下定于一，姑无论是"合诸侯，匡天下"，是以公山弗扰为"东周"，是"以齐王"，总都是些国与国间的关系。然而《大学》之谈"平天下"，但谈理财。理财本是一个治国的要务；到了理财成了平天下的要务，必在天下已一之后。可见《大学》不见于秦皇。《大学》引《秦誓》，书是出于伏生的，我总疑心书之含《秦誓》是伏生为秦博士的痕迹，这话要真，《大学》要后于秦代了。且《大学》末后大骂一阵聚敛之臣。汉初兵革扰扰，不成政治，无所谓聚敛之臣。文帝最不会用聚敛之臣，而景帝也未用过。直到武帝时才大用而特用，而《大学》也就大骂而特骂了。《大学》总不能先于秦，而汉初也直到武帝才大用聚敛之臣，如果《大学》是对时而立论，意者其作于孔桑登用之后，轮台下诏之前乎？且《大学》中没有一点从武帝后大发达之炎炎奇怪的今文思想，可见以断于武帝时为近是。不知颉刚以我这盐铁论观的《大学》为何如？

《**中庸**》 《中庸》显然是三个不同的分子造成的，今姑名为甲部、乙部、丙部。甲部《中庸》从"子曰君子中庸"起，到"子曰父母其顺矣乎"止。开头曰中庸，很像篇首的话。其所谓中庸，正是两端之中，庸常之道，写一个Petit bourgeois之人生观。"妻子好合，如鼓瑟琴；兄弟既翕，和乐且耽"。不述索隐行怪而有甚多的修养，不谈大题而论社会家庭间事，显然是一个世家的观念（其为子思否不关大旨），显然是一个文化甚细密中的东西——鲁国的东西，显然不是一个发大议论的笔墨——汉儒的笔墨。从"子曰鬼神之为德"起，到"治国其如示诸掌乎"止，已经有些大言了，然而尚不是大架子的哲学。此一节显然像是甲部、丙部之过渡。至于第三部，从"哀公问政"起到篇末，还有头上"天命之谓性"到"万物育焉"一个大帽子，共为丙部，纯粹是汉儒的东西。这部中所谓中庸，已经全不是甲部中的"庸德之行，庸言之谨"，而是"中和"了。中庸本是一家之小言，而这一部中乃是一个会合一切，而谓其不冲突——太和——之哲学。盖原始所谓中者，乃取其中之一点而不从其两端。此处所谓中者，以其中括合其两端，所以仲尼便祖述尧舜（法先王），宪章文武（法后王），上律天时（羲和），下袭水土（禹）。这比孟子称孔子之集大成更进一步了。孟子所谓"金声玉振"尚是一个论德性的话，此处乃是想孔子去包罗一切人物：孟荀之所以不同，儒墨之所以有异，都把它一炉而熔之。"九经"之九事，在本来是矛盾的，如亲亲尊贤是也，今乃并行而不相悖。这岂是晚周子家所敢去想的。这个"累层地"，你以为对不对？

然而《中庸》丙部也不能太后，因为虽提祯祥，尚未入纬。

西汉人的思想截然和晚周人的思想不同。西汉人的文章也截然与晚周人的文章不同。我想下列几个标准可以助我们决定谁是谁。

（一）就事说话的是晚周的，做起文章来的是西汉的。

（二）研究问题的是晚周的，谈主义的是西汉的。

（三）思想也成一贯，然不为系统的铺排的是晚周，为系统的铺排的是西汉。

（四）凡是一篇文章或一部书，读了不能够想出它时代的背景来的，就是说，发的议论对于时代独立的，是西汉。而反过来的一面，就是说，能想出它的时代的背景来的却不一定是晚周。因为汉朝也有就事论事的著作家，而晚周却没有凭空成思之为方术者。

《吕览》是中国第一部一家著述，以前只是些语录。话说得无论如何头脑不清，终不能成八股。以事为学，不能抽象。汉儒的八股，必是以学为学；不窥园亭，遑论社会。

《礼运》　《礼运》一篇，看来显系三段。"是谓疵国，故政者之所以藏身也"（应于此断，不当从郑）以前（但其中由"言偃复问曰"到"礼之大成"一节须除去）是一段，是淡淡鲁生的文章。"夫政必本于天……"以下是一段，是炎炎汉儒的议论，是一个汉儒的系统玄学。这两段截然不同。至于由"言偃复问曰"到"礼之大成"一段，又和上两者各不同，文词略同下部而思想则不如彼之侈。"是为小康"，应直接"舍鲁何适矣"。现在我们把《礼运》前半自为独立之一篇，并合其中加入之一大节，去看，鲁国之乡曲意味，尚且很大。是论兵革之起，臣宰之僭，上规汤武，下薄三家的仍类于孔子正名，其说先王仍是空空洞洞，不到《易传》实指其名的地步。又谈禹、汤、文、武、成王、周公而不谈尧舜，偏偏所谓"大道之行也"云云，即是后人所指尧舜的故事。尧、舜、禹都是儒者之理想之Incarnation，自然先有这理想，然后再Incarnated到谁和谁身上去。此地很说了些这个理想，不曾说是谁来，像是这篇之时之尧、舜尚是有其义而无其词，或者当时尧、舜俱品之传说未定，尚是流质呢。所谈禹的故事，反是争国之首，尤其奇怪。既不同雅颂，又不如后说，或者在那个禹观念进化表上，这个《礼运》中的禹是个方域的差异。我们不能不承认传说之方域的差异，犹之乎在言语学上不能不承认方言。又他的政治观念如"老有所终"以下一大段，已是孟子的意思，只不如《孟子》详。又这篇中所谓礼，实在有时等于《论语》上所谓名。又"升屋而号"恰是墨子引以攻儒家的。又"玄酒在室"至"礼之大成也"一段，不亦乐乎的一个鲁国的Petit bourgeois之Kultur。至于"呜呼哀哉"以下，便是正名论。春秋战国间大夫纷纷篡诸侯，家臣纷纷篡大夫，这篇文章如此注意及此，或者去这时候尚未甚远。这篇文章虽然不像很旧，但看来总在《易·系》之前。

《易·系》总是一个很迟的东西，恐怕只是稍先于太史公。背不出，不及细想。

二　孔子与六经

玄同先生这个精而了然的短文，自己去了许多云雾。我自己的感觉如下：

《**易**》　《论语》"夏礼吾能言之，杞不足征也。殷礼吾能言之，宋不足征也。文献不足故也；足，则吾能征之矣"。《中庸》"吾说夏礼，杞不足征也。吾学殷礼，有宋存焉。吾学周礼，今用之，吾从周"。《礼运》"吾欲观夏道，是故之杞，而不足征也，吾得夏时焉。吾欲观殷道，是故之宋，而不足征也，吾得坤乾焉。坤乾之羲，夏时之等，吾以是观之"。附《易》于宋，由这看来，显系后起之说。而且现在的《易》是所谓《周易》，乾上坤下，是与所谓归藏不同。假如《周易》是孔子所订，则传说之出自孔门，决不会如此之迟，亦不会如此之矛盾纷乱。且商瞿不见于《论语》，《论语》上孔子之思想绝对和《易·系》不同。

《诗》　以《墨子》证《诗》三百篇，则知《诗》三百至少是当年鲁国的公有教育品，或者更普及（墨子，鲁人）。看《左传》、《论语》所引《诗》大同小异，想见其始终未曾有定本。孔子于删诗何有焉？

《书》　也是如此。但现在的《今文尚书》，可真和孔子和墨子的书不同了。现在的今文面目，与其谓是孔子所删，毋宁谓是伏生所删。终于《秦誓》，显出秦博士的马脚来。其中真是有太多假的，除《虞、夏书》一望而知其假外，《周书》中恐亦不少。

《礼》、《乐》　我觉玄同先生所论甚是。

《春秋》　至于《春秋》和孔子的关系，我却不敢和玄同先生苟同。也许因为我从甚小时读孔广森的书，印下一个不易磨灭的印象，成了一个不自觉的偏见。现在先别说一句。从孔门弟子到孔教会梁漱溟造的那些孔教传奇，大别可分为三类：一怪异的，二学究的，三为人情和社会历史观念所绝对不能容许的。一层一层的剥去，孔丘真成空丘（或云孔，空）了。或者人竟就此去说孔子不是个历史上的人。但这话究竟是笑话。在哀公时代，鲁国必有一个孔丘字仲尼者。那末，困难又来了。孔子之享大名，不特是可以在晚周儒家中看出的，并且是在反对他的人们的话中证到的。孔子以什么缘由享大名虽无明文，但他在当时享大名是没有问题的。也许孔子是个平庸人，但平庸人享大名必须机会好；他所无端碰到的一个机会是个大题目，如刘盆子式的黎元洪碰到武昌起义是也。所以孔丘之成名，即令不由于他是大人物，也必由于他借到大题目，总不会没有原因的。不特孔丘未曾删定六经，即令删定，这也并不见得就是他成大名的充足理由。在衰败的六朝，虽然穷博士，后来也以别的缘故做起了皇帝。然当天汉盛世，博士的运动尚且是偏于乘障落头一方面；有人一朝失足于六艺，便至于终其身不得致公卿。只是汉朝历史是司马氏、班氏写的，颇为儒生吹吹，使后人觉得"像煞有介事"罢了。但有时也露了马脚，所谓"主上所戏弄，流俗所轻，优倡之所蓄"也。何况更在好几百年以前。所以孔丘即令删述六经，也但等于东方朔的诵四十四万言，容或可以做哀公的幸臣，尚决不足做季氏的家宰，更焉有驰名列国的道理。现在我们舍去后来无限的孔子追加篇，但凭《论语》及别的不多的记载，也可以看出一个线索来。我们说，孔丘并不以下帷攻《诗》、《书》而得势，他于《诗》、《书》的研究与了解实在远不及二千四百年后的顾颉刚，却是以有话向诸侯说而得名。他是游谈家的前驱。游谈家靠有题目。游谈家在德谟克拉西的国家，则为演说家，好比雅典的Demosthenes、罗马的Cicero，都不是有甚深学问，或甚何Originality的人。然而只是才气过人，把当时时代背景之总汇抓来，做一个大题目去吹擂，于是乎"太山北斗"，公卿折节了。孔丘就是这样。然则孔丘时代背景的总汇是什么？我想这一层《论语》上给我们一个很明白的线索。周朝在昭穆的时代尚是盛的时候，后来虽有一乱，而宣王弄得不坏。到了幽王，不知为何原因，来了一个忽然的瓦解，如渔阳之变样的。平王东迁后的两个局面，是内面上陵下僭，"团长赶师长，师长赶督军"，外边是四夷交侵，什么"红祸白祸"，一齐都有。这个局面的原始，自然也很久了；但成了一个一般的风气，而有造成一个普遍的大劫之势，恐怕是从这时起。大夫专政，如鲁之三桓、宋之华氏，都是从春秋初年起。晋以杀公族，幸把这运命延迟上几世（其实曲沃并晋已在其时，而六卿增势也很快）。至于非文化民族之来侵，楚与鲁接了界，而有灭周宋的形势；北狄灭了邢卫，殖民到伊川，尤其有使文化"底上翻"之形势。应这局面而出来的人物，便是齐桓、管仲、晋文、舅犯，到孔子时，这局面的迫逼更加十倍的利害，自然出来孔子这样人物。一面有一个很好的当时一般文化的培养，一面抱着这个扼要的形势，力气充分，自然成名。你看《论语》上孔子谈政治的大节，都是指这个方向。说正名为成事之本，说三桓之子孙微，说陪臣执国命，论孟公绰，请讨田氏，非季氏之兼并等等，尤其清楚的是那样热烈的称赞管仲。"管仲相桓公，九合诸侯……微管仲，吾其披发左衽矣"。但虽然这般称许管仲，而于管仲犯名分的地方还是一点不肯放过。这个纲目，就是内里整纲纪，外边攘夷狄，使一个乱糟糟的世界依然回到成周盛世的文化上，所谓"如有用我者，吾其为东周乎"。借用一位不庄者之书名。正所谓"救救文明"（Salvaging the Civilization）。只有这样题目可以挪来为大本；也只有这个题目可以挪来说诸侯；也只有以这个题目的原故，列国的君觉着动听，而列国的执政大臣都个个要赶他走路了。颉刚：你看我这话是玩笑吗？我实在是说正经。我明知这话里有许多设定，但不这样则既不能解孔子缘何得大名之谜，又不能把一切最早较有道理的孔子传说联合贯串起来。假如这个思想不全错，则《春秋》一部书不容一笔抹杀，而《春秋》与孔子的各类关系不能一言断其为无。现在我们对于《春秋》这部书，第一要问它是鲁史否？这事很好决定，把书上日食核对一番，便可马上断定它是不是当时的记载。便可去问，是不是孔子所笔削。现在我实在想不到有什么确据去肯定或否定，现在存留的材料实在是太少了。然把孔子"论其世"一下，连串其《论语》等等来，我们可以说孔子订《春秋》，不见得不是一个自然的事实。即令《春秋》不经孔子手定，恐怕也是一部孔子后不久而出的著作，这著作固名为《春秋》或即是现在所存的"断烂朝报"。即不然，在道理上当与现在的"断烂朝报"同类。所以才有孟子的话。这书的思想之源泉，总是在孔子的。既认定纲领，则如有人说"孔子作《春秋》"，或者说"孔子后学以孔子之旨作《春秋》"，是没有原理上的分别。公羊家言亦是屡变。《传》、《繁露》，何氏，各不同。今去公羊家之迂论与"泰甚"，去枝去叶，参着《论语》，旁边不忘孟子的话，我们不免觉得，这公羊学的宗旨是一个封建制度正名的，确尚有春秋末的背景，确不类战国中的背景，尤其不类汉。三世三统皆后说，与公羊本义无涉。大凡一种系统的伪造，必须与造者广义的自身合拍，如古文之与新朝政治是也。公羊家言自然许多是汉朝物事，然它不泰不甚的物事实不与汉朝相干。

大凡大家看不起《春秋》的原因，都是后人以历史待它的原故，于是乎有"断烂朝报"之说。这话非常的妙。但知《春秋》不是以记事为本分，则它之为断烂朝报不是它的致命伤。这句绝妙好词，被梁任公改为"流水账簿"，便极其俗气而又错了。一、《春秋》像朝报而不像账簿；二、流水账簿只是未加整理之账，并非断烂之账。断烂之账簿乃是上海新闻大家张东荪先生所办《时事新报》的时评，或有或无，全凭高兴，没有人敢以这样的方法写流水账的。"史"之成一观念，是很后来的。章实斋说六经皆史，实在是把后来的名词，后来的观念，加到古人的物事上而齐之，等于说"六经皆理学"一样的不通。且中国人于史的观念从来未十分客观过。司马氏、班氏都是自比于孔子而作经。即司马君实也是重在"资治"上。郑夹漈也是要去贯天人的。严格说来，恐怕客观的历史家要从顾颉刚算起罢。其所以有鲁之记载，容或用为当时贵族社会中一种伦理的设用，本来已有点笔削，而孔子或孔子后世借原文自寄其笔削褒贬，也是自然。我们终不能说《春秋》是绝对客观。或者因为当时书写的材料尚很缺乏，或者因为忌讳，所以成了春秋这么一种怪文体，而不得不成一目录，但提醒其下之微言大义而已。这类事正很近人情。鲁史纪年必不始于隐公，亦必不终于哀公，而《春秋》却始于东迁的平王，被弑的隐公，终于获麟或孔丘卒，其式自成一个终始。故如以朝报言，则诚哉其断烂了，如以一个伦理原则之施作言，乃有头有尾的。

孟子的叙《诗》和《春秋》虽然是"不科学的"，但这话虽错而甚有注意的价值。从来有许多错话是值得注意的。把诗和伦理混为一谈，孔子时已成习惯了。孔子到孟子百多年，照这方面"进化"，不免到了"《诗》亡《春秋》作"之说。孟子说"其事则齐桓晋文，其文则史，其义则丘窃取之矣"，头一句颇可注意。以狭义论，《春秋》中齐桓、晋文事甚少。以广义论，齐桓、晋文之事为霸者之征伐会盟，未尝不可说《春秋》之"事则齐桓晋文"。孔子或孔子后人做了一部书，以齐桓、晋文之事为题目，其道理可想。又"其文则史，其义则丘窃取之矣"，翻作现在的话，就是说，虽然以历史为材料，而我用来但为伦理法则之施用场。

《春秋》大不类孟子的工具。如孟子那些"于传有之"的秘书，汤之囿，文王之囿，舜之老弟，禹之小儿，都随时为他使唤。只有这《春秋》，大有些不得不谈，谈却于他无益的样子。如谓《春秋》绝杀君，孟子却油油然发他那"诛一夫"，"如寇仇"，"则易位"的议论。如谓"春秋道名分"，则孟子日日谈王齐。春秋之事则齐桓晋文，而孟子则谓"仲尼之徒无道桓文之事者"。这些不合拍都显出这些话里自己的作用甚少，所以更有资助参考的价值。

当年少数人的贵族社会，自然有他们的标准和舆论，大约这就是史记事又笔削的所由起。史决不会起于客观的纪载事迹；可以由宗教的意思，后来变成伦理道德的意思起，可以由文学的意思起。《国语》自然属下一类，但《春秋》显然不是这局面，孔子和儒宗显然不是戏剧家。

总括以上的涉想，我觉得《春秋》之是否孔子所写是小题，《春秋》传说的思想是否为孔子的思想是大题。由前一题，无可取证。由后一题，大近情理。我觉得孔子以抓到当年时代的总题目而成列国的声名，并不是靠什么六艺。

孔子、六艺、儒家三者的关系，我觉得是由地理造成的。邹鲁在东周是文化最深密的地方。六艺本是当地的风化。所以孔子与墨子同诵《诗》、《书》，同观列国《春秋》。与其谓孔子定六艺，毋宁谓六艺定孔子。所以六艺实在是鲁学。或者当时孔子有个国际间的大名，又有好多门徒，鲁国的中产上流阶级每牵引孔子以为荣，于是各门各艺都"自孔氏"。孔子一生未曾提过《易》，而商瞿未一见于《论语》，也成了孔门弟子了。孔门《弟子列传》一篇，其中真有无量不可能的事。大约是司马子长跑到鲁国的时候，把一群虚荣心造成的各"书香人家"的假家谱抄来，成一篇《孔子弟子列传》。我的意思可以最单简如此说：六艺是鲁国的风气，儒家是鲁国的人们；孔子所以与六艺儒家生关系，因为孔子是鲁人。与其谓六艺是儒家，是孔学，毋宁谓六艺是鲁学。

世上每每有些名实不符的事。例如后来所谓汉学，实在是王伯厚，晁公武之宋学；后来所谓宋学，实在是明朝官学。我想去搜材料，证明儒是鲁学，经是汉定（今文亦然）。康有为但见新学有伪经，不见汉学有伪经。即子家亦是汉朝给它一个定订。大约现行子书，都是刘向一班人为它定了次叙的。墨子一部书的次叙，竟然是一个儒家而颇芜杂的人定的，故最不是墨子的居最先。前七篇皆儒家言，或是有道家言与墨绝端相反者（如太盛难寄），知大半子书是汉朝官订本（此意多年前告适之先生，他未注意），则知想把古书古史整理，非清理汉朝几百年一笔大账在先不可也。

三　在周汉方术家的世界中几个趋向

我不赞成适之先生把记载老子、孔子、墨子等等之书呼作哲学史。中国本没有所谓哲学。多谢上帝，给我们民族这么一个健康的习惯。我们中国所有的哲学，尽多到苏格拉底那样子而止，就是柏拉图的也尚不全有，更不必论到近代学院中的专技哲学，自贷嘉、来卜尼兹以来的。我们若呼子家为哲学家，大有误会之可能。大凡用新名词称旧物事，物质的东西是可以的，因为相同；人文上的物事是每每不可以的，因为多是似同而异。现在我们姑称这些人们（子家）为方术家。思想一个名词也以少用为是。盖汉朝人的东西多半可说思想了，而晚周的东西总应该说是方术。

禹、舜、尧、伏羲、黄帝等等名词的真正来源，我想还是出于民间。除黄帝是秦俗之神外，如尧，我拟是唐国（晋）民间的一个传说。舜，我拟是中国之虞或陈或荆蛮之吴民间的一个传说。尧、舜或即此等地方之君（在一时）。颛顼为秦之传说，喾为楚之传说，或即其图腾。帝是仿例以加之词（始只有上帝但言帝），尧、舜都是绰号。其始以民族不同方域隔膜而各称其神与传说；其后以互相流通而传说出于本境，迁土则变，变则各种之装饰出焉。各类变更所由之目的各不同，今姑想起下列几件：

（一）理智化———神秘之神成一道德之王。

（二）人间化———抽象之德成一有生有死之传。

又有下列一种趋势可寻：

满意于周之文化尤其是鲁所代表者（孔子）。

不满意于周之文化而谓孔子损益三代者。

举三代尽不措意，薄征诛而想禅让，遂有尧舜的化身。

此说又激成三派：

（1）并尧、舜亦觉得太有人间烟火气，于是有许由、务光。与这极端反背的便是"诛华士"，《战国策》上请诛於陵仲子之论。

（2）宽容一下，并尧、舜、汤、武为一系的明王。（《孟子》）

（3）爽性在尧、舜前再安上一个大帽子，于是有神农、黄帝、伏羲等等。

这种和他种趋势不是以无目的而为的。

上条中看出一个古道宗思想与古儒宗思想的相互影响，相互为因果。自然儒宗、道宗这名词不能安在孔子时代或更前，因为儒家一名不过是鲁国的名词，而道家一名必然更后，总是汉朝的名词，或更在汉名词"黄老"以后。《史记》虽有申不害学"黄老刑名以干昭侯"的话，但汉初所谓黄老实即刑名之广义，申不害学刑名而汉人以当时名词名之，遂学了黄老刑名。然而我们总可为这两个词造个新界说，但为这一段的应用。我们第一要设定的，是孔子时代已经有一种有遗训的而又甚细密的文化，对这文化的处置可以千殊万别，然而大体上或者可分为两项：

一、根本是承受这遗传文化的，但愿多多少少损益于其中。我们姑名此为古儒宗的趋势。

二、根本上不大承认，革命于其外。我们姑名此为古道宗的趋势。

名词不过界说的缩短，切勿执名词而看此节。我们自不妨虚位的定这二事为AB，但这种代数法，使人不快耳。造这些名词如尧、舜、许由、务光、黄（这字先带如许后来道士气）帝、华士、神农，和《庄子》书中的这氏那氏，想多是出于古道宗，因为这些人物最初都含些道宗的意味。《论语》上的舜，南面无为。许行的神农，是并耕而食。这说自然流行也很有力，儒宗不得不取适应之法。除为少数不很要紧者造个谣言，说"这正是我们的祖师所诛"（如周公诛华士）外。大多数已于民间有势力者是非引进不可了。便把这名词引进，加上些儒家的意味。于是乎绝世的许由成了士师的皋陶（这两种人也有共同，即是俱为忍人）；南面无为的舜，以大功二十而为天子，并耕的神农本不多事，又不做买卖，而《易·系》的神农"耒耜之利，以教天下"，加上做买卖，虽许子亦应觉其何以不惮烦也。照儒宗的人生观，文献征者征之，本用不着造这些名词以自苦：无如这些名词先已在民间成了有势力的传说，后又在道宗手中成了寄理想的人物，故非取来改用不可。若道宗则非先造这些非历史的人物不能资号召。既造，或既取用，则儒宗先生也没有别法对付，只有翻着面过来说，"你所谓者正是我们的'于传有之'，不过我们的真传所载与你这邪说所称名一而实全不同，词一而谓全不同"。反正彼此都没有龟甲钟鼎做证据，谁也莫奈得谁何。这种方法，恰似天主教对付外道。外道出来，第一步是不睬。不睬不能，第二步便是加以诛绝，把这书们加入"禁书录"上。再不能，第三步便是扬起脸来说，"这些物事恰是我们教中的"。当年如此对付希腊哲学，近世如此对付科学。天主教刑了盖理律，而近中天文学、算学在教士中甚发达。

我这一篇半笑话基于一个假设，就是把当年这般物事分为二流，可否？我想大略可以得，因为在一个有细密文化久年遗训的社会之下，只有两个大端：一是于这遗训加以承认而损益之，一是于遗训加以否认。一般的可把欧洲千年来的物事（直至19世纪末为止）分为教会的趋向与反教会的趋向。

何以必须造这一篇半笑话？我想，由这一篇半笑话可以去解古书上若干的难点。例如《论语》一部书，自然是一个"多元的宇宙"，或者竟是好几百年"累层地"造成的。如"凤鸟不至"一节，显然是与纬书并起的话。但所说尧舜禹诸端，尚多是抽象以寄其理想之词，不如孟子为舜象做一篇越人让兄陈平盗嫂合剧。大约总应该在孟子以前，也应该是后来一切不同的有事迹的人王尧舜禹论之初步。且看《论语》里的尧舜禹，都带些初步道宗的思想。尧是"无能名"，舜是"无为"。禹较两样些，"禹无间然"一段也颇类墨家思想之初步。然卑居处，薄食服，也未尝违于道宗思想。至于有天下而不与，却是与舜同样的了。凡这些点儿，都有些暗示我们：尧、舜一类的观念起源应该在邻于道宗一类的思想，而不该在邻于儒宗一类的思想。

尧、舜等传说之起，在道理上必不能和禹传说之起同源，此点颉刚言之详且尽。我想禹与墨家的关系，或者可以如下：禹本是一个南方民族的神道，一如颉刚说。大约宗教的传布，从文化较高的传入文化较低的民族中，虽然也多，然有时从文化较低的传到文化较高的，反而较易。例如耶稣教之入希腊罗马；佛教之由北印民族入希腊文化殖民地，由西域入中国；回教之由亚剌伯入波斯（此点恐不尽由武力征服之力）。大约一个文化的社会总有些不自然的根基，发达之后，每每成一种矫揉的状态，若干人性上初基的要求，不能满足或表现。故文化越繁丰，其中越有一种潜流，颇容易感受外来的风气，或自产的一种与上层文化不合的趋向。佛教之能在中国流行，也半由于中国的礼教、道士、黄巾等，不能满足人性的各面，故不如礼教、道士、黄巾等局促之佛教，带着迷信与神秘性，一至中国，虽其文化最上层之皇帝，亦有觉得中国之无质，应求之于印度之真文。又明末天主教入中国，不多时间，竟沿行于上级士大夫间，甚至皇帝受了洗（永历皇帝）；满洲时代，耶稣会士竟快成玄晔的国师。要不是与政治问题混了，后来的发展必大。道光后基督教之流行，也很被了外国经济侵略武力侵略之害。假如天主耶稣无保护之强国，其销路必广于现在。我们诚然不能拿后来的局面想到春秋初年，但也难保其当年不有类似的情形。这一种禹的传说，在头一步传到中国来，自然还是个神道。但演进之后，必然向别的方面走。大约墨家这一派信仰，在一般的社会文化之培养上，恐不及儒家，《墨子》虽然也道《诗》、《书》，但这究竟不是专务雅言。这些墨家，抓到一个禹来作人格的标榜，难道有点类似佛教入中国，本国内自生宗派的意思吗？儒家不以孔名，直到梁漱溟才有孔家教；而墨家却以墨名。这其中或者是暗示墨子造作，孔丘没有造作，又《墨经》中传有些物理学、几何学、工程学、文法学、名学的物事。这或者由于当年儒家所吸收的人多半是些中上社会，只能谈人文的故事，雅言诗书执礼。为墨家所吸收的，或者偏于中下社会，其中有些工匠技家，故不由得包含着这些不是闲吃饭的物事下来，并非墨家思想和这些物事有何等相干。大约晚周的子家最名显的，都是些游谈之士，大则登卿相，小则为清客，不论其为是儒家或道家，孟轲或庄周。儒家是吸收不到最下层人的，顶下也是到士为止。道家也是leisured阶级之清谈。但如许行等等却很可以到了下层社会。墨家却非行到下层社会不为功。又墨家独盛于宋，而战国子家说到傻子总是宋人，这也可注意。或者宋人当时富于宗教性，非如周郑人之有Sophistry邹鲁人之有Conventional？

至于汉朝思想趋势中，我有两个意思要说。一、由今文到纬书是自然之结果。今文把孔子抬到那样，舍成神道以外更无别法。由《易经》到纬书不容一发。今文家把他们的物事更民间化些，更可以共喻而普及，自然流为纬学。信今文必信孔子之超人入神；信孔子如此加以合俗，必有祯祥之思想。二、由今文及动出古文，是思想的进步。造伪经在现在看来是大恶，然当时人借此寄其思，诚恐不觉其恶，因为古时著作人观念之明白决不如后人重也。但能其思想较近，不能以其造伪故而泯其为进步。古文材料虽伪，而意思每比今文合理性。

不及详叙，姑写为下列两表：

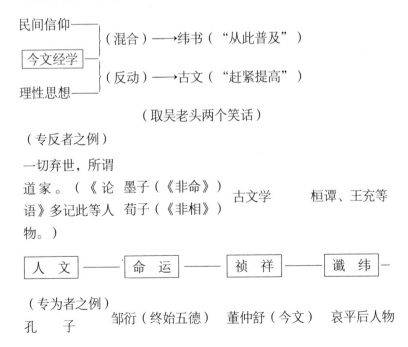

（取吴老头两个笑话）

（专反者之例）

一切弃世，所谓
道家。（《论　墨子（《非命》）
语》多记此等人　荀子（《非相》）　　古文学　　　桓谭、王充等
物。）

人　文 —— 命　运 —— 祯　祥 —— 谶　纬 —

（专为者之例）
孔　子　　　邹衍（终始五德）　董仲舒（今文）　哀平后人物

四　殷周间的故事

十年前，我以子贡为纣申冤一句话，想起桀、纣传说之不可信，因疑心桀、纣是照着幽王的模型造的，有褒姒故有妲己等等。这因是少时一种怪想。后来到英国，见英国爵虽五等而非一源，因而疑心中国之五等爵也有参差，有下列涉想（德国爵亦非一源）：

公　公不是爵名，恐即与"君"字同义。三公周召宋公及王畿世卿都称公，而列国诸侯除称其爵外亦称公。公想是泛称人主之名，特稍尊耳。犹英语之Lord一称，自称上帝以至于世族无爵者之妻或仆称其夫或主。如德国语之Herr亦自上帝称到一切庶人。宋是殷后，王号灭犹自与周封之诸侯不同，故但有泛称而无诸侯之号。其所以列位于会盟间次于伯而先于其他一切诸侯者，正因其为殷后，不因其称公。如若传说，一切诸侯自称公为僭，则《鲁颂》"乃命周公，俾侯于东"，岂非大大不通？

子　遍检《春秋》之子爵，全无姬姓（除吴）。姬姓不封子；而封子爵者，凡有可考，立国皆在周前，或介戎狄，不与中国同列。莒子、郯子、邾子、杞子，古国也。潞子、骊子，不与中国之列者也。楚子，一向独立之大国也。吴子虽姬姓，而建国亦在周前。见殷有箕子微子，我遂疑子是殷爵，所谓子自是王子，同姓之号，及后来渐成诸侯之号，乃至一切异姓亦如此称。我疑凡号子者大多是殷封之国，亦有蛮夷私效之。要均与周室无关系（吴子楚子解见后）。

且看子一字之降级：

诸　　　　侯——微子，箕子。

诸侯之大夫——季文子，赵简子。

士　　　　人——孔子，孟子。

乃　至　于——小子，娭子。

　　这恰如老爷等名词之降级，明朝称阁学部院曰老爷，到清朝末年虽县知事亦不安于此而称大老爷。

　　至于侯，我们应该先去弄侯字古来究如何写法，如何讲法。殷亦有鬼侯、鄂侯、崇侯；鬼、鄂、崇，皆远方之邑，或者所谓侯者如古德意志帝国（神圣罗马帝国）之边侯（Markgraf）。在殷不特不见得侯大于子，而且微子箕子容或大于鬼侯鄂侯。周定后，不用子封人而一律用侯。以"新鬼大，故鬼小"之义，及"周之宗盟，异姓为后"之理，侯遂跑到子上。

　　同姓侯甚多，凡姬姓的非侯即伯。其异姓之侯，如齐本是大国，另论；如陈是姻戚，如薛也是周"先封"，都是些与周有关系的。

　　伯　这一件最奇。伯本与霸同字，应该很大。且受伯封者，如燕伯，召公之国也。如曹伯，"文之昭也"。如郑伯，平王依以东迁者也。如秦伯，周室留守，助平王东迁者也。然而爵均小于侯，岂不可怪？我疑心伯之后于侯，不是由于伯之名后于侯，而是由于封伯爵者多在后；或者伯竟是一个大名，愈后封而号愈滥，遂得大名，特以后封不能在前耳。

　　男　苦想只想到一个许男，或者由来是诸侯之诸侯？

　　以上的话只是凭空想，自然不能都对；但五等爵决非一源，且甚参差耳。

　　太伯入荆蛮，我疑心是伦常之变。伦常之变，本是周室"拿手好戏"，太王一下，周公一下，平王又一下。因太伯不得已而走，或者先跑到太王之大仇殷室，殷室封他为子爵，由他到边疆启土，所以武王伐纣时特别提出这件事，"唯四方之多罪捕逃是崇是用"。言如此之痛，正因有他之伯祖父在也（《牧誓》亦正不可信，此地姑为此戏想耳）。吴既不在周列，周亦莫奈他何，遂于中国封虞。吴仍其子爵，至于寿梦。吴民必非中国种，只是君室为太伯虞仲后耳。虞仲应即是吴仲。

　　齐太公的故事,《史记》先举三说而不能断。我疑心齐本是东方大国,本与殷为敌,而于周有半本家之雅(厥初生民,时惟姜嫄),又有亲戚(爰及姜女,聿来胥宇),故连周而共敌殷。《商颂》"相土烈烈,海外有截",当是有汤前已有了北韩辽东,久与齐逼。不然,箕子以败丧之余,更焉能越三千里而王朝鲜;明朝鲜本殷地,用兵力所不及,遂不臣也。齐于周诸侯中受履略大,名号最隆——尚父文王师一切传说,必别有故。且《孟子》、《史记》均认齐太公本齐人,后来即其地而君之。且《史记》记太公世家,太公后好几世,直到西周中晚,还是用殷法为名,不同周俗,可见齐自另一回事,与周之关系疏稀。《檀弓》所谓太公五世返葬于周,为无稽之谈也(如果真有这回事,更是以死骨为质的把戏)。齐周夹攻殷,殷乃不支,及殷被戡定,周莫奈齐何,但能忙于加大名,而周公自命其子卜邻焉。

　　世传纣恶,每每是纣之善。纣能以能爱亡其国,以多力亡其国,以多好亡其国,诚哉一位戏剧上之英雄,虽Siegfried何足道哉。我想殷周之际事可作一出戏,纣是一大英雄,而民疲不能尽为所用,纣想一削"列圣耻",讨自亶父以下的叛虏,然自己多好而纵情,其民老矣,其臣迁者如比干,鲜廉寡耻如微子,箕子则为清谈,诸侯望包藏阴谋,将欲借周自取天下,遂与周合而夹攻,纣乃以大英雄之本领与运命争;终于不支,自焚而成一壮烈之死。周之方面,毫无良德,父子不相容,然狠而有计算,一群的北虏自有北虏的品德。齐本想不到周能联一切西戎南蛮,《牧誓》一举而定王号。及齐失望,尚想武王老后必有机会,遂更交周,不料后来周公定难神速,齐未及变。周公知破他心,遂以伯禽营少昊之墟。至于箕子,于亡国之后,尚以清谈归新朝,一如王夷甫。而微子既如谯周之劝降,又觉纣死他有益耳。

　　这篇笑话,自然不是辩古史,自然事实不会如此。然遗传的殷周故事,隆周贬纣到那样官样文章地步,也不见得比这笑话较近事实。

越想越觉世人贬纣之话正是颂纣之言。人们的观念真不同，伪孔《五子之歌》上说，"内作色荒。外作禽荒。甘酒嗜音，峻宇雕墙"，此正是欧洲所谓Prince之界说，而东晋人以为"有一必亡"。内作色荒是圣文，外作禽荒是神武，甘酒嗜音是享受文化，峻宇雕墙是提倡艺术，有何不可，但患力不足耳。

周之号称出于后稷，一如匈奴之号称出于夏氏。与其信周之先世曾窜于戎狄之间，毋宁谓周之先世本出于戎狄之间。姬、姜容或是一支之两系。特一在西，一在东耳。

鲁是一个古文化的中心点，其四围有若干的小而古的国。曲阜自身是少昊之墟。昊容或为民族名，有少昊必有太昊，犹大宛小宛，大月氏小月氏也。我疑及中国文化本来自东而西：九河济淮之中，山东、辽东两个半岛之间，西及河南东部，是古文化之渊源。以商兴而西了一步，以周兴而更西了一步。不然，此地域中何古国之多也。齐容或也是一个外来的强民族，遂先于其间成大国。

齐有齐俗，有齐宗教，虽与鲁近，而甚不同。大约当年邹鲁的文化人士，很看不起齐之人士，所以孟子听到不经之谈，便说是"齐东野人之语也"，而笑他的学生时便说："子诚齐人也，知管仲、晏子而已矣"，正是形容他们的坐井观天的样子。看来当年齐人必有点类似现在的四川人，自觉心是很大的，开口苏东坡，闭口诸葛亮，诚不愧为夜郎后世矣。鲁之儒家，迂而执礼。齐之儒家，放而不经。如淳于、邹衍一切荒唐之词人，世人亦谓为儒家。

荆楚一带，本另是些民族，荆或者自商以来即是大国，亦或者始受殷号，后遂自立。楚国话与齐国话必不止方言之不同，不然，何至三年庄岳然后可知。孟子骂他们鴃舌，必然声音很和北方汉语不类。按楚国话语存在者，只有"谓乳榖，谓虎於菟"一语。乳是动词，必时有变动；而虎是静词，尚可资用。按吐蕃语虎为Stng，吐蕃语字前之S每在同族语中为韵，是此字易有线索，但一字决不能为证耳。又汉西南夷君长称精夫，疑即吐蕃语所谓Rgyal-po，《唐书》译为赞普者。《汉书·西南夷传》有几首四字诗对记，假如人能精于吐蕃语、太语、缅甸语，必有所发现。这个材料最可宝贵。楚之西有百濮，今西藏自称曰濮。又蛮闽等字音在藏文为人，或即汉语民字之对当？总之，文献不足，无从征之。

秦之先世必是外国，后来染上些晋文化，但俗与宗教想必同于西戎。特不解西周的风气何以一下子精光？

狄必是一个大民族。《左传》、《国语》记他们的名字不类单音语。且说到狄，每加物质的标记，如赤狄、白狄、长狄等等。赤白又长，竟似印度日耳曼族的样子，不知当时吐火罗等人东来，究竟达到什么地方？

应该是中国了，而偏和狄认亲（有娀，简狄）。这团乱糟糟的样子，究竟谁是诸夏，谁是戎狄？

中国之有民族的、文化的、疆域的一统，至汉武帝始全功，现在人曰汉人，学曰汉学，土曰汉土，俱是最合理的名词，不是偶然的。秦以前本不一元，自然有若干差别。人疑生庄周之土不应生孔丘。然如第一认清中国非一族一化，第二认清即一族一化之中亦非一俗，则其不同亦甚自然。秦本以西戎之化，略收点三晋文俗而统一中国。汉但接秦，后来鲁国、齐国又渐于文化上发生影响。可如下列看：

统一中国之国家者——秦。

统一中国之文教者——鲁。

统一中国之宗教者——齐。

统一中国之官术者——三晋。

此外未得发展而压下的东西多得很啦。所以我们觉得汉朝的物事少方面，晚周的物事多方面。文化之统一与否，与政治之统一与否相为因果；一统则兴者一宗，废者万家。

五　补说（《春秋》与《诗》）

承颉刚寄我《古史辨》第一册，那时我已要从柏林起身，不及细看。多多一看，自然不消说如何高兴赞叹的话，前文已说尽我所能说，我的没有文思使我更想不出别的话语来说。现在只能说一个大略的印象。

最可爱是那篇长叙，将来必须更仔细读它几回，后面所附着第二册拟目，看了尤其高兴，盼望的巴不得马上看见。我尤其希望的是颉刚把所辨出的题目一条一条去仔细分理，不必更为一般之辨，如作《原经》一类的文章。从第二册拟目上看来，颉刚这时注意的题目在《诗》，稍及《书》。希望颉刚不久把这一堆题目弄清楚，俾百诗的考伪孔后更有一部更大的大观。

我觉得《春秋》三传问题现在已成熟，可以下手了。我们可以下列的路线去想：

（一）《春秋》是不是鲁史的记载？这个问题很好作答，把二百多年中所记日食一核便妥了。

（二）左氏经文多者是否刘歆伪造？幸而哀十四年有一日食，旦去一核，看是对否。如不对，则此一段自是后人意加。如对，则今文传统说即玄同先生所不疑之"刘歆伪造"坠地而尽。此点关系非常之大。

（三）孔子是否作《春秋》？此一点我觉得竟不能决，因没有材料。但这传说必已很久，而所谓公羊春秋之根本思想实与《论语》相合。

（四）孟子所谓《春秋》是否即今存之断烂朝报？此一段并非不成问题。

（五）春秋一名在战国时为公名，为私名？

（六）公羊传思想之时代背景。

（七）公羊大义由《传》、《繁露》，到何氏之变迁，中间可于断狱取之。

（八）谷梁是仿公羊而制的，或者是一别传？

（九）《史记》与《国语》的关系。

（十）《史记》果真为古文家改到那个田地吗？崔君的党见是太深的，决不能以他的话为定论。

（十一）《左氏传》在刘歆制成定本前之历史。此一端非常重要。《左传》决不是一时而生，谅亦不是由刘歆一手而造。我此时有下一个设想：假定汉初有一部《国语》，又名《左氏春秋》，其传那个断烂朝报者实不能得其解，其间遂有一种联想，以为《春秋》与《国语》有关系，此为第一步。不必两书有真正之银丁扣，然后可使当时人以为有关系，有此传说，亦可动当时人。太史公恐怕就是受这个观念支配而去于《史记》中用其材料的，这个假设小，康崔诸君那个假设太大。公羊学后来越来越盛，武帝时几乎成了国学。反动之下，这传说亦越进化，于是渐渐的多人为《国语》造新解，而到刘向、刘歆手中，遂成此《左氏传》之巨观。古文学必不是刘歆一手之力，其前必有一个很长的渊源。且此古文学之思想亦甚自然。今文在当时成了断狱法，成了教条，成了谶纬阴阳，则古文之较客观者起来作反动，自是近情，也是思想之进化。

（十二）《左传》并不于材料上是单元。《国语》存本可看出，《国语》实在是记些语。《左传》中许多并不是语，而且有些矛盾的地方。如吕相绝秦语文章既不同，而事实又和《左传》所记矛盾。必是当年作者把《国语》大部分采来做材料，又加上好些别的材料，或自造的材料，我们要把它分析下去的。

（十三）《左传》、《国语》文字之比较。《左传》、《国语》的文字很有些分别，且去仔细一核，其中必有提醒人处。

（十四）东汉左氏传说之演进。左氏能胜了公羊，恐怕也有点适者生存的意思。今文之陋而夸，实不能满足甚多人。

（十五）古《竹书》之面目。

现在我只写下这些点。其实如是自己作起功来，所有之假设必然时时改变。今文古文之争，给我们很多的道路和提醒。但自庄孔刘宋到崔适，都不是些极客观的人物，我们必须把他所提醒的道路加上我们自己提醒的道路。

现在看《诗》，恐怕要但看白文，训诂可参考而本事切不可问。大约本事靠得住的如硕人之说庄姜是百分难得的；而极不通者一望皆是。如君子偕老为刺卫宣姜，真正岂有此理。此明明是称赞人而惜其运命不济，故曰"子之不淑"，犹云"子之不幸"。但论白文，反很容易明白。

《诗》的作年，恐怕要分开一篇一篇的考过，因为现在的"定本"，样子不知道经过多少次的改变，而字句之中经流传而成改变，及以今字改古字，更不知有多少了。《颂》的作年，古文家的家论固已不必再讨论。玄同先生的议论，恐怕也还有点奉今文家法罢？果如魏默深的说法，则宋以泓之败绩为武成，说"深入其阻，衰荆之旅"，即令自己不腼厚脸皮，又如何传得到后人？且殷武之武，如为抽象词，则哀公亦可当之，正不能定。如为具体词，自号武王是汤号。且以文章而论，《商颂》的地位显然介于邹鲁之间，《周颂》自是这文体的初步，《鲁颂》已大丰盈了。假如作《商颂》之人反在作《鲁颂》者之后，必然这个人先有摹古的心习，如宇文时代制诰仿《大诰》，石鼓仿《小雅》，然后便也。但即令宋人好古，也未必有这样心习。那么，《商颂》果真是哀公的东西，则《鲁颂》非僖公时物了。玄同先生信中所引王静庵先生的话，"时代较近易于摹拟"，这话颇有意思，并不必如玄同先生以为臆测。或者摹拟两个字用得不妙。然由《周颂》到《商颂》，由《商颂》到《鲁颂》，文体上词言上是很顺叙，反转则甚费解。

　　《七月》一篇必是一遗传的农歌；以传来传去之故，而成文句上极大之Corruption，故今已不顺理成章。这类时最不易定年代，且究是《豳风》否也未可知。因为此类农歌，总是由此地传彼地。《鸱鸮》想也是一个农歌；为鸟说话，在中国诗歌中有独无偶。《东山》想系徂东征戍者之词，其为随周公东征否则未可知。但《豳风》的东西大约都是周的物事，因为就是《七月》里也有好些句与《二南》、《小雅》同。《大雅》、《小雅》十年前疑为是大京调、小京调。风雅本是相对名词，今人意云雅而曰风雅，实不词（杜诗"别裁伪体亲风雅"），今不及详论矣。

　　《破斧》恐是东征罢敝，国人自解之言如是。后人追叙，恐无如此之实地风光。《破斧》如出后人，甚无所谓。下列诸疑拟释之如下：

　　如云是周公时物，何以周诰如彼难解，此则如此易解？答，诰是官话，这官话是限于小范围的，在后来的语言上影响可以很小。诗是民间通俗的话，很可以为后来通用语言之所自出。如蒙古白话上谕那末不能懂，而元曲却不然，亦复一例。且官书写成之后，便是定本，不由口传。诗是由口中相传的，其陈古的文句随时可以改换，故显得流畅。但难使字句有改换，其来源却不以这字句的改换而改换。

　　周公东征时称王，何以……（未完）

　　　抄到此地，人极倦，而船不久停，故只有付邮。尾十多张，待于上海发。

　　抄的既潦草，且我以多年不读中国书后，所发议论必不妥者多，妥者少，希望不必太以善意相看。

　　　　　　　　　　　　　　　　　　　　　　　　弟　斯年

　　颉刚案：傅孟真先生此书，从1924年1月写起，写到1926年10月30日船到香港为止，还没有完。他归国后，我屡次催他把未完之稿写给我；无奈他不忙便懒，不懒便忙，到今一年余，还不曾给我一个字。现在《周刊》需稿，即以此书付印。未完之稿，只得过后再催了。书中看不清的草书字甚多，恐有误抄，亦俟他日校正。

一九二八、一、二

（原载1928年1月23日、31日《国立第一中山大学语言历史学研究所周刊》第二集第十三、十四期）

论孔子学说所以适应于秦汉
以来的社会的缘故

一

孟真兄：

　　弟有一疑难问题，乞兄一决：

　　在《论语》上看，孔子只是旧文化的继续者，而非新时代的开创者。但秦汉以后是一新时代，何以孔子竟成了这个时代的中心人物？

　　用唯物史观来看孔子的学说，他的思想乃是封建社会的产物。秦汉以下不是封建社会了，何以他的学说竟会支配得这样长久？

商鞅、赵武灵王、李斯一辈人，都是新时代的开创者，何以他们造成了新时代之后，反而成为新时代中的众矢之的？

弟觉得对于此问题，除非作下列的解释才行：

孔子不是完全为旧文化的继续者，多少含些新时代的理想，经他的弟子们的宣传，他遂甚适应于新时代的要求。

商鞅们创造的新时代，因为太与旧社会相冲突，使民众不能安定，故汉代调和二者而立国。汉的国家不能脱脑封建社会的气息，故孔子之道不会失败。汉后二千年，社会不曾改变，故孔子之道会得传衍得这样长久。

兄觉得这样解释对吗？请批评，愈详细愈好。

弟　颉刚

十五、十一、十八

二

颉刚兄：

18日信到，甚喜。

你提出的这个问题，我对于这个问题本身有讨论。你问："在《论语》上看……何以孔子成了这个时代的中心人物？"我想，我们看历史上的事，甚不可遇事为它求一理性的因，因为许多事实的产生，但有一个"历史的积因"，不必有一个理性的因。即如佛教在南北朝隋唐时在中国大行，岂是谓佛教恰合于当年社会？岂是谓从唯物史观看来，佛教恰当于这时兴盛于中国？实在不过中国当年社会中人感觉人生之艰苦太大（这种感觉何时不然，不过有时特别大），而中国当年已有之迷信与理性不足以以安慰之，有物从外来，谁先谁立根基，不论它是佛、是祆、是摩尼、是景教，先来居势，并不尽由于佛特别适于中国。且佛之不适于中国固有历史，远比景教等大。那种空桑之教，无处不和中国人传统思想相反。然而竟能大行，想是因为这种迷信先别种迷信而来，宣传这种迷信比宣传别种迷信的人多，遂至于居上。人们只是要一种"有说作"的迷信，从不暇细问这迷信的细节。耶稣教西行，想也是一个道理。我们很不能说那萨特的耶稣一线最适宜于庞大而颓唐的罗马帝国，实在那时罗马帝国的人们但要一种"有说作"的迷信以安慰其苦倦，而恰有那萨特的耶稣一线奋斗的最力，遂至于接受。我常想，假如耶稣教东来到中国，佛教西去欧洲，未必不一般的流行，或者更少困难些。因为佛教在精神上到底是个印度日耳曼人的出产品，而希伯来传训中，宗法社会思想之重，颇类中国也（此等事在别处当详说）。

　　我说这一篇旁边话，只是想比喻儒家和汉以来的社会，不必有"银丁扣"的合拍。只要儒家道理中有几个成分和汉以来的社会中主要部分有相用的关系，同时儒家的东西有其说，而又有人传，别家的东西没有这多说，也没有这多人传，就可以几世后儒家统一了中等阶级的人文。儒家尽可以有若干质素甚不合于汉朝的物事，但汉朝找不到一个更有力的适宜者，儒家遂立足了。一旦立足之后，想它失位，除非社会有大变动，小变动它是能以无形的变迁而适应的。从汉武帝到清亡，儒家无形的变动甚多，但社会的变化究不曾变到使它四方都倒之势。它之能维持二千年，不见得是它有力量维持二千年，恐怕是由于别家没有力量举出一个Alternative（别家没有这个机会）。

　　儒家到了汉朝统一中国，想是因为历史上一层一层积累到势必如此，不见得能求到一个汉朝与儒家直接相对的理性的对当。

　　这恐怕牵到看历史事实的一个逻辑问题。

　　说孔子于旧文化之成就，精密外，更有何等开创，实找不出证据。

把《论语》来看，孔子之人物可分为四条。

（一）孔子是个入世的人，因此受若干楚人的侮辱。

（二）孔子的国际政治思想，只是一个霸道，全不是孟子所谓王道，理想人物即是齐桓、管仲。但这种浅义，甚合孔子的时代（此条长信已说）。

（三）孔子的国内政治思想，自然是"强公室杜私门"主义。如果孔子有甚新物事贡献，想就是这个了。这自然是甚合战国时代的。但孔子之所谓正名，颇是偏于恢复故来的整齐（至少是他所想象的故来），而战国时之名法家则是另一种新势力之发展。且战国时之名法家，多三晋人，甚少称道孔子，每每讥儒家。或者孔子这思想竟不是战国时这种思想之泉源。但这种思想，究竟我们以见之于孔子者为最早。

（四）孔子真是一个最上流十足的鲁人。这恐怕是孔子成为后来中心人物之真原因了。鲁国在春秋时代，一般的中产阶级文化，必然是比那一国都高，所以鲁国的风气，是向四方面发展的。齐之"一变至于鲁"，在汉朝已是大成就，当时的六艺，是齐鲁共之的。这个鲁化到齐从何时开始，我们已不可得而知，但战国时的淳于髡、邹衍等，已算是齐采色的儒家。鲁化到三晋，我们知道最早的有子夏与魏文侯的故事。中央的几国是孔子自己"宣传"所到，他的孙子是在卫的。荀卿的思想，一面是鲁国儒家的正传，一百三晋的采色那么浓厚。鲁化到楚，也是很早的。陈良总是比孟子前一两辈的人，他已经是北学于中国了。屈原的时代，在战国不甚迟，《离骚》一部书，即令是他死后恋伤他的人之作，想也不至于甚后，而这篇里"上称帝喾，下道齐桓，中述汤武，远及尧舜"四端中，三端显是自鲁来的。又《庄子·天下》篇，自然不是一篇很早的文，但以他所称与不称的人比列一下子，总也不能甚迟，至迟当是荀卿、吕不韦前一辈的人。且这文也看不出是鲁国人做的痕迹。这篇文于儒家以外，都是以人为单位，而于邹鲁独为一Collective之论，这里边没有一句称孔子的话，而有一大节发挥以邹鲁为文宗。大约当时人谈人文者仰邹鲁，而邹鲁之中以孔子为最大的闻人。孔子之成后来中心人物，想必是凭藉鲁国。

《论语》上使我们显然看出孔子是个吸收当时文化最深的人。大约记得的前言往行甚多，而于音乐特别有了解，有手段。他不必有甚么特别新贡献，只要鲁国没有比他更大的闻人，他已经可以凭藉着为中心人物了。

鲁国的儒化有两个特别的彩色：

（一）儒化最好文饰，也最长于文饰。抱着若干真假的故事，若干真假的故器，务皮毛者必采用。所以好名高的世主，总采儒家，自魏文侯以至汉武帝。而真有世间阅历的人，都不大看得起儒家，如汉之高宣。

（二）比上项更有关系的，是儒家的道德观念，纯是一个宗法社会的理性发展。中国始终没有脱离了宗法社会。世界上自有历史以来，也只有一小部分的希腊及近代欧洲，脱离了宗法社会。虽罗马也未脱离的。印度日耳曼民族中，所以能有一小部分脱离宗法社会的原故，想是由于这些民族的一个最特别的风俗是重女子（张骞的大发明）。因为女子在家庭中有力量，所以至少在平民阶级中，成小家庭的状态，而宗法因以废弛。中国的社会，始终以家为单位。三晋的思想家每每只承认君权，但宗法社会在中国的中等阶级以上，是难得消失的，这种自完其说的宗法伦理渐渐传布，也许即是鲁国文化得上风的由来。

本来宗法社会也但是一个有产阶级的社会，在奴婢及无产业人从来谈不到宗法。宗法的伦理必先严父，这实于入战国以来专制政治之发达未尝不合。那样变法的秦伯，偏谥为孝公。秦始皇统一后，第一举即是到峄山下，聚诸儒而议礼，追议论不成，然后一人游幸起来。后来至于焚书坑儒，恐俱非其本心。秦王是个最好功喜名的人，儒家之文饰，自甚合他的本味。试看峄山刻石，特提"孝道显明"，而会稽刻石，"匡饬异俗"之言曰，"有子而嫁，背死不贞，防隔内外，禁止淫佚，男女絜诚，夫为寄豭，杀之无罪，男秉义程，妻为逃嫁，子不得母"。看他这样以鲁俗匡饬越俗的宗旨，秦国的宗法伦理，在上流社会上是不会堕的。故始皇必以清议而纳母归。孝之一字必在世家方有意义，所以当时孝字即等于decency，甚至如刘邦一类下等流氓，亦必被人称为大孝，而汉朝皇帝无一不以孝为谥。暴发户学世家，不得不如此耳。有这个社会情形，则鲁儒宗之伦理传布，因得其凭藉。

封建一个名词之下，有甚多不同的含义。西周的封建，是开国殖民，所以封建是谓一种特殊的社会组织。西汉的封建是割裂郡县，所以这时所谓封建但是一地理上之名词而已。宗周或以灭国而封建，如殷、唐等；或以拓新土而封建，如江汉。其能封建稍久的，在内则公室贵族平民间相影响成一种社会的组织。其中多含人民的组织。人民之于君上，以方域小而觉亲，以接触近而觉密。试看《国风》那时人民对于那时公室的兴味何其密切。那时一诸侯之民，便是他的战卒，但却不即是他的俘虏。这种社会是养成的。后来兼并愈大，愈不使其下层人民多组织（因为如此最不便于虏使）。其人民对于其公室之兴味，愈来愈小。其为政者必使其人民如一团散沙，然后可以为治。如秦始皇之迁天下豪杰于咸阳，即破除人民的组织最显明的事。封建社会之灭，由于十二国七国之兼并，秦只是把六国灭了罢了。封建的社会制早已亡，不待秦。

中国之由春秋时代的"家国"演进为战国时代的"基于征服之义"之国，是使中国人可以有政治的大组织，免于匈奴、鲜卑之灭亡我们的；同时也是使中国的政治永不能细而好的。因为从战国秦的局面，再一变，只能变到中央亚细亚大帝国之局面，想变到欧洲政治之局面是一经离开封建制以后不可能的（从蒙古灭宋后，中国的国家，已经成了中央亚细亚大帝国之局面了。唐宋的政治虽腐败，比起明清来，到底多点

"民气")。

在汉初年，假如南粤赵氏多传一百年，吴濞传国能到宣元时，或者粤吴重新得些封建社会的组织。但国既那末大，又是经过一番郡县之后，这般想是甚不自然的。汉初封建只是刘家家略，刘邦们想如此可以使姓刘的长久，遂割郡县以为国。这是于社会的组织上甚不相涉的。顶多能够恢复到战国的七雄，决不能恢复到成周春秋之封建。封建之为一种社会的组织，是在战国废的，不是在秦废的。汉未尝试着恢复这社会的组织，也正不能。

我觉得秦国之有所改变，只是顺当年七国的一般趋势，不特不曾孤意的特为改变，而且比起六国来反为保守。六国在战国时以经济之发展，侈靡而失其初年军国之精神（特别是三晋），秦国则立意保存，从孝公直到秦皇。

汉初一意承秦之续，不见得有一点"调和二者"的痕迹。这层汉儒是很觉得的。太史公把汉看得和秦一般，直到王莽时，扬雄剧秦美新，亦只是剧汉美新耳。东汉的儒家，方才觉得汉不是秦。

儒家虽由汉武室为国教，但儒家的政治理想，始终未完全实现。东汉晚年礼刑之辩，实是春秋理想与战国理想之争，鲁国理想与三晋理想之争。鲁国以国小而文化久，在战国时也未曾大脱春秋时封建气。儒家的理想，总是以为国家小应只管政刑，还要有些社会政策，养生送死，乃至仪节。三晋思想总是以为这都非国家所能为，所应为，国家但执柄。其弊是儒家从不能有一种超予Ethics的客观思想，而三晋思想家所立的抽象的机作，亦始终不可见，但成君王之督责独裁而已。

近代最代表纯正儒家思想者，如顾亭林，其《封建十论》，何尝与柳子厚所论者为一件事？柳子厚的问题是：封建（即裂土，非成俗）于帝室之保全，国内之秩序为便呢，或是但是郡县？亭林的问题是：封建（即成俗，非裂土）能安民或者郡县？亭林答案，以为"郡县之弊其弊在上"，必层层设监，愈不胜其监。刺史本是行官，旋即代太守；巡按本是行官，旋即代布政，愈防愈腐，以人民之中未有督责也。

中国离封建之局（社会的意义），遂不得更有欧洲政治的局面，此义我深信深持，惜此信中不能更详写下。

商鞅、赵武灵王、李斯实在不是一辈人。商鞅不是一个理想家，也不是一个专看到将来的人。他所行的法，大略可以分做四格：（一）见到晋国霸业时之军国办法，以此风训练秦国；（二）使警察成人民生活的习惯；（三）抑止财富的势力侵到军国，此亦是鉴予晋之颓唐；（四）使法令绝对的实行。商君到底是个三晋人。自孝公以来秦所以盛，我试为此公式"以戎秦之粗质，取三晋之严文"。

商鞅这种变法，是与后来儒家的变成法家，如王莽、王安石等，绝然不同的。

赵武灵王不曾变法，只是想使人民戎俗而好战，以便开拓胡地中山，并以并秦。他是一个甚浪漫的人。但不见得有制度思想。

李斯的把戏中，真正太多荀卿的思想。荀卿所最痛言的"壹天下建国家之权称"，李斯实现之。他的事作与商君的事作甚不类。商君是成俗，李斯是定权衡。

这些人不见得在当时即为"众矢之的"。我们现在读战国的历史，只能靠一部《史记》。《战国策》已佚，今存当是后人辑本（吴汝纶此说甚是），而这部《史记》恰恰是一部儒家思想的人做的。商君的人格，想也是很有力量而超越平凡的。看他答公孙痤之言，何其有见识而有担当。且后来一靠孝公，不为私谋，秦国终有些为他诉冤的人。即令有人攻击他，也必是攻击他的私人，不闻以他之法为众矢之的。至于李斯，后人比忠者每称之。《史记》上有一个破绽"人皆以斯极忠而被五刑。察其本，乃与俗议之异。不然，斯之功且与周召列矣"。可见子长时人尚皆称许李斯，非子长一人在《史记》上作翻案文章耳。子长最痛恨公孙弘，最看不起卫、霍一流暴发户，最不谓然的是好大喜功，故结果成了一部于汉武帝过不去的谤书。他这"一家之言"，我们要留神的。陈涉造反，尚用扶苏的名义，可见当时蒙将军之死，必是世人歌泣的一件事。蒙氏有大功，而被大刑，不合太史公的脾胃，把他一笔抹杀，这岂能代表当年的舆论哉？如果《史记》有好处，必是它的"先黄老而后六经，退处士而进奸雄，羞货利而羞贱贫"。但头一句尚是它的老子的好处，他的儒家思想之重，但这书但成"一家之言"。假若现在尚有当年民间的著述，必另是一番议论。我们现在切不可从这不充足的材料中抽结论。

到了后世甚远，儒家思想、儒家记载，专利了。当年民间真正的舆论，就不见了。

宋前，曹操在民间的名誉不坏；从宋起，儒家思想普及民间，而曹公变为"众矢之的"。当年何曾是如此的？

以上一气写下，一时想到者，意实未尽也。

弟　斯年

十五、十一、廿八

三

颉刚兄：

兄弟六信提出一事，弟于上次信叙了我的意思很多。我现在补说下列几句：

中国社会的变迁，在春秋战国之交，而不在秦。七国制、秦制、汉制，都差不多。其得失存亡，在政而不在制。

商鞅一般人不见得在当时受恶名。我又举下列两事：（一）李斯上书，举商君以为客之益秦之例；（二）公孙衍、张仪，孟子的学生大称之，大约是当时时论，而遭了孟子大顿骂。孟子是儒家，不见得能代表当时时论。

有一人颇有一部分像商君者，即吴起，在其能制法明令以强国。而吴起所得罪的人，也正是商君所得罪的，即是当时的贵族。大约战国初年的趋势，是以削贵族的法子强国。

弟　斯年

十五、十二、七

（原载1927年12月6日《国立第一中山大学语言历史学研究所周刊》第一集第六期）

战国文籍中之篇式书体——一个短记

（一）

譬如说，"《管子》书是假的"，这句话和说"《管子》书是真的"同样的有毛病。假如在后来历史观念作者观念大明之时，出了一部《管子》书；里面并不显然出来些管子的谥，桓公的谥，管子死后事，而题曰，"春秋时齐相颍川人管仲撰"以问世，被人考核了一下子，原来是一部做了售世的书，这然后说，"这部书是假的"。若《管子》书中，引《老子》，引战国末年事，称桓公的谥法，称管仲的死后事，本是齐人托管子之功名而著之书，只是当时的一种文体，他自己先不曾说

是真的，战国时也不会有题"齐相管仲撰"的事，又何劳我们答他曰
"是假的"。既有一个梁任公先生，硬说管子那个人做了《管子》那些
书，便应该有人回答他说，管子不曾做了这些篇的一个字。说到这样好
到这样。若进一步去说，《管子》书是假的，则先须假定战国时人已有
精严的著者观念，先须假定战国时这些篇出来的时候上边写着"齐桓公
相管仲撰"。这样假定当然是不可以的。《管子》这部书现在所见的集
合，乃是刘向的事，其中篇章是齐学之会集，书中直接称道管仲的篇
章，在战国托于人而出来，也不过是自尸为管仲之学之后世，别人叙论
他，也不过可说"慎轻重，贵权衡，因祸为福，古之道术有在于是者。
齐人闻管仲之传说而悦之，作为……"。果然我们充管仲晏子是假书一
类话，则《国语》、《论语》、《孟子》、《墨子》、《庄子》等等无
不是假书，因为《国语》当然不是孔子所称之左丘明写的，《论语》当
然没有一个字是孔子写的，《孟子》书称梁惠王、襄王之谥当然也是他
的弟子记的。《墨子》中最墨子者，也譬头就说"子墨子言曰"，中间
又说"是以子墨子言曰"，《庄子》更是汉朝人所集合，魏晋人所编印
的。那么，真书只剩了《吕览》，还要减去《月令》了。若说这些书里
有些真话，真材料，则我们又焉能保管晏书中没有一点真话，真材料，
一初都是度的差别罢了。我们这样ad absurdum一看，可以确知我们切不
可以后来人著书之观念论战国文籍。总而言之：

（1）战国时"著作者"之观念不明了。

（2）战国时记言书多不是说者自写，所托只是有远有近有切有不相
干罢了。

（3）战国书除《吕览》外，都只是些篇，没有成部的书，战国书之
成部，是汉朝人集合的。

这层意思，我们反复说来好像不厌其详者，实因为了解战国文籍之
成书性，是分析战国文籍的一个前提。

（二）记言——著论——成书

著述脱离了官书的地步，而成私人著作，我们现在可见之最早者，是《论语》。《论语》是记言的。《论语》的体裁现在看了未免奇怪，除很少的几段记得较丰充以外，每一段话，只记几句，前无因，后无果。在我们现在固已不知春秋末年情景，其不懂得，犹可说，乃汉儒对于《论语》上的话，也有好些像是不懂得何所为而发的样子。且如"礼与其奢也宁俭，丧与其易也宁戚"一类的话，若不附带着"本事"，不和"丧欲速贫，死欲速朽"发生同样的误会吗（见《檀弓》）？记言记到没头没尾，不附带口说便使人不懂得，而一经辗转，便生误会，决然不是一种妥当的记言法。再试看《论语》中的言，每段常含蓄很多的意思，有时显出语长而所记者短的样子。且《论语》成书大约在曾子弟子时去孟子时已不远，孟子便是那样汪洋大论，虽说孟子是个"战国辩士"，谈言微中与信口开河者不同，然孔子也是靠说话而做东西南北之人者，若他说的话都像《论语》所记那样子，恐怕他所专要见的公侯上大夫下大夫中，懂得他的真少啦！这样看来，《论语》成书时代，文书之物质尚难得，一段话只能写下个纲目，以备忘记，而详细处则凭口说，到了战国中年，文书的工具大便宜了，于是乎记长篇大论如《孟子》、《庄子》书那样子的可能了，遂由简约的记言进而为铺排的记言，更可成就设寓的记言。记言是战国文体的初步。《论语》、《孟子》、《庄子》中若干部分，《晏子》、《管子》中若干部分，《墨子》书中的演说体，以及兼记事记言的《国语》都属于这一类。

但一段思想不必有机会言之而出，而假设的记言有时不信人，有时又大费事，于是乎舍去记言之体而据题抒论。《史记·吕不韦列传》，"是时诸侯多辩士，如荀卿之徒，著书布天下。"现在看荀卿的书，好些不是记言，而是据题为论者，这样著篇，实是记言之一变，由对语（diglogue）进而为单语（monologue）这样体裁，恐怕战国中期才有。现存战国末年书，如《商君书》、《荀子》、《韩非子》及《管子》之一部，大体上属于这一类。这是战国诸子文体演进之第二步。

著论虽已不是记言，但独立的论，仍然只有篇的观念，没有书的观念。战国晚年五德六数之义盛行，人们著书当趋于系统化。慎到著十二论（见《史记》），这个数目是很整齐的，而又以《齐物》为首（见《庄子·天下篇》），或者这是做全部书的开始。但我们现在不见《慎子》全书，不能作决定。而吕不韦之八览六论十二纪二十余万言，乃成一部全始要终的书，不是些散篇了。八览六论十二纪，六为秦之圣数，八则卦数，十二则记天之数，这三个数八、六、十二，也都是在当时有意义的整数。这部《吕氏》真是中国第一部整书，以前只是些散篇而已。这个体裁虽始于战国末，然这样的系统著作尚非依傍大财力不可，故汉朝人之继续者，始有刘安，在体裁上《淮南子》是"青出于蓝而青于蓝"的《吕氏春秋》。太史公未必富，但有异常的精力。也许武帝时文书的物质更廉了，于是百三十篇又要一部要去贯天地人的通书。十表像天干，十二本纪像地支，书八章像八卦，三十世家取老子三十幅共一毂之语，七十列传之数亦取一个丰长的整数。从此以后，系统的著书乃更多，《周礼》之成书，一往整齐，卜筮如《太玄》，续子长者如《汉书》，乃至字书之《说文解字》，都在那里有始有终，托于系统哲学啦。

更把上文写成一表如下：

记言之书———→	成篇之书———→	系统之书
（一）因受文书材料之限制但记一言之纲目者如《论语》。 （二）丰长的记言如《孟子》。 （三）托言如《庄子》。 （四）故事之制作如《韩子》、《说林》。	由托言一变即成著论。	由著论之相为终始，即成一系之书。

　　苏格拉底有语无文，犹之孔子时。柏拉图依师说散为无穷无尽之对语，对语亦记言。亚里士多德乃真著书。在中国一二百年中之变迁，在希腊则师生三代各代表之，这颇是一个文体进化的平行现象。

　　问曰：因文体之演进，文词之内容会不会受影响的？答曰：这是不免的。文辞之由记言而著论，由著论而成书，是由自然的话语到了较不自然的矸饰辞句。说话固可以抽象，然总不能忘了听的人之直接了解，说话固可以铺排，然总不能忘了听的人之捉摸得住，一经离了纯粹记言的地位，文法可以代语法，泛词可以代切词。战国子书中颇有不少白话，而《荀子》已是很简约的文言，《吕氏春秋》已有些无话说话的油腔滑调，入汉而著作者，更都是文言了（此处用文言，乃如所谓Kunstsprache，与古文不同）。

　　　　　　　　　　　　　　　　　　　　　　　　十八年二月

　　　　　　（原载1930年《国立中央研究院历史语言研究所集刊》第一本第二分）